Juventa
Paperback

D1669455

Hermann Giesecke

Didaktik
der politischen Bildung

12. Auflage

Juventa Verlag München

CIP- Kurztitelaufnahme der Deutschen Bibliothek

Giesecke, Hermann:
Didaktik der politischen Bildung / Hermann Giesecke.
— 12. Aufl. — München : Juventa Verlag, 1982.
  (Juventa-Paperback)
  ISBN 3-7799-0561-2

ISBN 3-7799-0561-2
1. Auflage 1965
7. Auflage (Neue Ausgabe) 1972
10., erweiterte Auflage 1976
12. Auflage 1982

© Juventa Verlag München
Printed in Germany
Druck: August Busch, Bad Tölz

INHALT

Es hat in Deutschland immer viele Leute gegeben und gibt heute besonders viele, die meinen, das was sie wissen und daß sie es wissen, das stelle nun den Hebel der Verhältnisse dar, und von da aus müsse es anders werden. Auf welche Weise diesem Wissen nun etwa Kurs zu geben sei und mit welchen Mitteln man es könne unter Leute bringen, darüber haben sie nur die schattenhaftesten Vorstellungen. Man müsse es eben sagen, betonen sie. Ganz fern liegt ihnen der Gedanke, daß ein Wissen, das keinerlei Anweisungen auf seine Verbreitungsmöglichkeit enthält, wenig hilft, daß es in Wahrheit überhaupt kein Wissen ist.

Walter Benjamin

Gedanken wechseln die Köpfe und nehmen deren Form an.

Stanislaw Lec

VORWORT ZUR 12. AUFLAGE

Dieses Buch ist erstmals im Jahre 1965 erschienen. Für die 7. Auflage (1972) wurde es als »Neue Ausgabe« völlig überarbeitet, mit der 10. Auflage (1976) wurde ein Nachtrag angefügt, der wichtige Diskussionspunkte der dazwischenliegenden vier Jahre aufgreifen sollte. In dieser Form liegt es nun auch in der 12. Auflage vor, bei der lediglich das Literaturverzeichnis auf den neuesten Stand gebracht wurde.

Von Anfang an wurde das hier vertretene didaktische Konzept in der Auseinandersetzung mit aktuellen politischen Kontroversen entwickelt, nicht etwa aus irgendwelchen theoretischen Deduktionen. Auf diese Weise sollten die didaktischen Regeln und Prinzipien möglichst nah an der politischen Realität entwickelt werden. Die 1. Auflage gewann in der politisch-pädagogischen Ausdeutung der sogenannten »Spiegel-Affäre« von 1962 ihre Gestalt, die »Neue Ausgabe« von 1972 entstand in Auseinandersetzung mit den damals nicht nur die Hochschulen, sondern die öffentliche Diskussion der politischen Bildung überhaupt beherrschenden »neo-marxistischen« Konzepten verschiedener Spielart und Qualität. Konservative Gegenpositionen konnten sich erst später zur Geltung bringen. Vor allem im II. Teil dieses Buches habe ich versucht, das, was mir vernünftig schien an jener Diskussion, aufzugreifen und zugleich das eigene Konzept durchzuhalten gegen alle Formen von Orthodoxie und Doktrinarismus.

Dieser Hinweis ist wichtig insbesondere für jüngere Leser, die etwa an der Universität heute ein ganz anderes »geistiges Klima« vorfinden und sich vielleicht wundern, warum diese Auseinandersetzung einen relativ breiten Raum im Buch einnimmt, zumal manches davon für die Sache selbst — das didaktische Konzept — durchaus entbehrlich ist. Irritieren wird ihn zum Beispiel möglicherweise, daß das Problem der »Parteilichkeit« der politischen Bildung unter verschiedenen Gesichtspunkten behandelt wird. Dieser Begriff spielte damals in der erwähnten Diskussion eine herausragende Rolle, und es erschien mir nötig, ihm einen angemessenen Platz in der *didaktischen* Überlegung zu verschaffen und seinen rein agitatorischen Gebrauch zu diskreditieren. Gleichwohl hat sich daran eine breite — vor allem konservative — Kritik festgebissen, die sich vor allem auf Formulierungen auf den Seiten 126 ff. stützt. Ich gebe zu, daß diese Formulierungen vor allem wegen ihrer Konkretisierung (»Meister«; »Unternehmer«; »Schulbehörde« usw.) mißverständlich sind. Aber ihr Sinn müßte eigentlich aus dem ganzen Zusammenhang hervorgehen. Gemeint jedenfalls ist schlicht folgendes: Unter den Bedingungen politischer und gesellschaftlicher Ungleichheit *ist* politische Bildung — gleichsam als Institution; dadurch, daß es sie überhaupt gibt — »parteilich«, weil unbefragte, bloß tatsächliche Herrschaftsverhältnisse und Abhängigkeiten aufgeklärt und somit auch politisch neu zur Debatte gestellt werden können. Insofern richtet sie sich in der Tat *gegen* diejenigen, die zum jeweiligen historischen Zeitpunkt über größere Macht und Privilegien verfügen. Und daß bestimmte »Erziehungs-Mächte« wie Parteien, Wirtschaft, Handwerk und andere immer wieder — unbeschadet des Denkens und Verhaltens Einzelner — versucht haben, politische Aufklärung zu verhindern bzw. sie in ihrem Sinne zu beeinflussen, ist eine unleugbare historische Tatsache. Gemeint ist also eben nicht, daß die Lehrer »parteilich« unterrichten sollen — obwohl sie dies in irgendeiner Form natürlich immer auch tun, weshalb die didaktische Reflexion darüber ja auch so wichtig ist. Lediglich aus historischer Beobachtung, nicht als Deduktion aus irgendwelchen politischen oder anthropologischen Theorien, sind diese Überlegungen entstanden. Als historische Phänomene sind jene Tatsachen natürlich auch vergänglich, und gegenwärtig scheinen die erwähnten gesellschaftlichen »Mächte« in diesem Zusammenhang bedeutungslos geworden zu sein — vermutlich unter anderem wegen der Wirkung der totalen Massenkommunikation, auf *deren* Kontrolle und Repression sich das Problem der »Parteilichkeit« weitgehend verlagert zu haben scheint. Das Problem ist jedoch auch für die Schule erhalten geblieben, es stellt sich heute nur eher im administrativen und auch fachdidaktischen Zusammenhang des politischen Unterrichts. Es gibt also keinen Grund, diesen Begriff aus der didaktischen Reflexion zu entlassen. Allenfalls wäre er durch einen anderen zu ersetzen, aber möglicherweise ist die Provokation, die er hervorruft, für die nötige Reflexion heilsam. Abgesehen davon ist zu erwarten, daß angesichts der umsichgreifenden allgemeinen politisch-kulturellen Desorientierung der Druck auf die Schulen wachsen wird, über den politischen Unterricht bestimmte Denk- und Meinungsergebnisse herzustellen, oder aber den politischen Unterricht durch andere, diesem Ziel besser dienende Fächer bzw. Stoffe zu ersetzen.

In der Zeit seit 1965 hatten sich viele Randbedingungen für die politische Bildung zum Teil erheblich verändert. (vgl. Giesecke 1980 b). Neue »Generationstypen« sind herangewachsen mit sehr unterschiedlichen Grundeinstellungen zur politisch-gesellschaftlichen Realität. Ebenso einschneidende Veränderungen zeigt die politische Kultur im ganzen. Die unmittelbare Bedeutung der »klassischen« außerschulischen Erziehungsmächte (zum Beispiel Wirtschaft, Kirche, Militär) ist geschwunden. Tendenzen entpersönlichender Bürokratisierung und Technokratisierung sind weit in das Alltagsleben, auch in die Schule und den politischen Unterricht vorgedrungen. Angesichts dieser Veränderungen muß sich die Frage stellen, ob man ein didaktisches Konzept, das Anfang der sechziger Jahre entstand, dieser Entwicklung nicht anpassen müsse, bzw. ob es nicht unzeitgemäß geworden sei, anstatt es — wie bisher — gegen jeweilige Strömungen des herrschenden »Zeitgeistes« durchzuhalten (dazu seit 1976: Giesecke 1977; 1979a; 1980a; 1980c). Mein Eindruck ist, daß dieses didaktische Konzept in seinen Grundzügen keineswegs veraltet ist. Es liegt auch heute wieder »quer« zum pädagogischen »Zeitgeist«. So bringt es gegen die heute herrschend gewordenen »unterrichtstheoretischen«, mit erheblichem Aufwand betriebenen »fachdidaktischen« Konzepte gerade

Distanz zu derlei Pädagogisierungen ins Spiel, indem es auf das politisch-pädagogische »Grundverhältnis« zurückgeht: Die nachwachsende Generation sucht sich mit Erwachsenen (zum Beispiel Lehrern) der gemeinsamen politischen Zukunft zu vergewissern, indem sie sich beide auf wichtige gegenwärtige Konflikte und Probleme einlassen und mit sozialer Phantasie nach Lösungen suchen. Und für dieses »Sich-Einlassen« braucht man Methoden und Regeln (zum Beispiel Kategorien), die der Sache angemessen sind. Diese zu finden und zu begründen, ist Aufgabe einer politischen Didaktik in meinem Sinne; diese ist kein Ersatz für fehlenden Sachverstand, sondern setzt ihn voraus.

Die Überlegungen dieses Buches haben eine Ergänzung gefunden in meiner »Methodik des politischen Unterrichts« (5. Aufl. München: Juventa Verlag 1978), die sich mit der Unterrichtsorganisation und ihren möglichen Variationen befaßt, sowie in meinem Schulbuch für die Klassen 7 bis 10 »Einführung in die Politik« (2. Aufl. Stuttgart: Metzler-Verlag 1979).

Zu danken habe ich weiterhin den Kritikern, auch denen, denen ich nicht zustimmen kann.

Göttingen, im Herbst 1981   Hermann Giesecke

ERSTER TEIL
ZUR ENTWICKLUNG DER POLITISCHEN BILDUNG IN DER BUNDESREPUBLIK

Der erste Teil dieses Buches soll zunächst die Entwicklung der politisch-pädagogischen Theorie, danach die Entwicklung der politisch-didaktischen Theorie in der Bundesrepublik skizzieren. Diese Skizze kann — das sei gleich vorweg gesagt — keine »Geschichte der politischen Bildung« in der Bundesrepublik sein; diese wäre wichtig, würde aber wegen des Umfangs unseren Rahmen sprengen und muß einer eigenen Studie vorbehalten bleiben. Für eine Geschichte der politischen Bildung, die diesen Namen verdiente, müßten die einschlägigen theoretischen Selbstdarstellungen der politischen Bildung nämlich mit einer ganzen Reihe anderer gesellschaftlicher Dimensionen korreliert werden: etwa mit den Untersuchungen zum politischen Bewußtsein überhaupt; mit den Prozessen der politischen, ökonomischen und ideologischen Machtentfaltung; mit den Standards der theoretischen und praktischen Traditionen und ihren Veränderungen; ferner müßten die Wechselwirkungen theoretischer Prozesse von den akademischen Theorie-Entwürfen über die Fixierung in Lehrplänen bis hin zur Art und Weise der Aufnahme durch das Bewußtsein der Lehrer, Schüler und Eltern aufgedeckt sowie die Rollen der öffentlichen und nicht-öffentlichen Meinung geklärt werden. Schon die Lebenserfahrung zeigt mannigfaltig, daß es über eine so wichtige gesellschaftliche Praxis wie die Erziehung — und besonders die politische Erziehung — wohl immer dominante, aber keineswegs einheitliche Vorstellungen gibt; daß diese Vorstellungen nicht nur abhängen von ökonomischen Interessen, sondern auch vom sozialen Status sowie vom »historischen Status« eines Individuums und einer Gruppe. Solche Prozesse und Dimensionen für die Erkenntnis zu entflechten, andererseits aber wieder in ihrem Zusammenhang theoretisch zu deuten, verdiente erst die Bezeichnung einer »Geschichte« der politischen Bildung.

Daran gemessen sind unsere Absichten im ersten Teil dieses Buches sehr viel bescheidener. Die Geschichte der politischen Bildung soll nicht lückenlos dargestellt werden, vielmehr soll der Leser — vor allem der Student — einen

Einstieg vorfinden, der ihm einen Zugang zur Bearbeitung der wichtigsten Theorien in ihren gesellschaftlichen Kontexten ermöglicht. Die in diesem ersten Teil behandelten Texte werden gleichsam »exemplarisch« vorgestellt, als typische *Verdichtungen* bestimmter Strömungen und Prozesse, die sie ebenso darstellen wie bloß widerspiegeln. Es liegt auf der Hand, daß dabei Erklärungs*zusammenhänge* oft nur angedeutet, dem Leser nur hypothetisch vorgestellt werden können. Da es uns aber nachhaltig auf Erkenntnis*zusammenhänge* ankommt, werden die zu untersuchenden Texte nicht einfach additiv hintereinander abgehandelt, sondern unter dem Gesichtspunkt, welchen Fortschritt sie im Vergleich zum vorher behandelten möglicherweise erbracht haben.

Unser Verfahren, wenige Texte in diesem Sinne etwas gründlicher zu behandeln, hat allerdings den Nachteil, daß die Farbigkeit und Vielschichtigkeit der tatsächlichen Diskussion dabei nicht deutlich werden kann. Außerdem könnte der falsche Eindruck entstehen, als würde der Autor nur mit dem gerade zur Debatte stehenden Text identifiziert. Alle Autoren haben sich jedoch mehrmals und auch an anderen Stellen zum Problem geäußert; deshalb kann es auch nur um eine Würdigung des jeweiligen Textes selbst gehen, nicht um eine Würdigung des Autors im ganzen. Schließlich versteht sich von selbst, daß die knappen Referate der Texte deren Lektüre nicht ersetzen können.

Die Entwicklung der politisch-pädagogischen Diskussion

Die Ausgangssituation 1945

Das Ende der nationalsozialistischen Herrschaft hatte keine günstigen Voraussetzungen für den Neuanfang einer politischen Bildung geschaffen. Abgesehen von den allgemeinen Wirren der Nachkriegszeit, die allenthalben zur Organisation des bloßen Überlebens zwangen, gab es — außer den bald diffamierten marxistischen Theorien — keine politisch-theoretischen Möglichkeiten zur Bearbeitung der barbarischen Vergangenheit, sondern nur eine moralische Abwehr. Zu gründlich hatte der Nationalsozialismus mögliche Alternative zur bürgerlich-kleinbürgerlichen Tradition der politischen Selbstdefinition ausgerottet, als daß mehr als moralische Scham hätte zum Zuge kommen können. Die Lehrer und Hochschullehrer waren nahezu alle aktiv oder passiv in das NS-System verwickelt worden; kaum jemand war unbescholten genug, nun ungeniert für eine neue, demokratische Erziehung einzutreten. Selbst die meisten von denen, die sich der nazistischen Barbarei schämten, waren durch die autoritäre Erziehung geprägt, die sie selbst genossen hatten. Diejenigen, die aus der Nazi-Haft entlassen waren oder aus der Emigration zurückkehrten, waren zwar politisch unbescholten, aber nicht zahlreich genug, um eine neue demokratische Erziehung prägen zu können. Das politische Selbstbewußtsein der nach 1945 im Amt verbliebenen Lehrer war zerbrochen. Da politische »Säuberungen« schon deshalb kaum durchgeführt wurden, weil die entlassenen Lehrer so schnell nicht zu ersetzen gewesen wären, wurde diese Lehrergeneration im ganzen zu einer schweren Belastung für eine neue demokratische Erziehung, zumal sie nicht nur in den Schulen wirkte, sondern auch neue Lehrer in Hochschulen, Studienseminaren oder als Mentoren ausbildete.

Zunächst waren die Ministerien, deren politische Spitzen ausgewechselt worden waren, fortschrittlicher als die Lehrer. So gab es z. B. schon bald fortschrittliche Erlasse zur Sozialkunde und über die Schülermitverwaltung (SMV), aber diese Ansätze wurden überwiegend durch passiven Widerstand bzw. durch Unverständnis boykottiert.

Mit der allgemeinen politischen Bewußtseinslage korrespondierte eine pädagogische Vorstellung über die Aufgaben der Schule, die sich scheinbar gerade durch die Erfahrung mit dem Nationalsozialismus und dadurch rechtfertigen konnte, daß sie auf die Traditionen der Zeit vor 1933 zurückgriff. Ihre wichtigsten Momente waren:

1. Die Schule sei gesellschaftlich und politisch exterritorial, d. h., nur *pädagogische* Ansprüche hätten in ihr Platz (und das sind konkret die, die die Lehrer selbst festlegen). Daß die sogenannte geisteswissenschaftliche »autonome Pädagogik« nach 1945 wieder so beherrschend werden konnte, ist vorwiegend dadurch zu erklären, daß sie sich vorzüglich als Kompensation für eine politisch angeschlagene Generation von Lehrern eignete; denn gerade auch diejenigen, die in der NS-Zeit die Politisierung der Pädagogik zugelassen und mitgemacht hatten, plädierten nun für »pädagogische Autonomie«.

2. Politik gehöre nicht in die Schule, schon gar nicht als Parteipolitik, als politische Kontroverse, aber auch nicht in Gestalt eines Faches wie Soziologie oder Politikwissenschaft. Noch heute ist das Fach Politik in den Schulen kaum heimisch im Konzert der anderen Fächer, und wenn man es einführen will, muß man immer noch Umschreibungen wie »Gemeinschaftskunde« oder »Gegenwartskunde« wählen. Empirische Untersuchungen — z. B. Teschner (1968) und Becker (1967) — haben später gezeigt, daß diese eigentümliche, pädagogisch begründete Entpolitisierung der Politik nach wie vor im Bewußtsein der Lehrer vorherrscht.

3. In die Schule gehöre nur, was »bildend« sei, und eine Sache bilde um so eher, je weiter sie von den Ärgernissen des Alltages entfernt sei. Die *Tradition*, als klassische, kulturelle, künstlerische Tradition, galt als Hauptinhalt der Schule. Tradition als solche war bildend. Es handelte sich um einen Bildungsbegriff, den wir heute »affirmativ« (Marcuse) nennen würden: Er pfuscht den Mächten dieser Welt nicht ins Handwerk und bestätigt sie gerade dadurch; die Humanität erstrahlt in der Innerlichkeit des reinen Geistes. Eine so konzipierte Schule hatte weder Platz für Politik, noch auch für Publizistik, für Film und Fernsehen.

4. Um eine Sache bildend zu machen, bedürfe es — vor allem in der Vorstellung des Gymnasiums — der distanzierenden Läuterung durch die Wissenschaft. Dies hatte zur Folge, daß gegenwartsbezogene Gegenstände und ihre Disziplinen wie Zeitgeschichte, moderne Literatur und mo-

18

derne Kunst lange Zeit keine Chance in den Schulen hatten, weil sie ja noch nicht abschließend wissenschaftlich erforscht waren.

Für die Aufgabe, eine demokratische Erziehung im allgemeinen und eine politische Bildung im besonderen zu formulieren, hatte die deutsche Erziehungswissenschaft kaum eine eigene Tradition. Die Nazi-Zeit kam dafür ohnehin nicht in Betracht. Aber auch die Zeit von 1918 bis 1933 bot wenig Vorbilder; es war der deutschen Pädagogik — jedenfalls der, die sich durchgesetzt hatte, der sogenannten geisteswissenschaftlichen bzw. Kulturpädagogik — weder theoretisch noch praktisch gelungen, Konsequenzen aus der Demokratisierung von 1918 zu ziehen (vgl. Goldschmidt u. a. 1969). Sowenig es in Deutschland eine stabile *politisch*-demokratische Tradition gab, sowenig gab es sie als *pädagogisch*-demokratische. Zwar hatte die Reformpädagogik mittelbar einen demokratischen Impuls, insofern sie die kindliche Spontaneität, die Selbsttätigkeit und eine weniger autoritäre Lehrer-Schüler-Beziehung vertrat. Aber erstens blieb sie im wesentlichen auf die Volksschule beschränkt und zweitens im Methodisch-Psychologischen haften; sie versuchte zwar, der Eigenständigkeit des Kindes methodisch gerecht zu werden, reflektierte diesen Ansatz aber nicht weiter gesellschaftlich; sie blieb unpolitisch, oder besser: autonom gegen die Gesellschaft (Goldschmidt, S. 21).

Ebenso hartnäckig, wie die Lehrerschaft sich weigerte, die pädagogische Praxis als eine demokratische zu thematisieren, weigerte sich die erziehungswissenschaftliche Theorie, den demokratischen Neuanfang zu einer theoretischen Neubesinnung zu benutzen. Sie sah dieses Problem überhaupt nicht. Im Gegenteil: Was man in den fünfziger Jahren als »Restauration« bezeichnete, nämlich das unreflektierte Anknüpfen an die Lage vor 1933, geschah in der Erziehungswissenschaft von Anfang an. Diejenigen Autoren, die die pädagogische Theorie der zwanziger Jahre schon bestritten hatten, beherrschten auch die Zeit nach 1945 (z. B. Spranger, Litt, Weniger, Nohl, Bollnow). Sie gaben entweder ihre alten Arbeiten neu heraus, ohne wesentliche Änderungen, oder formulierten ihre alten Gedanken in neuen Veröffentlichungen. Ihre Autorität war in Fachkreisen so unbestritten, daß erst Ende der fünfziger Jahre die nun etablierte Sozialwissenschaft neue politisch-pädagogische Konzepte nahelegen konnte.

Es gab 1945 — außer in der Emigration — so gut wie keine deutsche Sozialwissenschaft mehr. Dies war vielleicht die schlimmste aller Ausgangsbedingungen; denn schon vor 1933 hatte sich die deutsche Pädagogik als unfähig erwiesen, sozialwissenschaftliche Perspektiven und Ergebnisse produktiv zu verarbeiten. Nun mußte die politische Bildung erneut ohne sozialwissenschaftliche oder politikwissenschaftliche Hilfen auskommen. Wer sollte aber die Gegenstände erforschen und beschreiben, die da zu lehren und zu lernen waren? Das, was eigentlich Aufgabe der Sozialwissenschaften gewesen wäre, blieb so Desideraten überlassen, und bis heute sind die politischen und sozialen Wissenschaften nicht an den ihnen im Rahmen der politischen Bildung gebührenden Platz in der Schule gelangt.

Diese knappe Skizzierung der Ausgangslage nach 1945 mag erklären, warum die politische Bildung und darüber hinaus eine demokratische Schulerziehung überhaupt einen derart schweren Start hatte. Wie nach 1918, so scheiterten auch diesmal neue Impulse von vornherein daran, daß die alten Institutionen und die alten Beamten mit den alten konservativen Vorstellungen im wesentlichen übernommen wurden.

Friedrich Oetinger

Den ersten umfassenden systematischen Versuch, der politischen Bildung nach 1945 eine theoretische Grundlage zu geben, unternahm Friedrich Oetinger (= Theodor Wilhelm) mit seinem 1951 erschienenen Buch »Wendepunkt der politischen Erziehung. Partnerschaft als pädagogische Aufgabe«, das seit der zweiten Auflage von 1953 den Titel

»Partnerschaft. Die Aufgabe der politischen Erziehung« trägt. Wir benutzen in diesem Zusammenhang die 3. Auflage von 1955.
In seinem ersten Teil greift es zum Teil die eben skizzierte pädagogische Ideologie an, und das Buch ist überhaupt nur richtig zu würdigen, wenn man seine Intentionen mit dem vergleicht, was damals vorlag und wogegen es sich richtete.

Im Unterschied zu der schon damals herrschenden Neigung, an die Zeit vor 1933 wieder anzuknüpfen und den Nationalsozialismus als eine Pervertierung an sich guter Ideen und Ansätze zu verdrängen, geht Oetinger mit der gesamten Tradition der staatsbürgerlichen Erziehung ins Gericht: Es nutze gar nichts, die Traditionen der Zeit vor 1933 wieder zu mobilisieren, denn der Nationalsozialismus habe mit seiner Erziehung nur auf dem Boden gedeihen können, der vorher schon beackert worden sei. Es gehe also darum, nicht nur die Konsequenzen aus der NS-Erziehung zu ziehen, sondern auch aus der davorliegenden Tradition. Dabei lautet die Kernthese, daß ein realitätsgerechtes Verständnis des Politischen immer schon durch die neuidealistische Bildungsidee versperrt worden sei. Oetinger belegt dies an einer ganzen Reihe von Einzelmomenten, deren wichtigste lauten:

1. Der deutsche Staatsbürger war immer fixiert auf eine Art von „Staats-Metaphysik", d. h. auf einen Staat, der ihm als über-menschliches Subjekt gegenüberstand und dem er zu gehorchen und zu dienen hatte. Er verstand sich immer »unmittelbar« zum Staat; der ganze Bereich der gesellschaftlichen und sozialen Beziehungen, die zwischen Bürger und Staat existierten, war dagegen für die staatsbürgerliche Erziehung uninteressant. Da jedoch der Staat kein alltäglicher Aktionsraum für den Bürger sein konnte, brauchte dieser eben auch politisch nichts zu tun. Seine Aktivität beschränkte sich darauf, den Staat zu verstehen und ihm im übrigen zu gehorchen. Daran hat auch der politische Umschwung von 1918 nichts geändert.

2. Dem entsprach eine abstrakte Auffassung von *Pflicht*, ein Begriff, der in der Literatur zur staatsbürgerlichen Erziehung eine dominierende Rolle spielte. Kants kategorischer Imperativ, die philosophische Grundlage des Pflichtverständnisses, löste die Pflicht aus den realen Lebensbezügen. So konnte pflichtgemäßes Verhalten ohne kritische Prüfung der konkreten Wirklichkeit geschehen. Je formaler auf diese Weise die Pflicht wurde, um so weniger hatte sie z. B. auf die konkreten Folgen zu achten, die aus pflichtgemäßem Handeln erwuchsen.

3. In dem Maße, wie die staatsbürgerliche Erziehung die formale staatsbürgerliche Pflicht in den Vordergrund stellte, würden spontanes Engagement, Solidarität sowie alle Formen des Gefühls und der Leidenschaften eliminiert, weil sie in einem solchen Zusammenhang nur Störfaktoren sein konnten. Wie aber »sollte eine politische Gemeinschaft gedeihen, wenn sich die Schule gar nicht für die konkreten, vollen Sachverhalte und Erscheinungen des öffentlichen Lebens selbst interessierte, sondern nur für die Frage, ob und inwieweit sie sich für eine formale Willensbildung auswerten ließen?« (S. 26). Auf diese Weise kam Politik nur in Gestalt des Staates in die Schule, und nur mit dem Zweck, eine individuelle formalisierte Sittlichkeit zu erzeugen, die sich praktisch nicht bewähren mußte.

4. Diese individuelle Sittlichkeit orientierte sich nicht an der Auseinandersetzung mit dem realen Staat, so wie er war, sondern an der Idee des guten Staates. Der gute Staat und der darauf eingestellte gute Staatsbürger, der nach dem Motto des kategorischen Imperativs handelte, sollten sich entsprechen. Auf diese Weise konnte der schlechte wirkliche Staat durch die Idee des guten Staates erträglich gemacht werden. Die Aufgabe des politischen Bürgers bestand in erster Linie darin, den bestehenden und den idealen Staat zu »verstehen«, nicht etwa darin, den realen Staat aktiv zu verändern.

5. Auf diese Weise verflüchtigte sich auch der Begriff der politischen Freiheit. »Freiheit war im Sinne der klassischen Staatsbürgerphilosophie diejenige Verfassung der mensch-

lichen Seele, die den Anruf der Pflicht nicht als Zwang empfand.« Es ging nicht um konkrete Freiheiten (z. B. im Rahmen von Selbstverwaltungen), sondern wiederum nur um jene abstrakte Beziehung zwischen Individuum und Staat.

6. Das Verhältnis des Bürgers zur Macht war gebrochen. Macht wurde nur dem Staat zugestanden und bloß moralisch interpretiert. Außerstaatliche, z. B. ökonomische Macht oder die Macht von Verbänden und Parteien geriet nicht in den Blick, und die Moralisierung der Macht führte leicht zur sittlichen Rechtfertigung aller staatlichen Machtanwendungen, weil die konkreten Folgen für konkrete Menschen nicht zu den moralischen Kriterien gehörten. »Im Durchschnittsunterricht vereinfachten sich die Machtfragen zur Frage der edlen und unedlen Gesinnung des jeweils zu behandelnden politischen Helden« (S. 48). Da die Macht ausschließlich eine Aktivität des Staates war, legte sich der Akzent der Betrachtung folgerichtig auf die Außenpolitik und hier — vor allem vor 1918 — auf den Krieg. Die politischen Helden, die des Unterrichts für würdig erachtet wurden, waren vornehmlich kriegerische Helden.

Von heute aus gesehen muß man zwar fragen, ob Oetinger die bürgerliche politische Ideengeschichte im ganzen gerecht gewürdigt und ob er nicht die emanzipatorischen Momente der Idee der bürgerlichen Bildung zu schnell mit abgewiesen hat. Zudem ist die Frage, ob er genügend zwischen den ursprünglichen Intentionen dieser Ideen und ihrer Adaptation durch das Bildungsbürgertum unterschieden hat. Zweifellos jedoch hat er sowohl diese Adaptation wie auch deren Auswirkungen auf den staatsbürgerlichen Unterricht richtig beschrieben.

Gemessen an der Ausführlichkeit, mit der die »staatsbürgerliche Erziehung« vor 1933 kritisiert wird, wird bei Oetinger die »nationalpolitische Erziehung« von 1933 bis 1945 verhältnismäßig kurz abgehandelt. Der wesentliche Gesichtspunkt ist, daß die eben beschriebenen Maßstäbe der staatsbürgerlichen Erziehung nicht in der Lage gewesen seien, die zunehmende Irrationalisierung und Unvernunft der Politik wirksam zu bekämpfen. Je weniger es im Gegenteil schon vorher auf die konkreten Bedingungen konkreter Menschen ankam, um so leichter sei es nun gefallen, die überkommene Staatsmetaphysik auf den neuen Führer-Staat zu übertragen.

Gegen diese »Staatsmetaphysik« entwickelte Oetinger sein Konzept der »Partnerschaft«. Es geht ihm dabei nicht um eine Erziehung ohne oder gar gegen den Staat, sondern darum, »seine ideale Verabsolutierung zu verhindern, indem der Staat als die politische Organisation des gemeinsamen Lebens sichtbar bleibt« (S. 81). Die Politik soll vom Kopf des abstrakten Staates auf die Füße der konkreten sozialen und gesellschaftlichen Beziehungen gestellt werden, die sich in den sogenannten »Spielregeln der Partnerschaft« wie folgt darstellen:

1. »Das Spielfeld muß möglichst übersichtlich sein; ich muß jeden Spieler deutlich sehen und die Bewegungen des Balles einwandfrei verfolgen können« (S. 141). Voraussetzung dafür ist, daß auch das politische Leben so organisiert wird, daß eine solche Übersichtlichkeit hergestellt werden kann.

2. Es muß »Namentlichkeit« gewährleistet sein, d. h., man darf die Partner nicht nur in einer Funktion, als Funktionäre zur Kenntnis nehmen, sondern muß sie als Menschen ansprechen. Dabei geht es jedoch nicht um »Vertraulichkeit«, sondern um »Vertrauen«. d. h. um emotional vergleichsweise distanzierte Beziehungen.

3. Wesentliches Ziel des partnerschaftlichen Verhaltens ist die »Kompromißbereitschaft«, d. h. die Absicht, zwischen widerstreitenden Meinungen und Ideen praktische Lösungen zu finden.

4. Dazu ist eine tolerante Grundeinstellung der Partner zueinander nötig. Gemeint ist damit jedoch nicht diejenige Einstellung, die die eigene Meinung von vornherein für richtig hält und die andere nur deswegen duldet, weil sie

als Irrtum nicht aus der Welt zu schaffen ist, sondern die Gewißheit, daß man selbst seiner Wahrheit nicht ganz sicher sein kann und sich dafür offenhalten muß, die Position des Partners als die richtigere irgendwann selbst einmal zu übernehmen.

Oetingers Buch hat in den fünfziger Jahren eine beachtliche Wirkung ausgeübt. In den Volks- und Berufsschulen war es nicht zuletzt deshalb beliebt, weil man mit ihm praktisch-pädagogisch arbeiten konnte. Es animierte die Lehrer, im politischen Unterricht einen — im guten Sinne des Wortes — »gesunden Menschenverstand« walten zu lassen, und verpflichtete sie nicht unbedingt auch, sich systematische politische oder sozialwissenschaftliche Kenntnise für ihren Unterricht zu erwerben. Allerdings war diese Wirkung einigermaßen ambivalent: Einerseits konnte man in der Schule wirklich etwas tun mit diesem Buch, z. B. die Beziehungen zwischen Lehrern und Schülern ändern, einen neuen Stil des Zusammenlebens prägen; andererseits ließ sich damit jedoch auch wieder die Flucht vor politischem Nachdenken und Handeln stützen. Wenn man auf der persönlichen Ebene partnerschaftlich verfuhr, so konnte man meinen, braucht man sich nicht weiter intellektuell und wissenschaftlich um Politik zu kümmern. Oetinger hat diese Gefahr selbst gesehen und sich gegen den Beifall von der falschen Seite gewehrt: »Sie sagen Partnerschaft, um sich von der Politik zu erlösen« (S. 3).
Eine vielleicht noch größere Wirkung erzielte das Buch jedoch im Bereich der sozialen und gesellschaftlichen Auseinandersetzungen selbst. »Partnerschaft« wurde in den fünfziger Jahren zum Schlagwort für »fortschrittliche« Vertreter der Wirtschaft und ihre Tendenz, nun nicht mehr von Lohnkämpfen und von Klassenkämpfen zu reden, sondern von der Besserung der menschlichen Beziehungen am Arbeitsplatz, von Sozialleistungen usw. Die durchaus kämpferisch gemeinte Idee der Partnerschaft wurde auf das Motto: »Seid nett zueinander« verkürzt, was wiederum ambivalente Folgen hatte: Einerseits verbesserten sich

auf diese Weise zweifellos die unmittelbaren menschlichen Beziehungen am Arbeitsplatz und auch in der Schule; andererseits aber wurde in dieser Modifizierung das Suchen nach gerechten Lösungen wie überhaupt das Suchen nach inhaltlichen Bestimmungen der neuen Demokratie diffamiert. Oetinger hatte das Suchen nach Wahrheit ausdrücklich dem *Prozeß* der Kooperation untergeordnet; Wahrheit, oder genauer: das, was an der Wahrheit allein sozial interessant ist, war das, was aus der Kooperation herauskam. Es gab keine gemeinsame Idee (z. B. über den Inhalt von Demokratie), auf die hin die Partner verpflichtet gewesen wären. Die wachsende Beliebtheit der Partnerschaftsidee bei den gesellschaftlich Mächtigen (z. B. bei den Unternehmern) hat sie bei der deutschen Linken von Anfang an politisch verdächtig gemacht.

Bevor wir rückblickend die Schwächen dieser Konzeption genauer untersuchen, sei zunächst von dem die Rede, was die Diskussion zweifellos weitergebracht hat:

1. Der vielleicht bedeutendste Teil des Buches bestand in der radikalen Kritik der überlieferten politischen Erziehung in Deutschland und der deutschen Bildungstheorie überhaupt. Letzten Endes handelt es sich dabei um eine fundamentale Kritik der überlieferten Erziehungswissenschaft im ganzen. Auch wenn diese Kritik heute mit verfeinerten Methoden und mit den dialektischen Ansätzen der sogenannten »kritischen Theorie« präzisiert werden müßte, hat sie damals ohne Zweifel das bildungsbürgerliche Bewußtsein in seinem Kern richtig getroffen. Im wesentlichen ist darüber die historische Selbstreflexion der Erziehungswissenschaft auch heute noch nicht hinausgekommen.

2. Wichtig war ferner die Aufhebung der alten Trennung von Staat und Gesellschaft, von »politisch« und »sozial«. Die durchgehende Politisierung des ganzen menschlichen Lebens, aller sozialen Bezüge, hat Oetinger als erster deutscher Pädagoge der Nachkriegszeit mit dieser Deutlichkeit gesehen. Er hat die politische Erziehung mit Nachdruck darauf hingewiesen, daß es in der Politik um die Bewäl-

tigung konkreter Situationen und um das Agieren konkreter Menschen und Gruppen geht, und nicht in erster Linie um Feldschlachten abstrakter Begriffsgespenster.

3. Dabei vermochte sein Ansatz gerade wegen seiner offenen, undogmatischen Systematik die politische Erziehung zu öffnen für neue Probleme, für neue wissenschaftliche Ergebnisse, insbesondere empirischer Art. Oetinger selbst hat seinen Ansatz als eine geordnete Sammlung von Bausteinen verstanden, die auch für die Unterrichtspraxis unmittelbar nutzbar sein sollten.

4. Oetingers Buch setzte sich nachdrücklich für die Demokratisierung der unmittelbaren menschlichen Beziehungen (z. B. in der Schule) ein. Zumindest in diesem Punkte hat es die überlieferte pädagogische Vorstellung von der politischen Exterritorialität der Schule abgewiesen. Mit Recht wies es darauf hin, daß man jungen Menschen demokratische Ansprüche nicht im Unterricht einreden kann, wenn die Schule selbst die dazugehörenden Erfahrungen von Freiheit, Selbständigkeit und Zivilcourage verweigert. Dabei wurden Einsichten vorweggenommen, die erst in den letzten Jahren als »demokratischer Führungsstil« bzw. »gruppendynamisches Verhalten« stärker zum Zuge gekommen sind.

Fragt man nach den Schwächen des Buches, so lassen sich rückwirkend die im folgenden genannten Gesichtspunkte aufführen:

1. Oetinger unterschätzte die Bedeutung des systematischen, zusammenhängenden Wissens. Zwar wurde die Bedeutung des Unterrichts nicht ausdrücklich geleugnet, aber die Lehrstoffe wurden in erster Linie danach beurteilt, inwieweit sie den Gedanken der Partnerschaft darstellen konnten. Auf diese Weise bot Oetinger den Lehrern eine Chance, die wirklich brisanten politischen Stoffe zu umgehen. Hinreichende Kriterien für die Auswahl der politischen Stoffe gab das Buch dem Schulunterricht also nicht in die Hand.

2. Bei aller berechtigten Kritik an der von der kulturphilo-
sophischen Pädagogik betriebenen blutleeren Staats- und
Gesinnungsbildung wurde die Bedeutung eines theoretischen Bewußtseins für eine demokratische politische Erziehung doch unterbewertet. So befreiend es zunächst einmal
war, von den überlieferten Ideologien wegzukommen und
die Produktion von neuen politischen Ideen und die Bestimmung der Inhalte der neuen Demokratie einfach der
Kommunikation der Partner zu überlassen, so hatte dies
doch auch bedenkliche Folgen. Auf diese Weise wurden
alle Versuche, das Ganze unserer politisch-gesellschaftlichen
Realität ins Bewußtsein zu nehmen, um auf diese Weise
die Menschen zu Herren ihrer gesellschaftlichen Verhältnisse *im ganzen* zu machen, implizit als politisch wie pädagogisch unwichtig angesehen. Wer über die Vordergründigkeit praktischer Regelungen durch die Partner hinaus
nach dem Sinn des Ganzen fragte, galt leicht als Stören-
fried. Diese Akzentverschiebung hatte Oetinger zwar nicht
gewollt, für ihn gehörte der Austausch der ideellen Gegensätze mit zur Partnerschaftlichkeit; aber da er für die
ideelle, theoretische Dimension der partnerschaftlichen
Kommunikation keinerlei Hinweise gegeben hatte, konnte
man leicht daraus schließen, er halte sie überhaupt für
unwichtig. So gab es eigentlich keine rationale Instanz, der
die kommunizierenden Partner sich *gemeinsam* hätten unterwerfen müssen. So hätte es z. B. zu den »Spielregeln«
der Partnerschaft gehören können, die Verfahren und Ergebnisse des Kommunikationsprozesses wissenschaftlicher
Nachprüfung zu unterwerfen. Derartige Hinweise fehlen
aber. Was die Partner denken, unterliegt also keiner Instanz, die im Denken selbst verankert wäre, sondern es
beurteilt sich lediglich danach, wie und ob sich jemand mit
seinem Denken den Regeln der partnerschaftlichen Kooperation unterwirft. Auf diese Weise aber fallen Wissenschaft
und gesellschaftliche Praxis bedrohlich auseinander; denn
für die Aktionen der Partner ist es nun gleichgültig, ob
und wie sie über ihr Handeln reflektieren. Es widerspricht
z. B. den Regeln der Partnerschaft nicht, wenn die Sozial-

partner auf partnerschaftlichem Wege zu Vereinbarungen kommen, die wissenschaftlichen Ergebnissen und Prognosen entschieden widersprechen. Und es ist auch nicht unpartnerschaftlich, wenn Lehrer sich hartnäckig weigern, für ihren pädagogischen Betrieb neue Forschungsergebnisse zur Kenntnis zu nehmen — es sei denn, solche Erkenntnisse würden den Lehrern in ganz persönlicher Begegnung präsentiert.

3. In der Idee der Partnerschaft wurde schließlich die Realität der gesellschaftlichen Machtverhältnisse erheblich unterschätzt. »Abbau der herrschaftlichen Beziehungen«, woran Oetinger so viel gelegen war, war für ihn in erster Linie der Abbau *individueller* und *persönlicher* Herrschaftsbeziehungen (Schüler-Lehrer; Arbeitgeber-Arbeitnehmer). Was dabei nicht in den Blick kam, war, daß sich in modernen Gesellschaften Herrschaft nicht mehr oder nur noch sehr eingeschränkt so personalisieren läßt, sondern daß sie sich in eigentümlich anonymen Systemen aufbaut (Bürokratie; Industrie; abstrakter Leistungszwang in der Schule und anderes). Außerdem sind die Startchancen, insbesondere die ökonomischen, für die Partner in der Regel ungleich; die einen (z. B. die Lehrer) sind in der Regel mächtiger als die anderen (die Schüler). Diese Ungleichheit ist durch die Spielregeln der Partnerschaft nicht ausgleichbar. Daraus erklärt sich, daß die Partnerschaftskonzeption schon früh als politisch reaktionär angesehen wurde, als eine Ideologie, die die Beteiligten nur scheinbar gleichmacht, während ihre tatsächliche Ungleichheit ungebrochen aufrechterhalten bleibt, ja sich unbemerkt noch verstärken kann.

4. Schließlich zeigten die »Spielregeln« der Partnerschaft auch eine Fehleinschätzung objektiver, vom Willen der einzelnen Menschen unabhängiger gesellschaftlicher Realitäten. Uns heute geläufige soziologische Interpretations-Modelle wie die Rollen-Theorie oder die System-Theorie lassen die Hoffnung illusorisch erscheinen, man könne den Partner losgelöst von seiner funktionalen Rolle sehen oder das »Spielfeld« der gesellschaftlichen Beziehungen ließe

sich wirklich »überschaubar« organisieren. In solchen Punkten verdrängte Oetinger das politisch-gesellschaftlich Mögliche durch das pädagogisch Wünschbare.

Theodor Litt

Oetinger erhielt Widerspruch vor allem von denjenigen, die er selbst angegriffen hatte: vor allem von Erich Weniger (1952) und von Theodor Litt (1957), die wie andere Vertreter der »geisteswissenschaftlichen« Pädagogik ihre wissenschaftliche Position im ganzen in Frage gestellt sahen. Litt geht in seiner Schrift davon aus, daß die Errichtung eines demokratischen Staates in Deutschland das traditionelle Erziehungsverhältnis der Generationen aufheben müsse. Da nämlich die Erwachsenen selbst noch lernen müßten, sich das neue politische Bewußtsein anzueignen, könnten sie es auch noch nicht auf dem Wege der Erziehung an die Jüngeren weitergeben. Aus diesem Grund nehme der politische Unterricht eine Sonderstellung im Kanon der Schulfächer ein.
Die pädagogischen Konsequenzen dieses richtigen Ausgangspunktes verfolgt Litt allerdings nicht weiter; daraus hätte sich z. B. folgern lassen, daß nun auch der »pädagogische Bezug« zwischen Schülern und Lehrern sich grundlegend ändern müßte — jedenfalls soweit es sich um die politische Erziehung handelt. Vielmehr leitet Litt daraus ab, daß aus diesem Grunde der Anteil des Bewußtseins in Fragen der Politik in Deutschland erheblich höher sein müsse als in den westlichen Demokratien. An die Stelle selbstverständlich überlieferter Einstellungen, Verhaltensweisen und Vorstellungen müßten bei uns bewußte Reflexionen treten. Kernpunkt dieser Reflexionen müsse dabei das »Wesen des Staates« sein. »Der Deutsche muß recht eigentlich ›wissen‹ um den Staat, um ihm durch sein Tun gerecht werden zu können« (S. 57). Die Argumentation wird entwickelt in der Auseinandersetzung mit Autoren,

die den Staat entweder unterbewertet (z. B. Kerschensteiner, Foerster und Oetinger) oder überbewertet haben (z. B. Carl Schmitt).

Aktuell jedoch war die Schrift vor allem gegen Oetingers »Partnerschaft« verfaßt, der Litt folgende Irrtümer vorhält:

1. Oetinger hat die Ebenen des Politischen und des Sozialen unzulässig vermischt. Gegen die Partnerschaft ist solange nichts einzuwenden, wie sie sich auf die sozialen Beziehungen der Menschen beschränkt. Der Ort der Politik ist aber der Staat, der mehr ist als ein Sonderfall der sozialen Beziehungen. Der Staat ist·die notwendige *Voraussetzung* für das geordnete soziale Leben und kann ihm daher nicht *nebengeordnet* werden. »Nur im Rahmen und auf dem Boden der Lebensordnung, deren Zuverlässigkeit einzig und allein durch den Staat garantiert wird, kann das gesellschaftliche Leben jene Formen der Verständigung und Zusammenarbeit hervorbringen und betätigen, die wegen ihrer ›Friedlichkeit‹ des Beifalls der Wohlgesinnten sicher sind. Wo diese Ordnung fehlt oder auch nur brüchig ist, da entfällt auch die Möglichkeit einer auf gütlicher Vereinbarung beruhenden Kooperation. Denn diese Kooperation würde im Wirbel der Unordnung untergehen« (S. 70). Demnach kann sich partnerschaftliches Verhalten schon deshalb nicht auf den Staat erstrecken, weil dieser unter Umständen Zwang anwenden muß, um den Frieden der sozialen Ordnung garantieren zu können.

2. Um diese Ordnungsfunktion wahrnehmen zu können, muß der Staat Macht anwenden. Der ständige Kampf um die Macht im Staat mit dem Ziel, bestimmte Ordnungsideen durchzusetzen, macht das Wesen des Politischen aus. Das gilt grundsätzlich für alle denkbaren Staatsformen; charakteristisch für den demokratischen Staat ist nur, daß hier eine *Mehrheit* von Ordnungsideen im Kampf um die Macht zugelassen wird, im Unterschied zum totalitären Staat, der nur eine *einzige* Ordnungsidee erlaubt. Wird dieser reale Zusammenhang von Staat — Ordnung —

Macht — Kampf um die Macht übersehen, so wird der Kampf als eine Ausartung des menschlichen Zusammenlebens denunziert; verbissener Fanatismus wird genährt und der Gegner zu einem zu liquidierenden dummen oder niederträchtigen Schädling der menschlichen Gesellschaft erklärt.

Im Gegensatz zu Oetinger fordert Litt deshalb eine politische Erziehung, die direkt auf den Staat zielt und Einsicht in das Wesen des Staates hervorbringt. Die Idee der partnerschaftlichen Erziehung könne ihre Berechtigung nur auf den sozialen Bereich erstrecken, nicht jedoch auf den politischen.

Die Wirkung dieser Schrift war beachtlich. Sie erreichte vor allem durch die Unterstützung der »Bundeszentrale für Heimatdienst« (jetzt: »Bundeszentrale für politische Bildung«) in Bonn eine erhebliche Verbreitung und kann als eine »klassische« Schrift der restaurativen Epoche der fünfziger Jahre bezeichnet werden. Sie griff nicht nur das Klischee vom Unterschied des Politischen und Sozialen wieder auf, sondern auch das weitere vom Widerspruch von Totalitarismus und Demokratie. Die einfache Kennzeichnung dieses letzteren Unterschiedes war: Im Unterschied zum Totalitarismus dürfen im demokratischen Staat konkurrierende Ideen um die Macht im Staate kämpfen — was nur die Kehrseite der Idee von der »pluralistischen Gesellschaft« war. Dabei implizierte die Schrift ein kontemplatives, distanziertes Verhältnis der Bürger zur konkreten Politik. »Einsicht in das Wesen des Staates« war primär eine kontemplative Leistung, aus der allenfalls alle vier Jahre eine Wahl als bürgerliche Aktivität folgte. Daran änderte auch nichts der richtige Hinweis, daß das richtige Denken immer selbst schon eine Form von vernünftiger Aktivität sei: »Wo der Mensch mit Menschlichem befaßt ist, da ist jedes Aufleuchten echter Einsicht schon ein Anderswerden in der Richtung auf das entsprechende Tun — da ist jeder Durchbruch echten Tuns das Aktuellwerden einer die Richtung weisenden Einsicht« (S. 56).

Auf den ersten Blick scheint Litt gerade die Mängel aufgegriffen zu haben, die bei Oetinger eben erörtert wurden. Aber Litt gab diesen kritischen Ansätzen zugleich eine Wendung, die nun ihrerseits überprüft werden muß.

1. Das Verhältnis von Staat und Gesellschaft ist — sieht man auf die Realität des politischen Lebens — sehr viel komplizierter, als es bei Litt erscheint. Die schon bei Marx zu findende Einsicht, daß der Staat die höchste Veranstaltung der Gesellschaft sei, hätte zumindest diskutiert werden müssen. Tatsächlich kommen die wichtigsten Impulse für die staatliche Gestaltung aus den Konflikten des allgemeinen, eben gesellschaftlichen menschlichen Lebens. Gerade diese Prozesse zu studieren, wie nämlich Staat und Gesellschaft miteinander verschränkt sind, welche Ideen und Interessen dabei Macht aufbauen und wieder abbauen, wäre doch wohl Aufgabe einer politischen Bildung. Statt dessen treten bei Litt abstrakte Begriffe ihre Herrschaft über die Wirklichkeit an. Wiederum reicht es aus, den Staat bloß zu »verstehen«. Politik wird so wieder zum »Schicksal«, nicht zum Instrument lebender Menschen, mit dem sie ihr Wohlergehen verbessern. Wenn Litt von der »bitteren Notwendigkeit« des Kampfes um die Macht spricht, hört man den Unterton von der Politik als schmutzigem, ungeistigem Geschäft deutlich mit heraus.

2. Der Kampf um die Macht, den Oetinger nicht geleugnet hatte, kann ebensowenig mit dem Blick auf die Staatlichkeit und mit dem Bemühen des Staates um Ordnung erklärt werden. Die gleichen Machtgruppen z. B., die in den fünfziger Jahren unseren Staat beherrschten, sorgten auch dafür, daß unser Bildungswesen rückständig blieb und daß der Reichtum sich in wenigen Händen akkumulierte. Und es gibt Macht, die sich gar nicht erst auf die Ebene des Staatlichen begeben muß und darf, um sich reproduzieren zu können; z. B. die Macht der Erzieher über ihre Zöglinge, der freien Wohlfahrtsverbände und Kirchen im Rahmen der sozialen Hilfe und Fürsorge usw. Indem Litt die Macht und den Kampf nur dem Staat vorbehält mit dem

ausdrücklichen Ziel, auf diese Weise den Bereich des Sozialen zu befrieden, verficht er auf einer neuen Ebene nur das, was er Oetinger vorwirft: die Dämonisierung aller Macht — diesmal nur im außerstaatlichen Bereich.

3. Machtkämpfe werden bei Litt vorwiegend als Kämpfe von Ideen wahrgenommen. Nun sind allerdings Machtansprüche in dem Moment, wo sie sich formulieren, auch Ideen. Aber interessant und für die Reflexion ergiebig wird dieser Vorgang doch erst dann, wenn man dahinterkommt, aufgrund welcher Interessen und Traditionen solche Formulierungen erfolgen. In der Darstellung Litts erscheint die Sache so, als ob es nicht die Interessen, sondern die politischen Ideen wären, die die Menschen in die Arena des politischen Kampfes hineinmanövrieren.

4. Die Bestimmungen der Begriffe Macht, Ordnung usw. erfolgen bei Litt ganz formal, ohne jede nähere inhaltliche Kennzeichnung. Sie gelten für jeden denkbaren Staat und für jede denkbare historisch-politische Verfassung. Auf diese Weise gerät die *Inhaltlichkeit* dessen, was Demokratie sein könnte und müßte, gar nicht erst in den Blick. Die einzige Kennzeichnung für das spezifisch Demokratische ist die formale Pluralismus-Theorie: Mehrere Ideen dürfen um die Macht im Staate kämpfen. Warum das so ist, wodurch das eigentlich garantiert wird, aus welchem Grunde der Staat, einmal von einer bestimmten Idee okkupiert, eigentlich noch zulassen oder gar gewährleisten soll, daß eine andere konkurrierende Idee die herrschende ablösen soll, was die einmal herrschende Idee dann doch wohl als Störung der staatlichen Ordnung empfinden und eigentlich — gemäß den Vorstellungen Litts — gerade deshalb bekämpfen müßte, all dies bleibt unklar und undiskutiert.

5. Diese inhaltliche Unklarheit signalisiert schließlich eine frappante Geschichtslosigkeit des theoretischen Ansatzes. Für die Einführung einer Demokratie in Deutschland scheint es eigentlich keinen erkennbaren Grund außer dem zu geben, daß nach dem verlorenen Krieg die Sieger uns dazu gezwungen haben. Daß Theorien über den Staat immer geschichtliche Ideen sind, die *gegen* bestimmte und

für bestimmte Interessen formuliert werden, kommt nicht in die Diskussion. Ebenso problematisch ist es, die kritisierten Irrtümer der von Litt vorgeführten Autoren ohne Rücksicht auf die jeweils materiellen Unterschiede zu behandeln. Den kritisierten Theorien Kerschensteiners, Foersters und Schmitts werden bloße Denkfehler vorgehalten, während man doch ebenfalls fragen muß, warum in ihrer Zeit diese Denkfehler ein solch großes Publikum gefunden haben.

Litt hatte mit seiner Schrift wieder den Anschluß an die Zeit vor 1933 vollzogen, was Oetinger gerade vermeiden wollte. Die Kontroverse Oetinger — Litt war der Anfang und zugleich das Ende dessen, was die akademische Fachpädagogik zum Problem der politischen Bildung grundsätzlich zu sagen hatte. Bis Anfang der sechziger Jahre ging die Diskussion darüber nicht hinaus, allenfalls brachte sie im Prinzip unwichtige Modifikationen hervor. In ihrer zeitlichen Reihenfolge entsprachen beide Konzepte dem Stand des jeweiligen allgemeinen politischen Bewußtseins und der diesem entsprechenden Realität. Auch von seiner Wirkung her war Oetinger der Autor des offenen Neuanfangs, Litt dagegen der Autor des bereits fest etablierten konservativen Establishments.

Übergang

Gleichwohl ergaben sich seit etwa Mitte der fünfziger Jahre neue Diskussionsansätze, die die Unfruchtbarkeit der eben geschilderten Kontroverse zu überwinden trachteten, sich aber zunächst mit Einzelfragen beschäftigten, ohne insgesamt eine theoretische Alternative anzubieten. Vor allem folgende Ansätze lassen sich unterscheiden:

1. In den Gymnasien bemühte sich eine Gruppe von Fachdidaktikern, didaktisch-methodische Grundlagen für den

politischen Unterricht zu erarbeiten. Dafür war die eben geschilderte Kontroverse zu abstrakt. Litt bot ohnehin kaum didaktische Anhaltspunkte, und Oetinger offerierte dem fachlichen Selbstverständnis der Gymnasiallehrer zu wenig geeignete Unterrichtsstoffe. Die Prinzipien-Kontroverse der Universitätspädagogik half also den gymnasialen Praktikern wenig, und diese orientierten sich daher auch eher an der Zeitgeschichte, später auch an der jungen politischen Wissenschaft. Ihr praktisches Problem war, *was* sie eigentlich unterrichten sollten und was dabei *herauskommen* sollte. Diese Diskussion bewegte sich weitgehend unterhalb der prinzipiellen Kontroverse, bereitete aber den Boden für die spätere Weiterentwicklung der prinzipiellen theoretischen Diskussion vor. Sie artikulierte sich vor allem in der Zeitschrift »Gesellschaft — Staat — Erziehung« (vgl. unter anderen Bodensieck 1958; Hilligen 1958; Kindler 1960; Matthewes 1959; Messerschmid 1958 und 1961; Lorenz Müller 1956; Rohlfes 1960).

In den Volks- und Berufsschulen fand übrigens eine vergleichbare theoretische Diskussion damals nicht statt. Die Gründe können wir hier nur andeuten: Die Volks- und Berufsschule stand in einer ganz anderen pädagogisch-ideologischen Tradition als das Gymnasium. Weniger die rational-intellektuelle Bearbeitung der Welt stand dort zur Debatte, als vielmehr die volkstümlich-gemüthafte Identifizierung mit den nahen Gegebenheiten (vgl. Giesecke 1972). Man übersieht in diesem Zusammenhang allzu leicht, daß die klassenmäßig separate Entwicklung der Volks- und Berufsschule sich bis in die didaktischen und methodischen Theorien und bis in das Selbstverständnis der jeweiligen Lehrer-Gruppen erstreckt hat. Ferner waren Volks- und Berufsschullehrer damals im allgemeinen zu wenig theoretisch und fachlich ausgebildet, als daß sie in nennenswertem Maße sich an solchen Diskussionen hätten beteiligen können. Die politische Bildung in diesen Schularten wurde erst Mitte der sechziger Jahre zum Problem, nachdem Kudritzki (1962) die Theorie der volkstümlichen Bildung vorsichtig kritisiert hatte und als vor allem Engelhardt, Hilligen und K. G. Fischer in ihren Arbeiten vornehmlich auch die Volks- und Berufsschule berücksichtigten.

2. Ebenfalls seit Mitte der fünfziger Jahre schaltete sich die neu etablierte politische Wissenschaft in die Diskussion ein. Sie war naturgemäß weniger an didaktisch-methodischen Entwürfen interessiert, als vielmehr daran, das Politikverständnis der politischen Bildung den Erkenntnissen ihrer eigenen Disziplin anzugleichen, an die Stelle herkömmlicher politischer Philosophie und der überlieferten Dominanz der Geschichtswissenschaft politikwissenschaftliche Untersuchungen und Verständnismodelle zu setzen. So hat A. Bergstraesser (1961) die Spezifität des Politischen im Unterricht durchsetzen wollen; H. Mommsen (1962) und W. Besson (1963) kritisierten die bürgerliche Geschichtswissenschaft und deren Folgen für das politische Bewußtsein; K. Sontheimer (1963) warf der politischen Bildung illusionäre Zielerwartungen vor; H. Tietgens (1960) machte auf falsche Prämissen der herrschenden politischen Bildung aufmerksam, und M. Greiffenhagen (1963) plädierte dafür, die falsche Gleichsetzung von Kommunismus und Nationalsozialismus im Begriff des »Totalitarismus« aufzugeben.

3. Bis etwa zum Jahre 1958 fand die politische Bildung in der öffentlichen Meinung ein verhältnismäßig geringes Interesse. Das änderte sich schlagartig, als in diesem Jahr Gruppen von Jugendlichen Hakenkreuze und Nazi-Parolen an öffentliche Gebäude, Synagogen und auf jüdische Grabsteine schmierten. Damit war die politische Bildung zu einem Politikum ersten Ranges geworden, denn die mühsam verdrängte NS-Vergangenheit war nun für die ganze Weltöffentlichkeit wieder sichtbar und zur beängstigenden Gegenwart geworden. Die Hakenkreuzschmiereien erschienen der Öffentlichkeit vor allem deshalb so bedrohlich, weil sie mit den herrschenden Vorstellungen über rationale politische Einsicht und rationales politisches Verhalten unvereinbar waren. Hier zeigte sich zum ersten Mal in der Geschichte der Bundesrepublik die Grenze einer

auf bloß rationale Einsicht gegründeten politischen Bildung, die die Dimensionen des Kollektiv-Unbewußten außer acht ließ. In seinem Vortrag »Was heißt: Aufarbeitung der Vergangenheit« (1960) stellte Adorno — geschult an der Lehre S. Freuds — eben diese Dimensionen des Unbewußten zur Debatte, die der rationalen Einsicht weitgehend unzugänglich sind, und riet der politischen Bildung unter anderem, an die *unmittelbaren* Interessen der Individuen anzuknüpfen, weil dabei noch am ehesten rationales Verhalten zu erwarten sei. Mit diesem Aufsatz von Adorno griff zum ersten Mal die sogenannte »Frankfurter Schule« mit ihrer wissenschaftlichen Position der »kritischen Theorie« in die unmittelbare Diskussion der politischen Bildung ein. Charakteristisch für diese Position war und ist, daß sie die Tradition der marxistischen Arbeiterbewegung, der marxistischen Gesellschaftskritik, über die Zeit des Nationalsozialismus hinweg rettete und auf eigentümliche Weise mit anderen theoretischen Ansätzen integrierte. Zu diesen anderen Ansätzen gehörte neben den Traditionen der klassischen bürgerlichen Philosophie vor allem auch die Lehre Sigmund Freuds, also die Lehre von den unbewußten Anteilen des menschlichen Verhaltens. Ende der sechziger Jahre, im Zusammenhang mit den Studentenunruhen, sollte die Position der »kritischen Theorie« noch eine bedeutende praktische Rolle spielen. Zunächst jedoch waren es eher die psychoanalytischen Theorie-Anteile, die der Prinzipien-Diskussion der politischen Bildung nun hinzugefügt und später vor allem von A. Mitscherlich (1963) weiterentwickelt wurden.

Diese wenigen Hinweise auf die Diskussion bis zum Anfang der sechziger Jahre zeigen, daß die Erziehungswissenschaft, also die Universitätspädagogik, aus dieser Diskussion praktisch ausgeklammert war. Oetingers »Partnerschaft« war zu Beginn der fünfziger Jahre die einzig wirkliche Innovation, spätere Innovationen kamen von anderen Sozialwissenschaften her. Die Tatsache jedoch, daß die Erziehungswissenschaft als eigentlich zuständige wissenschaftliche Disziplin bis Mitte der sechziger Jahre an den

Diskussionsfortschritten nicht mehr beteiligt war, hat auch problematische Verengungen zur Folge gehabt, wie sich gleich zeigen wird.

Als repräsentativer Text für die längst überfällige Innovation der politisch-pädagogischen Theorie zu Beginn der sechziger Jahre soll nun die folgende Arbeit von J. Habermas vorgestellt werden, obwohl sie gar nicht ausdrücklich für die Theoretisierung der politischen Bildung verfaßt wurde. Man hätte mit guten Gründen auch einen anderen Text von einem anderen Autor wählen können, aber in diesem kommen die neuen Ansätze wohl am deutlichsten zur Geltung.

Jürgen Habermas

In seinem Kapitel »Reflexionen über den Begriff der politischen Beteiligung«, das der umfangreichen empirischen Untersuchung »Student und Politik« (1961) als theoretische Grundlegung vorangestellt ist, geht Habermas zwar nicht unmittelbar auf die bisher erörterten Autoren ein; indem er jedoch den politisch-pädagogischen Leitbegriff der »politischen Beteiligung« einer systematischen Kritik unterzieht, gewinnt er für die Überwindung der fruchtlosen Kontroverse neue wichtige Ansatzpunkte. Gerade in pädagogischen Vorstellungen spielte der Appell zur Teilnahme an politischen Wahlen, an gesellschaftlichen Verbänden, innerhalb der SMV oder in Jugendgruppen eine große Rolle.

1. Habermas wendet sich gegen die in den fünfziger Jahren vorherrschend gewordene Vorstellung, daß politische Beteiligung einen Wert an sich darstelle, daß politische Aktivität selbst schon, d. h. ohne Rücksicht auf die Inhalte und Ziele, zum politischen und pädagogischen Wert erhoben wurde. Er bezweifelt, daß ein guter Demokrat schon der sei, der möglichst viel in möglichst vielen Gremien mitarbeitet, ohne nach Ziel und Zweck weiter zu fragen.

2. Die politische Beteiligung wird dabei nämlich bloß *formal* verstanden: Der demokratische Staat und die demokratische Gesellschaft sind demnach eine Staats- und Gesellschaftsform wie jede andere auch, und es kommt nur darauf an, das gesellschaftliche System im möglichst konfliktlosen Gleichgewicht zu halten. Dafür ist die Aktivität der Bürger ebenso wichtig wie ihre Distanz zur Aktivität — z. B. daß Wahlen nicht ständig, sondern nur alle vier Jahre stattfinden. Auf diese Weise wird Demokratie aber lediglich funktional betrachtet, eben unter dem Gesichtspunkt des ausbalancierten Gleichgewichts der Kräfte. Tatsächlich jedoch haftet der Demokratie etwas Besonderes an. das sie von allen anderen Staats- und Gesellschaftsverfassungen unterscheidet: »Demokratie arbeitet an der Selbstbestimmung der Menschheit, und erst wenn diese wirklich ist, ist jene wahr. Politische Beteiligung wird dann mit Selbstbestimmung identisch sein« (S. 15). Wenn jedoch diese inhaltliche Bestimmung verlorengeht, reduziert sich der Unterschied von Demokratie und Diktatur lediglich auf die Frage, welche Verfaßtheit die bessere funktionale Effizienz hervorbringt, also z. B. geringere innenpolitische Reibungsverluste erzeugt oder einen größeren Produktionsausstoß garantiert. In dieser Vorstellung wird Demokratie zu einem »Set von Spielregeln« für den Prozeß der politischen Willensbildung formalisiert.

3. Dabei wird jedoch übersehen, daß die Inhaltlichkeit demokratischen Handelns nur im Kontext einer geschichtlichen Reflexion ermittelt werden kann. Um dies zu belegen, holt Habermas zu einer umfangreichen historischen Analyse aus, deren Grundgedanke etwa der folgende ist: Der liberale Rechtsstaat des 19. Jahrhunderts hat sich inzwischen zum Träger kollektiver »Daseinsvorsorge« entwikkelt, ist zum »Sozialstaat« geworden. Der liberale Rechtsstaat des 19. Jahrhunderts — der »Nachtwächterstaat« (Lassalle) — hatte dafür zu sorgen, daß das gesellschaftliche Leben der Menschen, vor allem ihre wirtschaftliche Tätigkeit, nach allgemeinen und deshalb kalkulierbaren Normen ablaufen konnte. Er war insofern streng von der

Gesellschaft getrennt. Insbesondere durfte der Staat nicht in das wirtschaftliche Leben eingreifen, auch nicht zu dem Zweck, die wirtschaftlich Schwächeren zu schützen. Diese vom Bürgertum im Parlamentarismus durchgesetzte Staatsform enthielt aber von Anfang an einen Widerspruch: Auf der einen Seite war vorausgesetzt, daß eigentlich alle Bürger sich am wirtschaftlichen Wettbewerb mit der gleichen ökonomischen Startchance beteiligen konnten; nur dann nämlich konnte Demokratie als Allgemeininteresse und nicht nur als Klasseninteresse formuliert werden. Andererseits war diese Voraussetzung nie wirklich gegeben, wie etwa das Beispiel des Proletariats zeigt. Tatsächlich blieb die Demokratie eine Minderheiten-Demokratie, und die politische Willensbildung blieb praktisch eine Sache der Oberschicht. Der Anspruch jedoch, Demokratie sei eine Sache aller Menschen und nicht nur der Reichen, wurde dennoch weiterhin aufrechterhalten. In diese Lücken nun zwischen Anspruch und Realität schob sich nolens volens der Staat. Es genügte nun nicht mehr, für *alle* Bürger verbindliche Normen aufzustellen, vielmehr mußte der Staat nun auch Maßnahmen im Sinne der Daseinsvorsorge ergreifen, die nicht allgemeingültig waren, sondern nur für *bestimmte* Gruppen galten (z. B. Sozialversicherung, Bildungsplanung, Mutterschutz, Jugendschutz, Arbeitsschutz usw.). Auf diese Weise nun wurden die Grenzen zwischen Staat, Gesellschaft und Privatsphäre fließend. Diese Entwicklung hat das Gesicht von Staat und Gesellschaft erheblich verändert (die Verwaltung wird initiativ; Funktionsverlust des Parlaments zugunsten der Parteien; Rolle der Verbände zwischen Staat und Gesellschaft usw.) und für die Möglichkeiten der politischen Beteiligung ganz andere Bedingungen geschaffen. Die Lage ist nun so, daß der Bürger gegenüber all diesen neuen Institutionen in eine neue Abhängigkeit geraten ist. »Die politische Stellung des durchschnittlichen Bürgers in dieser Gesellschaft wird bestimmt: einmal durch den Dauerkontakt mit einer ausgedehnten, in die vormals privaten Lebensbereiche so stetig wie nachhaltig eingreifenden Verwaltung — ihr steht er gleichsam zur Disposition; sodann durch den Einfluß, den er durch Interessenorganisationen auf die Verwaltung ausübt; von denen freilich muß er sich wiederum nur bedienen lassen. Die Berührung mit dem Staat vollzieht sich im Raum und Vorraum der Verwaltung, und sie bezieht sich auf Dienste der Verwaltung. Sie ist wesentlich unpolitisch« (S. 32).

Ließ sich der erste Einwand gegen Oetingers »Partnerschaft« erheben, so der zweite gegen Litts ungebrochene Aufrechterhaltung der Trennung von Staat und Gesellschaft und ihrer formalistischen Definitionen. Im Gegensatz dazu kommt es Habermas darauf an, die *Gesellschaft* zu politisieren und Politik nicht mehr wie früher allein dem Staat und seinen Organen vorzubehalten. Dazu gehört etwa die politische Kontrolle der Funktionen des privaten Kapitaleigentums oder auch die Politisierung der Gewerkschaften (politischer Streik). Die klassische Trennung von Staat und Gesellschaft ist überholt; hält man weiter daran fest, werden die Möglichkeiten der politischen Beteiligung, die im gesellschaftlichen Leben der Menschen immer noch — wenn auch gering genug — vorhanden sind, nicht genutzt.

Diese Argumentationen hatten zunächst kaum eine Wirkung in der Lehrerbildung und in den Schulen. Zu sehr widersprachen sie dem politisch-pädagogischen Selbstverständnis der fünfziger Jahre. Erst später, als sie von den rebellierenden linken Studenten aufgenommen wurden, wurden sie einer breiteren politischen und auch pädagogischen Öffentlichkeit bekannt. Nicht zuletzt aus dem in dieser Schrift vertretenen politischen Konzept haben die linken Studenten später ihre Munition bezogen; schließlich hatte Habermas gerade die außerparlamentarische Aktivität als wichtig für die Weiterentwicklung der Demokratie erachtet. Für die Theorie der politischen Bildung ergaben sich nun drei wichtige neue Gesichtspunkte:

1. *Das Problem der Inhaltlichkeit* demokratischer Einrichtungen und Prozesse war mit Nachdruck in den Mittel-

punkt gerückt worden. Demokratie ist nicht irgendeine historisch zufällige und beliebige, sondern diejenige politisch-gesellschaftliche Verfassung, die die Selbstbestimmung der Menschen weiterzutreiben hat. Erst seitdem sind Begriffe wie »Selbstbestimmung«, »Selbstdefinition«, »Emanzipation« in der politisch-pädagogischen Literatur häufiger aufgetaucht. In diesen Begriffen drückt sich indirekt auch eine Kehrtwendung im Hinblick auf die Zielsetzung der politischen Bildung aus: Wurde der Staatsbürger vorher fast ausschließlich als *Objekt* der Demokratie betrachtet (er müsse »verantwortlich« sein, *damit* die Demokratie funktionieren könne), so wurde er jetzt nachdrücklich auch zum *Subjekt* erklärt; Demokratie ist demnach eine politische Verfassung, deren wichtigster Zweck es ist, die Mündigkeit, Emanzipation und Aufklärung der wirklichen Menschen weiterzutreiben. Wenn dies nicht geschieht, widerspricht Demokratie ihrem eigenen Sinn. In diesem Punkte ist Habermas weit über die Positionen von Oetinger und Litt hinausgegangen.

2. Habermas hat, um zu dieser inhaltlichen Bestimmung zu kommen, die Notwendigkeit einer historisch-kritischen Perspektive in den Vordergrund gerückt. Diese verläßt den engen Horizont der bloß formal-funktionalen Betrachtungsweise, die sowohl Oetinger wie auch Litt eigen war, und mißt die gegenwärtige Wirklichkeit an den Versprechungen, mit denen sie früher einmal etabliert wurde. Demokratie wird so nicht als funktionaler Ausgleich von Interessengegensätzen begriffen, sondern als ein geschichtlicher Prozeß: »Politische Beteiligung ... gewinnt erst Funktion, wo Demokratie derart als geschichtlicher Prozeß begriffen wird« (S. 17). Geschichtlichkeit jedoch wird nicht als bloße faktische Geschichte begriffen, als Addition der Fakten, so wie sie sich nacheinander zugetragen haben, sondern ebenfalls inhaltlich-normativ: Was hat die Geschichte zur Steigerung des Potentials an Emanzipation beigetragen, welche sind die fördernden, welche die hemmenden Kräfte gewesen? Und welche sind *heute* die fördernden bzw. hemmenden Kräfte? Diese inhaltlich konkre-

tisierte historische Perspektive erlaubt Urteile darüber, welche Gruppen ein »mehr« oder »weniger« demokratisches Potential zur Verfügung haben. Nicht allein auf subjektive politische Kenntnisse kommt es mehr an, sondern darauf, welchen Stellenwert bestimmte Gruppen in der realen Demokratiegeschichte tatsächlich einnehmen. Nicht alle gesellschaftlichen Interessen und Gruppen verfügen demnach objektiv über das gleiche demokratische Potential — wie der Begriff der »pluralistischen Gesellschaft« glauben machen wollte. So weist Habermas etwa den Gewerkschaften eine besondere Rolle im Prozeß der weiteren Demokratisierung zu, weil deren Interessen noch am meisten mit dem allgemeinen Interesse an zunehmender Demokratie identisch seien. Für eine auf Emanzipation gerichtete politische Bildung folgt daraus, daß sie sich der formalen Un-Parteilichkeit oder Über-Parteilichkeit zu begeben hat; sie ist nun durchaus legitimiert, Partei gegen diejenigen Gruppen oder Parteien zu ergreifen, die aufgrund ihrer objektiven Interessen Fortschritte an Demokratisierung zu verhindern trachten.

3. Damit waren zugleich Kriterien geschaffen, die leitenden Ziele der politischen Bildung, wie sie sich etwa in Richtlinien ausdrückten, einer inhaltlich präzisierbaren Kritik zu unterziehen. Zielformen wie »Mitmachen«, »Mitverantwortung«, »Beteiligung«, »aktiv sein« und andere konnten nun erst systematisch hinterfragt werden.

Trotzdem blieb die politisch-pädagogische Wirkung dieses Buches nicht unproblematisch. Ins Gewicht fiel vor allem, daß die implizierten politisch-*pädagogischen* Aspekte nicht weiter ausgeführt waren. Wenn Habermas davon ausging, daß mit einer Aufklärung des Wahlvolkes im ganzen absehbarer Zeit nicht zu rechnen sei, daß man vielmehr nur hoffen könne auf die Aktivität außerparlamentarischer Gruppen (vor allem der Gewerkschaften) und darauf, daß das politische Bewußtsein der »funktionalen Eliten« (vor allem der Studenten) zunehmen werde, so waren das mittelbar ja auch Aussagen über die prinzipielle Lernfähigkeit bestimmter Gruppen von Menschen, aus denen sich durchaus problematische Schlüsse ziehen ließen. Obwohl diese Schlüsse nicht unmittelbar dem Autor zur Last gelegt werden können, treffen sie seine Theorie doch insofern, als sie eben *möglich* waren, und auch hier — wie bei der »Partnerschaft« — muß darauf gesehen werden, welche *Wirkung* die Theorie hatte. Vor allem folgende Aspekte müssen rückblickend als besonders problematisch angesehen werden.

1. Indem der Blick vorwiegend auf gesellschafts*verändernde,* möglichst »systemüberwindende« Aspekte der weiteren Demokratisierung gerichtet wurde, gerieten alle pädagogischen Bemühungen grundsätzlich in Ideologieverdacht, die — daran gemessen bescheiden — versuchten, die Menschen erst einmal zum Bewußtsein ihrer »system-immanenten« Position zu bringen und sie z. B. zu lehren, die innerhalb dieses Systems noch längst nicht ausgeschöpften Rechts- und Aktionsspielräume bis an die Grenzen des Möglichen wahrzunehmen. Im Namen des demokratischen Fortschritts konnten die empirisch feststellbaren Interessen und Bedürfnisse der Menschen zwar als durch gesellschaftliche Zwänge manipulierte erkannt, aber eben auch unter Hinweis darauf denunziert werden. Wer diese Bedürfnisse und Interessen (z. B. die optimale Teilnahme am Konsum) so ernst nahm, wie die Betroffenen es selbst meinten, besorgte nur die Erhaltung des bestehenden politischen Systems. Allenfalls als »Einstieg« erschienen die empirisch feststellbaren Interessen legitim, um wenigtens den Anschein aufrechtzuerhalten, als ginge es um eine Vermittlung zwischen dem Sosein der Interessen und Bedürfnisse einerseits und ihrer idealen, künftig zu realisierenden Substanz andererseits. Tatsächlich jedoch lag es näher, politisch-pädagogische Lernziele aus den Antizipationen einer besseren Gesellschaft zu deduzieren und den Menschen gegenüberzustellen, anstatt sie mit der je individuellen bzw. schichtspezifischen »Lernreichweite« der Individuen so zu vermitteln, daß die lebensgeschichtliche Kontinuität der Motivationen und Perspektiven erhalten bleiben konnte.

2. So wie sie im fraglichen Text vorlag, gab die »gesamt-gesellschaftliche Theorie« keine Auskunft über den Zusammenhang zwischen den allgemeinen politisch-gesellschaftlichen Determinanten des Bewußtseins einerseits und den jeweiligen biographischen Determinanten andererseits. Es konnte vielmehr so scheinen, als sei die biographische Dimension für die Erkenntnis entbehrlich bzw. unter die historisch-gesellschaftliche subsumierbar, so, als erkläre die allgemeine Ideologiekritik hinreichend die Beschränktheiten des je individuellen Bewußtseins. Träfe dies zu, so wäre Pädagogik überhaupt entbehrlich; Änderungen des Bewußtseins könnten letztlich nur durch Veränderungen der gesellschaftlichen Realität als deren automatisches Resultat erfolgen. Tatsächlich jedoch decken sich beide Determinanten — die biographische und die historisch-gesellschaftliche — keineswegs ohne weiteres, ja, vermutlich sind die zu einem bestimmten Zeitpunkt subjektiv möglichen »Lern-Spielräume« erheblich geringer als die objektiv möglichen, so daß es die erste wichtige Aufgabe der politischen Pädagogik wäre, die Individuen zur Ausschöpfung des objektiv möglichen Bewußtseins- und Handlungsspielraums auch zu befähigen.

3. Indem politische Bildung im Sinne des Durchbrechens der gesellschaftlich reproduzierten Verschleierung für die Masse der Bürger als objektiv unmöglich angesehen und grundsätzlich nur den »funktionalen Eliten« aufgrund ihrer privilegierten gesellschaftlichen Stellung als erreichbar zugestanden wurde, wurde eine äußerst problematische Hierarchie eingeführt, die auch pädagogische Konsequenzen haben mußte. Entweder war zu folgern, daß politische Bildung erfolgreich nur für die »funktionalen Eliten« — und durch diese selbst! — betrieben werden könne; dies aber hätte die bis dahin bestehende politisch-pädagogische Privilegierung der Oberschüler und Studenten nur fortgesetzt. Oder aber die »funktionalen Eliten« mußten sich als diejenigen verstehen, die die große Masse des »Wahlvolkes« aufgrund ihrer höheren, ihren Partnern aber grundsätzlich verschlossenen Einsicht zu bilden hatten, wobei sofort die Frage

auftauchen mußte, welche Ziele eine solche Bildung haben sollte, wenn eigentliche Aufklärung nicht möglich war. Oder aber man konnte politische Bildung des Wahlvolkes überhaupt für überflüssig halten, statt dessen es zum praktisch-politischen Kampf führen und nur das für politisch bildend erklären, was *bei* diesem Kampf und *für* ihn an Erfahrungen gesammelt wird. Alle diese Folgerungen sind in den mannigfachsten Kombinationen gezogen worden, und alle sind sie zutiefst widersprüchlich geblieben. Jede pädagogische Beziehung nämlich, die Lehrende und Lernende nicht nur durch einen *faktischen* Unterschied an Einsicht definiert, sondern diesen Unterschied auch — und sei es nur für bestimmte historische Phasen — für eine prinzipiell unaufhebbare Differenz an Einsichts*fähigkeit* erklärt, muß zu einer höchst autoritären werden. Hier, nämlich beim Umschlagen einer *politischen* Theorie der Demokratisierung in eine solche *antidemokratischer Pädagogik* wird der Mangel an pädagogischer Reflexion unmittelbar deutlich.

4. Zudem zeigte sich sehr bald, daß die in Rede stehenden Eliten die ihnen durch Analyse ihres gesellschaftlichen Status zugestandene Funktion auch verfehlen können. In dem Augenblick nämlich, wo deren gesellschaftliche Privilegierung selbst zur Debatte gestellt wurde (z. B. im Rahmen der Hochschulreform), wo die distanzierte Kritik in praktische Verantwortung übergehen mußte, zeigte es sich, daß diese Gruppen nicht weniger für ihr partielles Interesse votierten als andere Gruppen auch. Nun wurde die auf bessere Einsicht gegründete Idee eines besseren Gemeinwohls zur blanken Usurpation. Das auf der noch unbeschriebenen pädagogischen Seite der »gesamtgesellschaftlichen Theorie« gleichwohl schon enthaltene autoritäre pädagogische Potential ging durch die Hände »sozialistischer« Studentengruppen in seine Verwirklichung über — zum Glück mit nicht sehr dauerhaftem Erfolg. Und was Habermas als *Aufgabe* verstanden wissen wollte, wurde zur *Rechtfertigung* für die Vertretung partikularer mittelständischer Interessen. Gegen solche Mißverständnisse hat sich

Habermas selbst ausdrücklich zur Wehr gesetzt (1969), und auch Adorno hat gegen den Veruch, Theorie und Praxis »kurzzuschließen«, sein Veto eingelegt (1969a).

»Anti-Kapitalismus«

Habermas und andere Vertreter der sogenannten »kritischen Theorie« hatten zwar erfolgreich die politisch-theoretischen Prämissen der politischen Bildung in den fünfziger Jahren kritisieren können, die *pädagogisch*-theoretische Bearbeitung ihrer Einsichten jedoch offengelassen. Diese Lücke versuchten seit Ende der sechziger Jahre aus der Studentenbewegung stammende neo-marxistische Autoren zu schließen. Aber bei ihnen dominierten noch stärker die politisch-theoretischen Aspekte, nun vor allem solche der politischen Ökonomie (vgl. Beck u. a. 1970; Wallraven/ Dietrich 1970). Im Vordergrund des Interesses standen hier Entwürfe eines »richtigen Bewußtseins«, dessen *Lehrbarkeit* jedoch verhältnismäßig wenig problematisiert wurde. Das eklatante Desinteresse an didaktisch-methodischen Fragen hatte insbesondere zwei Gründe: Einerseits hatte die Beschäftigung mit neo-marxistischen Theoremen — vor allem solchen der politischen Ökonomie — trotz aller verbalen Deklamationen über die »Solidarität mit der Arbeiterklasse« vorwiegend die Funktion, das verunsicherte Selbstverständnis privilegierter bürgerlicher Studenten neu zu fundieren. Wegen des relativ hohen Bildungsstandes konnten deshalb didaktisch-methodische Überlegungen für die Studenten selbst als überflüssig erscheinen, und die Aufklärung der anderen, z. B. der Arbeiter, blieb von marginalem Interesse, wie überhaupt der bürgerliche Klassencharakter dieser orthodoxen neo-marxistischen Rezeption undurchschaut blieb. Ihr ging es objektiv primär darum, das »kapitalistische System« deshalb zu denunzieren, weil es die alte, im Vorrecht des Studiums bereits antizipierte Status-Privilegierung dem bürgerlichen Nachwuchs nicht mehr ohne weiteres garantierte. Andererseits jedoch war das pädagogische Defizit in der marxistischen Theorie von Anfang an mit angelegt. Denn Marx hatte auch nicht in Ansätzen eine Sozialisationstheorie entwickelt, also eine Theorie des individuellen Heranwachsens unter den Bedingungen der kapitalistischen Gesellschaft. Wo er vielmehr von der »Entwicklung des Menschen« spricht, meint er die Entwicklung der Gattung. Strenggenommen kann es eine marxistische Pädagogik erst in dem Augenblick geben, wo *zusätzlich* sozialisationstheoretische (z. B. psychoanalytische) Theorieansätze *von außen* hereingeholt werden, woran einige Autoren — offenbar mit Erfolg — arbeiten (vgl. H. Dahmer 1971). Aber gerade die politik-ökonomische Reduktion des Marxismus verhinderte eine solche theoretische Differenzierung.

Was also bei Habermas bloß offen und noch nicht theoretisch bearbeitet war, wurde nun undialektisch kurzgeschlossen; undifferenziert wurden die gesellschaftlichen und pädagogischen Erscheinungen als bloße Variationen des immer gleichen Kapitalismus festgestellt. Was nicht erklärtermaßen als »antikapitalistische« Schule oder Jugendarbeit sich der Vernichtung des »kapitalistischen Systems« verschrieb, galt als eine bloße Magd dieses Systems.

Obwohl diesen Arbeiten durchweg der allgemeine Nachweis der Abhängigkeit pädagogischer Maßnahmen und Erscheinungen von ökonomischen Interessen gelang — womit sie eine wichtige Funktion der *Kritik* erfüllten —, vermochten sie die politisch-*pädagogische* Diskussion schon deshalb nicht weiter zu entwickeln, weil sie das differenzierte marxistische Methoden-Instrumentarium um den »historischen Materialismus« verkürzten. So war es nicht möglich, bei der Analyse konkreter pädagogischer Maßnahmen und Erscheinungen die jeweils »fortschrittlichen« von den »rückschrittlichen« Momenten zu unterscheiden, was zu einem Verzicht auf rationale Kriterien für praktische Entscheidungen überhaupt führte und dazu, die sinnlich unmittelbar erfahrbaren Momente von Unterdrückung zu ignorieren, sofern es nicht die eigenen waren. So gesehen brachten die neo-marxistischen orthodoxen Beiträge die politisch-pädagogische Diskussion nicht weiter, vielmehr fielen sie hinter den bei Habermas bereits erreichten Stand zurück.

»Antiautoritäre« Positionen und Kritik der politischen Sozialisation

Anders verhält es sich jedoch mit einer Reihe von Beiträgen, die mit der »antiautoritären«, also vor-orthodoxen Phase der Studentenbewegung in eine breitere Diskussion gelangt sind und die man als Beiträge zur »Kritik der politischen Sozialisation« bezeichnen kann. Im Unterschied nämlich zu den eben erwähnten befassen sich diese Beiträge gerade mit dem, was nach der durch Habermas erfolgten Revision des politischen Selbstverständnisses der bürgerlichen Demokratie offengeblieben war, nämlich mit den politischen Aspekten der Sozialisation selbst. Ausgangspunkt für derartige Überlegungen war die Selbsterfahrung, daß die rationale Einsicht in das, was politisch richtig oder wünschenswert sei, allein noch keineswegs auch zu einem dementsprechenden Verhalten führte, daß vielmehr im Verlauf der eigenen Sozialisation erworbene kognitive und emotionale Muster — die als »autoritäre« Prägungen erlebt wurden — schon die Ausnutzung des gesellschaftlich zugelassenen Freiheitsspielraumes blockierten und erst recht eine Barriere von Angst errichteten, wenn es darum gehen sollte, diesen Spielraum durch politische Aktion etwa noch zu erweitern. Das bekämpfte politische »System« hatte sich offenbar auf dem Wege der Sozialisation in die Psyche der einzelnen Individuen eingenistet und konnte sich so sehr viel stärker vom »Innen« der Person her reproduzieren, als dabei äußere Zwänge anwenden zu müssen (vgl. P. Brückner, in: Agnoli/Brückner 1968; H. Heine 1969). Die »Selbstthematisierung« autoritärer Charakterstrukturen bei einem verhältnismäßig großen Teil der bürgerlichen Jugend, die nun einsetzte, enthielt erhebliche Chancen für Theorie und Praxis der politischen Bildung, aber die »antiautoritäre Phase« der Studenten-

50

und Schülerbewegung war verhältnismäßig kurz und wurde bald durch die eben beschriebene orthodoxe neo-marxistische bzw. anti-kapitalistische Phase abgelöst. Deren wichtigstes Merkmal war, daß die psychischen »autoritären« Defizite auf das »kapitalistische System« projiziert und dort stellvertretend bekämpft, aber in der eigenen Person nicht mehr bearbeitet wurden. Für die Betroffenen bedeutete dieser Umschwung vielfach das Ende politischer Lernfähigkeit überhaupt. Gleichwohl bleibt es das Verdienst dieses kurzen Zwischenspiels, die politische Bildung um Aspekte bereichert zu haben, die wir nun unter dem Begriff »politische Sozialisation« zusammenfassen können.

Das gilt zunächst für die Rezeption der Psychoanalyse im allgemeinen. Deren theoretische Modelle für das Verständnis der individuellen menschlichen Entwicklung lagen spätestens seit der Weimarer Zeit vor und waren auch für die Interpretation politischer Sachverhalte schon in den dreißiger Jahren von Adorno, Horkheimer, Fromm und anderen angewendet worden — und zwar in erster Linie zur Erklärung des autoritär-faschistischen Charakters. Daran knüpfte Adorno noch an, als er 1959 in seinem Vortrag: »Was heißt: Aufarbeitung der Vergangenheit?« der Frage nachging, in welcher Weise im allgemeinen Bewußtsein faschistische Stücke überlebt hätten und wie die politische Bildung dieses Bewußtsein korrigieren könne. In diesem Zusammenhang warnte er bereits vor der optimistischen Hoffnung, der Appell ans Bewußtsein könne gegen die Determinanten des Unbewußten viel ausrichten.

Aber erst der antiautoritären Bewegung gelang eine größere Verbreitung psychoanalytischer Einsichten. Im Sinne des psychoanalytischen Verstehensmodells — Variationen zwischen einzelnen »Schulen« bleiben hier außer Betracht — hat jede einzelne Sozialisation auch Bedeutungen für den »politischen Charakter« eines Menschen. Der Mensch wird demnach geboren mit der Ausstattung eines triebhaften Potentials (Es) und muß nun durch die Sozialisation lernen, seine Triebwünsche im Rahmen der dafür zur Verfügung stehenden sozialen Möglichkeiten zu befriedigen. Gelingt eine derartige Anpassung nicht, d. h., würden die Triebe überhaupt nicht sozialisiert, so wäre der Mensch nicht lebensfähig; ebenso erginge es ihm — was allerdings auch nur als rein gedankliches Extrem angenommen werden kann —, wenn er so massiv zur Anpassung an die Realität gezwungen würde, daß er seine Triebwünsche überhaupt nicht mehr befriedigen könnte. Tatsächliche Sozialisationen verlaufen jedoch so, daß eine Art von Gleichgewicht zwischen dem ursprünglich noch objekt-ungerichteten Triebbedürfnis einerseits und der Anpassung an die Realität andererseits hergestellt wird, das über die im Verlauf der Sozialisation sich bildende Instanz des Ich vermittelt wird. Chronische Abweichungen von diesem »Gleichgewichtszustand« gelten als seelische, z. B. neurotische Krankheiten.

Wichtiger für unseren Zusammenhang jedoch ist das weitere Theorem, daß sich nämlich die psychische Entwicklung der Menschen in einer Reihe von aufeinanderfolgenden *Phasen* vollzieht, und zwar so, daß der eben angedeutete Konflikt zwischen Trieb und Realität in jeder einzelnen Stufe positiv bearbeitet sein muß, bevor die Aufgaben und Chancen der jeweils nächsten Phase angegangen werden können. Über die Zahl oder die Aufgaben dieser Phasen gibt es zum Teil verschiedene Meinungen; weitgehende Einigkeit besteht jedoch hinsichtlich der ersten drei: der oralen, der analen und der ödipalen Phase.

Nun ist für den Zusammenhang der politischen Sozialisation weniger die Frage nach dem *individuellen* Verlauf der Sozialisation, ihrem möglichen Scheitern, und überhaupt nach der Struktur der individuellen »politischen Persönlichkeit« interessant; vielmehr ist zu fragen, wie die Gesellschaft — sei es im allgemeinen, sei es im Hinblick auf bestimmte Klassen und Schichten — diese Sozialisationsprozesse überhaupt beeinflußt. Einerseits nämlich ist das psychoanalytische »Ideal« ein Mensch, dessen Ich so stark ist, daß es die Konflikte zwischen Trieben und (den Normen der) Realität selbständig zu regeln weiß; derart sozialisierte Menschen wären zugleich auch optimale Subjekte für die politische Bildung. Andererseits jedoch lehrt schon die Lebenserfahrung, daß es kaum einen Menschen gibt, der diesem Ideal entspricht. Will man nicht behaupten, daß die Menschen »von Natur aus« nicht besser zu sozialisieren sind, als dies tatsächlich geschieht, so muß man annehmen, daß die Gesellschaft selbst deren optimale Sozialisation (z. B. wegen bestimmter Herrschaftsinteressen) verhindert. Eben an dieser Hypothese knüpfte die Bewegung der »antiautoritären Erziehung« an, indem sie auf den Zusammenhang von erwachsenem demokratischem Fehlverhalten und entsprechenden frühkindlichen Sozialisationserfahrungen verwies.

Als inzwischen »klassisches« Beispiel dafür, daß die Gesellschaft die im Sinne der Ich-Stärke optimale Sozialisation verhindern kann, gilt der sogenannte »anale Zwangscharakter«, auch »autoritärer Charakter« genannt, der etwa in der Zeit des Faschismus durchaus als »normal« angesehen wurde. Er entsteht dadurch, daß dem Kind nicht gestattet wird, die charakteristischen Krisen und Konflikte der sogenannten »analen Phase« (etwa ab 2. Lebensjahr) im Sinne zunehmender »Autonomie« zu verarbeiten. »Das Kleinkind muß das Gefühl haben, daß sein Urvertrauen zu sich selbst und zur Welt (...) nicht bedroht wird durch den plötzlichen Wunsch, seinen Willen durchzusetzen, sich etwas fordernd anzueignen und trotzig von sich zu stoßen. Mit Festigkeit muß man das Kind dagegen schützen, daß aus seinem noch unentwickelten Unterscheidungsvermögen, seiner Unfähigkeit, etwas mit dem richtigen Kraftaufwand festzuhalten und loszulassen, Anarchie entsteht. Zugleich muß man jedoch den Wunsch des Kindes, ›auf eigenen Füßen zu stehen‹, unterstützen, damit es nicht dem Gefühl anheimfällt, sich vorzeitig und lächerlich exponiert zu haben, dem Gefühl der Scham also; oder jener zweiten Art von Mißtrauen, dem Gefühl des Zweifels« (Freud, Band VII, S. 203 ff.; zit. nach Gottschalch 1971, S. 53).

Gelingt es dem Kind also nicht, in dieser Phase Autonomie gegen Scham und Zweifel zu erwerben, so bleiben mehr oder weniger ausgeprägte Züge eines »Zwangscharakters«

zurück. »Der Zwangscharakter, der Analcharakter, die zwanghafte Persönlichkeit ist geizig, kleinlich im Bezug auf Liebe, Zeit, Geld und besteht auf Erfüllung pedantischer Sauberkeitsrituale. ... Er fühlt sich stets exponiert und beobachtet, belauert sich auch selbst nach Regungen, die er für ›unsauber‹ hält. Paradoxerweise führt ein starkes Betonen des Schamgefühls keineswegs zu einem besonderen Gefühl des Anstandes, sondern zu zwei entgegengesetzten Reaktionen: der übertrieben Schamhafte möchte entweder die mit einem Tabu belegten Dinge heimlich tun, oder er projiziert seine verbotenen Neigungen auf andere Menschen bzw. Menschengruppen und bekämpft sie in diesen« (Gottschalch 1971, S. 53 f.).

»Heimlichtun« und Projizieren der unterdrückten Wünsche auf Minderheiten, an denen man sie stellvertretend vernichten kann, waren etwa in der Nazizeit massenhafte charakterliche Dispositionen, die zur Vernichtung von Minderheiten (z. B. der Juden) politisch in Dienst genommen werden konnten. An diesem Beispiel wird die *politische* Bedeutung einer gesellschaftlich restringierten Sozialisation unmittelbar evident. Solche Restriktionen wiegen um so schwerer, als sie nach Meinung der Psychoanalyse weitgehend irreversibel sind. Das heißt aber nichts anderes, als daß die politische »Lernreichweite« eines Menschen grundsätzlich durch die Art und Weise seiner frühkindlichen Sozialisation kognitiv wie emotional begrenzt wird, wobei diese Grenze allerdings empirisch im konkreten Falle schwer auszumachen ist.

So plausibel das psychoanalytische Phasenmodell für unseren Zusammenhang erscheinen mag, wirft es doch auch eine Reihe schwieriger theoretischer Fragen auf. Abgesehen von dem Problem, daß die Aussagen dieser Theorie im allgemeinen nur schwer empirisch nachprüfbar sind und deshalb leicht für Ideologisierungen in Anspruch genommen werden können, erhebt sich z. B. die Frage, ob die Aussagen dieser Theorie übergeschichtlich-anthropologische oder nur geschichtlich-relative sind. Anders ausgedrückt: Galten die Phasen und Gesetze der seelischen Entwicklung immer schon, seit es Menschen gibt, und wurden sie erst in diesem Jahrhundert von Freud entdeckt — so wie im Falle eines Naturgesetzes? Oder hat Freud etwas entdeckt, was es noch gar nicht so lange gab, nämlich nicht *die* menschliche Sozialisation überhaupt, sondern nur die *bürgerliche* oder die des *bürgerlichen Zeitalters?* Die Antwort darauf hätte Konsequenzen, denn für die politische Bildung ist es ein Unterschied, ob die empirisch feststellbare Grenze der »Lernreichweite« wirklich durch irreversible, also nahezu naturgesetzlich determinierte Prozesse bedingt ist, die sich insofern dem politischen und pädagogischen Zugriff entziehen, oder ob nicht umgekehrt zumindest auf die Dauer die Phasen und Gesetze der seelischen Entwicklung selbst politisch und pädagogisch verändert werden können.

Es ist hier nicht der Ort, diese Frage weiter zu verfolgen oder gar zu entscheiden. Sie soll nur zeigen, daß die politische Bildung gut daran tut, sich bei der für sie so wichtigen Frage nach der menschlichen »Lernreichweite« auch hier offenzuhalten und z. B. solche Theorien der »politischen Psychologie« mit zu Rate zu ziehen, die sich von vornherein nur auf empirisch nachprüfbare Aussagen beschränken.

Die Rezeption der Psychoanalyse hat im Zusammenhang mit der allgemeinen bildungspolitischen Diskussion auch dazu geführt, den unterschiedlichen Sozialisationsprozessen und -techniken in der Mittelschicht einerseits und in der Unterschicht andererseits Aufmerksamkeit zuzuwenden. Die — überwiegend auf angelsächsischen Untersuchungen basierenden — Ergebnisse waren, daß die Unterschicht-Sozialisation durchweg als defizient im Vergleich zur Sozialisation in der Mittelschicht bestimmt wurde. Die Kinder der Unterschicht werden demnach autoritärer, unselbständiger und motivationsärmer sozialisiert als Kinder der Mittelschicht, und es liegt nahe, den Grund dafür in den kognitiv, emotional und motivational reduzierten Funktionen der Unterschicht am Arbeitsplatz zu suchen.

Damit wurde nachdrücklich die bisher stillschweigende Unterstellung problematisiert, daß die Unterschiede der

Lernreichweiten bei Kindern und Jugendlichen auf *indivi-duelle* Faktoren zurückzuführen seien, daß die weniger »Begabten« eben in der Volksschule verbleiben müßten und daß dort an ihre politische Bildungsfähigkeit eben auch geringere Ansprüche zu richten seien. Die Resistenz der in der Volksschule verbleibenden großen Mehrheit der Arbeiterkinder gegen eine intellektuell anspruchsvolle politische Bildung galt als eine Art von Naturgesetz, gegen das sich nichts ausrichten ließ. Die Sozialisationsforschung jedoch stellte nicht nur klar, daß es sich hier um eine schon frühzeitig *erworbene* Verhaltensweise handelt, sie öffnete auch den Blick für die Notwendigkeit und Möglichkeit schichtenspezifischer *didaktischer* Ansätze (vgl. Oevermann 1972; Bernstein 1972).

Innerhalb der antiautoritären Bewegung erlangte über einige Jahre vor allem Herbert Marcuse mit seinen Schriften Einfluß. Insbesondere in seinem schon länger vorliegenden, nun aber erst öffentlich wirksamen Buch »Triebstruktur und Gesellschaft« plädierte er für eine Revision der These Sigmund Freuds, daß eine Triebunterdrückung der Menschen nötig sei, weil nur dadurch die notwendige Sublimierung der Triebe auf kulturelle Leistungen, z. B. Arbeitsleistungen, hin gewährleistet werden könne. Marcuse räumte zwar ein, daß in der bisherigen Geschichte der Menschheit ein relativ hohes Maß an Triebunterdrückung durch die Sozialisation geboten war, weil nur so die für die materielle Bedürfnisbefriedigung erforderliche Arbeit geleistet werden konnte. In einer Zeit wie der unseren jedoch mit ihren technologischen Möglichkeiten könnten diese Zwänge erheblich gelockert werden, weil die Produktivkräfte zur Befriedigung der materiellen Bedürfnisse bei vernünftiger Verteilung der Produkte ausreichten. Objektiv bestünde also durchaus die Möglichkeit, dem »Lustprinzip« größeren Spielraum gegenüber dem fremdbestimmten »Leistungsprinzip« auch im Rahmen der Sozialisation einzuräumen, verhindert werde dies jedoch durch überfällig gewordene, d. h. nicht mehr durch die Notwendigkeit der materiellen Bedürfnisbefriedigung legitimierte

Herrschaftsinteressen. *Pädagogisch* sei es deshalb vertretbar, schon in der frühen Sozialisation »antiautoritär« zu verfahren, d. h. den realen kindlichen Lustbedürfnissen stärkere Geltung zu verschaffen, ohne daß die Kinder damit »falsch« im Sinne der objektiven Notwendigkeiten sozialisiert würden. Im Gegenteil: Nur derart sozialisierte Kinder seien später auch in der Lage, ihre eigenen Bedürfnisse gegen die obsolet gewordenen fremdbestimmten Leistungen zu behaupten. *Politisch* komme es darauf an, die Teilnahme an fremdbestimmten Leistungserwartungen partiell zu »verweigern«, um auf diese Weise einen größeren Spielraum für »lustbetontes« Verhalten zu gewinnen. Aus dieser These ergab sich dann die weitere, daß die Durchbrechung der sexuellen Tabus unmittelbar auch der Korrektur der politischen Sozialisation zugute komme. Im Unterschied zu dem orthodoxen Teil der Studentenbewegung hält Marcuse folgerichtig nicht die »Arbeiterklasse« für die entscheidende Kraft eines solchen Fortschritts, sondern die Gruppe der Intellektuellen, der »funktionellen Eliten« (Habermas), was unter anderem zum Gegenstand einer Kontroverse wurde (vgl. Habermas 1968). Träfe Marcuses Analyse zu, die wir als solche hier nicht diskutieren können, so ergäbe sich ein Begründungszusammenhang für eine Änderung der üblichen politischen Sozialisation, der nur noch didaktisch und methodisch operationalisiert werden müßte.

Unter »politischer Sozialisation« versteht man jedoch nicht nur die politischen Implikationen und Konsequenzen des Sozialisationsprozesses nach dem Modell der psychoanalytischen Theorie, sondern alle diejenigen politischen Lernprozesse, die Kinder im Vorschulalter und während der ersten Schuljahre durchlaufen. Die amerikanischen Autoren, die diesen Begriff zuerst verwandten und deren wichtigste Ergebnisse Friedhelm Nyssen (1970; vgl. auch A. Hainke 1972) referiert, operierten kaum mit dem psychoanalytischen Phasen-Modell, sondern mit lerntheoretischen Modellen. In den Vorstellungen der Lerntheoretiker — auch hier müssen wir uns auf die grundlegenden Prinzipien beschränken — geht es nicht um verbindlich aufeinander bezogene Phasen der individuellen Entwicklung, sondern darum, wie und wodurch *tatsächlich beobachtbare Verhaltensweisen* zustande gekommen sind bzw. geändert werden können. »Lernen« heißt demnach »Verhalten ändern«, und empirisch beobachtbar wird Verhalten vor allem dadurch geändert, daß

a) das gewünschte Verhalten möglichst häufig belohnt wird;

b) daß es möglichst regelmäßig belohnt wird;

c) daß die Belohnung möglichst schnell erfolgt;

d) daß die Befriedigung durch die gewünschte Verhaltensweise möglichst groß ist im Vergleich zur Befriedigung durch die in derselben Situation mögliche unerwünschte Verhaltensweise.

Nach den Ergebnissen der Forschung muß angenommen werden, daß schon im Vorschulalter und dann in den ersten Schuljahren grundlegende politische Einstellungen und Meinungen vor allem im Rahmen der Familienerziehung erworben werden, die etwa vom 13. Lebensjahr an relativ stabil bleiben. Dabei unterscheidet man zwischen *latenter* und *manifester* politischer Sozialisation. Unter *latenter* politischer Sozialisation versteht man den Erwerb aller derjenigen kulturellen Werte und Muster, die zwar nicht im engeren Sinne politisch sind, gleichwohl aber auf irgendeine Weise das politische Verhalten beeinflussen, z. B. die Modalitäten der Gehorsamserziehung. Demgegenüber bezeichnet *manifeste* politische Sozialisation die »explizite Übertragung von Informationen, Werten oder Gefühlen im Hinblick auf Rollen, inputs und outputs des politischen Systems« (Nyssen) und geht von vornherein sehr viel stärker als die latente ins Bewußtsein ein. Mit zunehmendem Alter differenzieren sich die früherworbenen Positionen zwar, aber sie werden in der Regel nicht prinzipiell mehr aufgegeben, ja, spätere Erfahrungen werden geradezu durch die früheren hindurch gefiltert.

Obwohl die Erforschung dieser wichtigen Zusammenhänge erst in den Anfängen steht — und bei uns noch nicht einmal begonnen hat —, liegen folgende Konsequenzen für die politische Bildung nahe:

1. Angesichts der sehr früh einsetzenden politischen Sozialisation muß auch die schulische politische Erziehung sehr viel früher einsetzen als bisher, nämlich schon in der Grundschule bzw. in Vorformen schon im Elementarbereich, wenn die Herausbildung des politischen Bewußtseins und des politischen Verhaltens nicht den Zufällen früher Sozialisationsmechanismen allein überlassen bleiben soll.
2. Je länger ein Mensch bereits sozialisiert ist bzw. je älter er ist, um so schwieriger wird es, die früherworbenen kognitiven und vorbewußten Prägungen noch durch neue Informationen zu verändern. Die politische »Lernreichweite« eines Menschen wird also mit zunehmendem Alter enger, wenn sie nicht durch geeignete pädagogische Maßnahmen offengehalten werden kann.
3. Die Lernreichweite scheint jedoch weniger durch isolierte pädagogische Maßnahmen größer zu werden als vielmehr unter der zusätzlichen Voraussetzung, daß sozio-ökonomische Veränderungen damit einhergehen, bzw. daß neue Rollen übernommen werden müssen. So vergrößert der Eintritt eines Jugendlichen in Erwachsenenrollen (z. B. durch Eintritt in den Produktionsprozeß) die Lernreichweite ebenso wie sozialer Auf- und Abstieg — allerdings auch nur im Hinblick auf bestimmte Inhalte und auf Kosten anderer.

Zusammenfassung

Bisher haben wir versucht, die »Grundsatz-Diskussion« über die politische Bildung nach 1945, wenn auch nur exemplarisch, nachzuzeichnen. Dabei dürfte deutlich geworden sein, daß diese eine Funktion der realen politischen Entwicklung ist. Darauf deutet allein schon die Tatsache hin, daß eine Reihe von Schriften erst in den letzten Jahren wirksam wurden, obwohl sie schon in den fünfziger Jahren erschienen waren: so Marcuses »Eros und Kultur« und Neills »Summerhill« — ganz zu schweigen von zahlreichen anderen marxistischen und psychoanalytischen Texten. Und auch die referierte Arbeit von Habermas blieb nur in vergleichsweise kleinen Zirkeln bekannt. Schwerlich kann dies der Manipulation durch die Massenmedien angelastet werden. Warum bestimmte Texte zu bestimmten Zeiten ein größeres Publikum finden, ist eine nicht leicht zu beantwortende, aber durchaus wichtige Frage. Denn man darf wohl von der Vermutung ausgehen, daß bestimmte Texte dann ein größeres Publikum finden, wenn der Autor es versteht, seine Gedanken, Wünsche und Meinungen gleichsam stellvertretend für sein Publikum zu formulieren, so, daß dieses sich in ihm wiedererkennen kann — was erhebliche Veränderungen der Aussagen im Prozeß der Aneignung durch das Publikum durchaus nicht ausschließt.

Vielleicht trifft man die Zusammenhänge fürs erste hinreichend, wenn man Oetinger als den Autor des »offenen Neuanfangs« nach 1945 bezeichnet, dessen engagierter Optimismus und pragmatische Denkweise zunächst den Lehrern, aber darüber hinaus allen am demokratischen Aufbau Interessierten ebenso einfache wie plausible Regeln für ihr Handeln anbot. Dabei war es wohl unvermeidbar, daß seine dezidierte Kritik an der staatsbürgerlichen Bildungstradition ebensowenig ins Bewußtsein drang wie die Tatsache, daß die Partnerschaft Regeln für die Lösung von *Konflikten* enthielt und keine Utopie eines friedlichen Schlaraffenlandes.
Im Unterschied dazu war Litt schon der Autor der konservativen Restauration. Die Macht war neu verteilt, »oben« und »unten« vor allem in der Wirtschaft wieder klar geordnet. Die Partnerschafts-Idee, die Chancengleichheit offensichtlich zur Voraussetzung hatte, widersprach nun ebenso offensichtlich der machtpolitischen Realität, daß sie, sollte sie nicht kritisch gegen die Realität gewendet werden, auf das Nebengleis des »bloß Sozialen« abgeschoben werden mußte. Das »Eigentliche« war nun nicht mehr das,

was die einzelnen Bürger taten, sondern das, was die neuen Machteliten untereinander (»Pluralismus«) auf der Ebene der staatlichen Institutionen aushandelten — gemeinsam gebunden in erster Linie in der Abwehr des äußeren Feindes (Anti-Kommunismus). Das Rückgrat dieses konservativen Regiments — theoretisiert unter anderen bei Litt in der alten Trennung von Staat und Gesellschaft — bildeten verläßliche wirtschaftliche Wachstumsraten und der damit steigende allgemeine Lebensstandard im wohltuenden Unterschied zur wirtschaftlichen Misere in der sozialistischen DDR.

So waren es gerade der Rückgang der Wachstumsraten vom Beginn der sechziger Jahre an sowie die Erkenntnis, daß das privatkapitalistische System zwar Autos und Kühlschränke, nicht jedoch auch Schulen und Krankenhäuser ausreichend produzierte, die die ersten grundsätzlichen Zweifel an der Vernünftigkeit des konservativ-kapitalistischen Systems aufkommen ließen. Sie blieben zunächst beschränkt auf studentische Minderheiten (etwa des SDS), die Habermas und andere Autoren der »kritischen Theorie« rezipierten, deren methodischer Ausgangspunkt gerade die *inhaltliche* Konfrontation der gesellschaftlichen Realität mit ihren eigenen Ansprüchen und Versprechungen war. Habermas war einer der wichtigsten Autoren dieser kritischen Minderheiten, und von Positionen der »kritischen Theorie« her nahm die Protestwelle der Studenten und Schüler ihren Ausgang. Innerhalb weniger Jahre spielte diese Protestbewegung nahezu alle denkbaren Möglichkeiten der Aktion und Reaktion durch: vom gewaltlosen Widerstand bis zum bewaffneten Putschismus, von der antiautoritären Selbstthematisierung bis zum Dogmatismus. Trotzdem schuf sie nichts Neues, nichts, was über den Stand der »kritischen Theorie« hinausgeführt hätte. Allerdings verbreitete sie in ihrem aktionistischen Sog nicht nur die Gedanken der »kritischen Theorie«, sondern auch zumindest Rudimente der lange unterdrückten Psychoanalyse und des Marxismus bis in die Massenkommunikationsmittel und in jede pädagogische Ausbildungsstätte hinein. In dieser Transportfunktion, in der ubiquitären Veröffentlichung bisher unterdrückter wissenschaftlicher Theorien und Erkenntnisse liegt die bleibende Bedeutung dieser Protestbewegung — nicht in ihren eigenen Erfindungen.

In diesem Zusammenhang verdient eine wenigstens kurze Erwähnung das Bemühen konservativer Politiker und Wissenschaftler, die seit Beginn der sechziger Jahre einsetzende außenpolitische (Berliner Mauer) und innenpolitische Krise (Rückgang der Wachstumsraten) durch eine Wiederbelebung nationaler Ideologien und Gefühle abzufangen. Im Rahmen der politischen Pädagogik votierten vor allem Eugen Lemberg (1964) und Rudolf Raasch (1964) für neonationale Perspektiven. Obwohl sich daran eine verhältnismäßig umfangreiche Diskussion entzündete, blieben diese Bemühungen kurze Episode und verloren ihre Aktualität schnell durch die studentische Protestbewegung (vgl. zur Kritik Giesecke, 1966a; Schmiederer/Schmiederer 1970).

Das politische Bewußtsein der Lehrer

Es liegt nun die Frage nahe, ob und in welchem Umfange die bisher beschriebene Diskussion überhaupt in die Schule eingedrungen ist. Nicht automatisch greifen ja Ideen und Diskussionen, die zunächst in Hörsälen und im Rahmen von studentischen Subkulturen stattfinden, auf andere gesellschaftliche Bereiche und Institutionen über. Radikalität des Denkens und Argumentierens z. B. kann durchaus auch verstanden werden als eine entwicklungstypische Haltung, die man ernsthaft nach dem Ende des Studiums gar nicht fortsetzen will, und anspruchsvolle pädagogische Theorien — auch solche konservativer Art — können der pädagogischen Praxis auch rein äußerlich bleiben. Keineswegs kann man also einfach vom Stand der akademischen Diskussion auf den Stand des praktischen pädagogischen Bewußtseins schließen.

Das Bewußtsein der Lehrer läßt sich vielmehr nur aufgrund empirischer Untersuchungen ermitteln. Solche Untersuchungen liegen vor, ihr Material stammt allerdings aus den ersten sechziger Jahren (Becker u. a. 1967; Teschner 1968). Fragt man nach deren wichtigsten Ergebnissen, so muß man unterscheiden zwischen den allgemeinen »mittelständischen« Merkmalen des politischen Lehrerbewußtseins einerseits, die die Lehrer also mit anderen Angehörigen der Mittelschicht teilen, und zusätzlichen bzw. modifizierenden Elementen andererseits, die aus dem spezifischen beruflichen Selbstverständnis, nicht zuletzt auch aus pädagogischen Theoremen und Ideologien resultieren.

1. Der mittelständische Anteil des Lehrerbewußtseins wird von Becker folgendermaßen zusammengefaßt:

»Eingekreist von mächtigeren Interessengruppen, sieht (der Lehrer) seine Stellung in der sozialen Hierarchie bedroht. Verworfen wird daher der Kampf organisierter Interessen, der unsere gesellschaftliche Lage bestimmt, gefordert die Orientierung der Politik am ›Gemeinwohl‹. ... Keineswegs verbinden die Lehrer mit dem Begriff des Gemeinwohls einen konkreten Sinn; nirgends findet sich beispielsweise der naheliegende Gedanke, daß die Einflüsse der Interessenverbände auf Regierung und Parteien den Spielraum für die Erfüllung öffentlicher Aufgaben, etwa für Erziehung und Bildung, einengen. Gemeinwohl wird in der Argumentation nur negativ bestimmt: daß es dabei nicht um materielle Gruppeninteressen gehe. ... Eine Politik, die sich am Gemeinwohl orientiert, ist demnach vor allem dadurch charakterisiert, daß sie die vorhandene Gliederung der Gesellschaft, das System der sozialen Über- und Unterordnung, vor Veränderungen sichert und damit auch die eigene soziale Stellung der Lehrer als Angehörige des Mittelstands garantiert. Die abstrakte Rede vom Gemeinwohl, die so tut, als entspräche die bestehende soziale und ökonomische Struktur, etwa die Einkommensverteilung, den Interessen aller, fungiert also letzten Endes als ideologisches Alibi des Mittelstandes, die eigenen Interessen in unserer Gesellschaft zu wahren.
Politik, die nicht nach Gruppeninteressen, sondern nach dem ›Gemeinwohl‹ sich richtet, ist nach Auffassung der Lehrer an moralischen Normen, Wertvorstellungen und ›Idealen‹ orientiert. ›Bindung an gerechte Institutionen‹, ›Verantwortungsgefühl‹, ›Rücksicht auf den Nächsten‹, ›Gemeinschaftsgefühl‹ und ›Partnerschaft‹, der ›rechte Gebrauch der Freiheit‹, die ›gesunde und aufbauende Kritik‹, die ›soziale Tat‹ und ›das richtige Verhalten in der Gemeinschaft‹, die Orientierung an der ›gesunden Mitte‹, der Verzicht auf ›krassen Egoismus‹, eine ›anständige

Wirtschaftsgesinnung‹, ›Zusammenarbeit und Kompromißbereitschaft‹, ›Opfersinn‹ und die ›Bereitschaft, sich in die Gemeinschaft einzuordnen‹, — solche ›Ideale‹ stellen die Lehrer der gegenwärtigen politischen Praxis entgegen. Politik, die diese Verhaltensnormen beachtet, ist nach ihrer Auffassung ›Dienst am Staat und am Gemeinwohl‹« (S. 152 f.).

Charakteristisch für dieses Bewußtsein sind vor allem folgende einzelne Momente:

a) Politische Verhältnisse werden aus den unmittelbaren menschlichen Beziehungen interpretiert, also *personalisiert*. Politische Ärgernisse und Krisen entstehen demnach vor allem durch menschliche Unzulänglichkeiten, die zu einem wesentlichen Teil biologisch bedingt sind und insoweit auch nicht verändert werden können. Folgerichtig ist es ein Hauptziel der politischen Bildung, den durch Erziehung veränderbaren Katalog der privaten Tugenden positiv zu beeinflussen. Vor allem in den Vorstellungen der Volksschullehrer und Berufsschullehrer steht deshalb das Training der *politischen Gesinnung* an erster Stelle.

b) Demgegenüber geraten objektiv-strukturelle politische Konflikte nicht in den Blick; auch diese werden vielmehr als Unverträglichkeiten von Individuen interpretiert. Die Behandlung realer politischer Konflikte im Unterricht wird daher mit der Begründung abgewehrt, daß dadurch nur negative Gesinnungen stimuliert würden.

c) Charakteristisch ist ferner, daß selbst eine so offensichtliche Tatsache wie die Bildungsbenachteiligung von Unterschichtkindern, die jedem Lehrer aus der eigenen Berufspraxis vertraut ist, nicht aus historisch-gesellschaftlichen Zusammenhängen erklärt wird, sondern entweder aus einem biologistischen Begabungsbegriff oder aus der Bildungsunwilligkeit der Eltern bzw. der Bildungsarmut des »Milieus«, wobei beide Ursachen als eine Art Naturkonstante gelten und nicht gesellschaftlich hinterfragt werden.

d) Schließlich ist auch die Einstellung zur Gewerkschaft aufschlußreich in diesem Zusammenhang. Sie entspricht der »Abneigung, die Wirksamkeit von partikularen materiellen Interessen in Politik und Gesellschaft anzuerkennen. In den Augen vieler Lehrer ist die Existenz von Organisationen, die solche Interessen vertreten und durchzusetzen versuchen, ein ›Ärgernis‹« (S. 151). Dabei stehen die Gewerkschaften im Mittelpunkt der Kritik, während sich weitaus seltener Bemerkungen gegen die Unternehmerverbände finden. »Mit ihren antigewerkschaftlichen Auffassungen befinden sich die Lehrer in Übereinstimmung mit der öffentlichen Meinung in der Bundesrepublik, deren Klima nicht eben gewerkschaftsfreundlich ist. Daß die meisten bedenkenlos die verbreiteten Vorurteile übernehmen, erklärt sich aus ihrer sozialen Stellung und ihrer sozialen Selbsteinschätzung. Die sozialökonomische Entwicklung der letzten Jahre erscheint ihnen als beklagenswerte Nivellierung der traditionellen Unterschiede des Lebensstandards und des Sozialprestiges« (Becker, S. 151 f.).

Unschwer ist zu erkennen, daß in diesem Bewußtsein wichtige Elemente der Texte von Oetinger und Litt wiederkehren. Litts Favorisierung der staatlichen Macht im Unterschied zu den gesellschaftlichen Interessen etwa spiegelt sich wider in den Hoffnungen, die sich an die materiell uneigennützige »Überparteilichkeit« des Staates für die Sicherung des mittelständischen Status knüpfen. Und Oetingers »Partnerschaft« wird aus einer Methode zur *Behandlung* von (allerdings auch personalisiert verstandenen) Konflikten in die Idylle eines konfliktfreien, harmonisierenden »Gemeinschaftshandelns« verwandelt.

2. Die spezifisch »pädagogischen«, genauer: »schulpädagogischen« Attitüden dieses politischen Bewußtseins sind zwar nicht eindeutig herauszupräparieren, verdienen aber trotzdem besondere Beachtung, weil sie den Bewußtseinsspielraum des Lehrers zusätzlich determinieren. Spätestens seit den zwanziger Jahren wurde ja die Schule auf dem Erfahrungshintergrund der jahrzehntelangen Schulkämpfe und unter dem ideologischen Einfluß der »autonomen« geisteswissenschaftlichen Pädagogik als politisch »neutrale« Institution bestimmt, weil nur durch diese politische Abstinenz der »Schulfriede« in einer Klassengesellschaft gesichert erscheinen konnte. Selbstverständlich war diese Neutralität

von Anfang an eine Fiktion, wie etwa die Parteilichkeit des von Teschner und Becker analysierten Lehrerbewußtseins deutlich zeigt; aber sie hinterließ notwendigerweise Spuren im Selbstbewußtsein der Lehrer. So erklärt sich etwa die durchweg feststellbare Sensibilität für die Gefahr der »parteipolitischen Beeinflussung« der Schüler aus einem der »neutralen« Definition der Schule erwachsenden Ethos: der Lehrer dürfe das ihm übertragene »neutrale Amt« nicht zugunsten seiner politischen (und weltanschaulichen) Meinungen mißbrauchen. Es ist daher mehr als verständlich, daß die Frage, wie weit der Lehrer im politischen Unterricht gehen dürfe, in dem vorliegenden Untersuchungsmaterial eine entscheidende Rolle spielt.

Andererseits beruhte die »neutrale« gesellschaftliche Definition der Schule auf der pädagogisch-ideologischen Voraussetzung, daß das Kind bzw. der Jugendliche selbst gesellschaftlich exterritorial definiert werden könne, daß also das Heranwachsen zumindest im Normalfalle unpolitisch begriffen werden könne. Aus dieser Annahme, die für die »autonome« Pädagogik konstitutiv war, ergab sich die ebenfalls durchweg im Material erkennbare Meinung der Lehrer, die Existenz von Kindern und Jugendlichen habe keine politische Dimension, Kinder und Jugendliche hätten demzufolge auch keine politischen Interessen und der politische Unterricht könne deshalb nur vorbereitenden Charakter haben.

Signifikante Unterschiede zwischen dem Bewußtsein der Gymnasial- und Volksschullehrer lassen sich nicht feststellen — mit einer allerdings bezeichnenden Ausnahme: Während die Gymnasiallehrer die mangelhafte fachliche Ausbildung bedauern, halten die Volksschullehrer sie für weitgehend unerheblich.

Diese wenigen Hinweise zeigen bereits, daß die überlieferte gesellschaftliche Bestimmung der Schule selbst den Intentionen der politischen Bildung erheblich widerspricht und daß deren Chancen umgekehrt nur dann steigen können, wenn die Aufgaben der Schule entsprechend neu bestimmt sind, z. B. mehr in Richtung einer »lebensbegleitenden« Funktion. Man darf wohl davon ausgehen, daß die Reflexion der mittelständischen Voreingenommenheiten nicht zuletzt deshalb so schwerfällt, weil sie durch den ständigen beruflichen Umgang mit Un-Mündigen — also durch eine Art von professioneller Deformation — selbst immer wieder verhindert wird. Personalisierungen objektiver gesellschaftlicher Strukturen und Widersprüche sowie die Reduktion auf psychologische Erklärungen erscheinen dem Lehrer weniger als mittelständische Ideologie, denn als kindgemäße didaktisch-methodische Notwendigkeit.

Jedenfalls kommen Becker und Teschner hinsichtlich des politischen Bewußtseins der Lehrer zu einem im ganzen negativen Ergebnis: »Unvermittelt stehen zutreffende Beobachtungen, abstrakte Beteuerungen und Restbestände der mittelständischen Ideologie nebeneinander. Nach unseren Befunden kann von einem strukturierten Bewußtsein, das der konsequenten und konsistenten Argumentation fähig ist, bei den meisten Lehrern kaum gesprochen werden« (S. 155).

Und im Hinblick auf die Folgen für den politischen Unterricht urteilt Teschner: »Vieles deutet darauf hin — etwa die Ausklammerung politisch kontroverser Themen; die Art, in der die Lehrer das Postulat der politischen Neutralität interpretieren und praktizieren; die statischen Kategorien, in denen sie denken, und die damit einhergehende Tendenz, sozial bedingte Unterschiede zwischen den Menschen als natürliche zu deuten; schließlich die Vorherrschaft einer naiv-ungebrochenen mittelständischen Betrachtungsweise von Politik und Gesellschaft —, daß (der politische Unterricht) auf eine blinde Akzeptierung der bestehenden gesellschaftlichen Machtverhältnisse hinausläuft, daß er ganz im Dienst des gesellschaftlichen Status quo steht« (S. 133).

Nun stammt das Material der Untersuchungen von Becker und Teschner, wie schon gesagt, aus den ersten sechziger Jahren. Folgerichtig ist von der kritischen Wende, die Habermas und andere Autoren der »kritischen Theorie« der politisch-pädagogischen »Grundsatzdiskussion« gaben, noch nichts zu spüren. Es wäre daher zu fragen, ob nicht spätestens im Zuge der Studentenbewegung und im Zusammenhang mit deren Einfluß auf die Hochschulabsolventen auch Elemente der »kritischen Theorie« ins allgemeine Lehrerbewußtsein eingedrungen sind. Diese Frage ist gegenwärtig nicht klar zu beantworten (vgl. Schefer 1969), allerdings sollte man sich jedoch auch nicht zuviel von einer solchen Möglichkeit versprechen; denn die Determinanten des mittelständischen Bewußtseins und der Lehrerrolle sind zählebig und erstaunlich anpassungsfähig. Selbst in weiten Teilen der »linken« Lehrerbewegung sind die Kernstücke der mittelständischen Ideologie offenbar nur ausgetauscht worden: An die Stelle des den Status garantierenden Staates ist die »Solidarität mit der Arbeiterklasse« getreten, und die Abschaffung des kapitalistischen Systems soll ein neues »Gemeinwohl« kreieren, das die partikularen materiellen Interessen dann endlich wieder unter seine Fuchtel nehmen wird (vgl. Giesecke 1972). Offenbar ist die politische Ideologie der Lehrer im allgemeinen und diejenige bestimmter Lehrergruppen im besonderen nicht nur durch ihre soziale Herkunft bedingt, sondern auch durch pädagogische Traditionen und durch die sozialen Kontexte des beruflichen Handelns selbst. Diese Determinanten müssen deshalb auch Thema des akademischen Studiums sein und im Berufsleben selbst auch Gegenstand der didaktischen und methodischen Reflexion. Geschieht dies nicht, wird also diese Differenz zwischen den Standards der akademischen Diskussion und denen des praktischen Bewußtseins nicht selbst thematisiert, so kann der Fortschritt der einen den anderen auch nicht zugute kommen.

Das gilt in besonderem Maße, wenn im folgenden Kapitel von der Entwicklung der didaktischen Diskussion die Rede ist; denn politisch-didaktische Theorien sind ja solche, in denen Elemente der politischen Theorie unter dem Aspekt des Lernens formuliert werden, also gerade unter dem Aspekt, der für die Berufspraxis der Lehrer von besonderer Bedeutung ist.

Die Entwicklung der politisch-didaktischen Diskussion

Mit Ausnahme der Arbeit Oetingers enthielten die bisher behandelten Texte keine *didaktischen* Anweisungen. Bei Oetinger bestand die didaktische Anweisung darin, (an sich beliebige) Konflikte zwischen Menschen nach den Regeln der Partnerschaft zu be*sprechen* und zu be*handeln,* und zwar mit dem Ziel, daß »das Leben weitergehen« müsse. Litt hatte lediglich eine allgemeine Lernzielbestimmung gegeben (»Einsicht in das Wesen des Staates«), und bei Habermas waren die pädagogischen Aspekte, wie wir gesehen haben, im ganzen ausgeklammert geblieben.

Vom grundsätzlichen Zusammenhang von politischer Theorie, Didaktik und Methodik soll später, im letzten Teil des Buches, noch die Rede sein; auch eine genauere Definition des Begriffes »Didaktik« benötigen wir hier noch nicht. Da es hier erst nur darum geht, die Entstehung und Entwicklung der didaktischen Diskussion zu beschreiben, müssen wir noch keinen ausführlichen *Begriff* von Didaktik einführen, sondern nur das *Problem* benennen, um das es geht. Es besteht kurz gesagt darin, daß zwischen dem, was die politisch-gesellschaftliche Theorie an »richtigen« Einsichten und Erkenntnissen anbietet, und dem, was bestimmte Menschen lernen können oder wollen, ein Widerspruch besteht. Sei es, daß diese Erkenntnisse und Einsichten zu schwer sind (z. B. für Kinder), sei es, daß sich Menschen nur für *bestimmte* Einsichten interessieren, weil diese für ihre tatsächlichen Lebensprobleme von Nutzen sind oder scheinen, für andere jedoch nicht. Jedem ist aus seiner Schulzeit die leidvolle Erfahrung geläufig, wie oft gerade das unterrichtet wurde, was nicht interessierte, während anderes, was man sich gewünscht hätte, nicht auf dem Lehrplan stand. Die spezifische didaktische Problematik besteht also darin, daß, wenn Lernen überhaupt zustande kommen soll, eine *Vermittlung* zwischen den wünschenswerten Lern*inhalten* und Lern*zielen* einerseits und den jeweiligen Lern*bedürfnissen* und Lern*interessen* andererseits hergestellt werden muß, wobei neben anderen vor allem altersgemäße Besonderheiten berücksichtigt werden müssen. Anders ausgedrückt: Politische Didaktik hat die Aufgabe, politische Theorie für die Lebensperspektive bestimmter Gruppen von Menschen zu formulieren; es geht also um das »Was« und »Warum« politischen Lernens, während das »Wie« eine Aufgabe der Methodik wäre.

Auffallend ist nun, daß die didaktische Diskussion der politischen Bildung sehr viel später einsetzte als die »Grundsatz-Diskussion«, daß sie lange Zeit ein viel geringeres Niveau erreichte und daß sie ebenso lange im wesentlichen schul-intern blieb, also die öffentliche Diskussion nicht erreichte. Auf den ersten Blick mag es merkwürdig erscheinen, daß gerade diejenigen Überlegungen, die unmittelbare praktische Relevanz hatten, derart vernachlässigt worden waren. Dafür bieten sich folgende Erklärungen an:

1. Die didaktische Problematik wurde im ganzen erst verhältnismäßig spät erkannt. Lange Zeit schien es auszureichen, Lehrpläne und daraus resultierende Schulbücher dem Unterricht zugrunde zu legen, und im übrigen auf die bloß technisch verstandenen methodischen Kenntnisse der Lehrer zu setzen. Die methodischen Regeln waren weitgehend allgemeine, d. h. unspezifisch für den Gegenstand des Politischen (z. B. sollte man möglichst »anschaulich« verfahren, »vom Nahen zum Fernen« fortschreiten und durch Personalisierung von Ereignissen den Unterricht lebendig machen). Noch im vorhin erörterten politischen Lehrerbewußtsein finden sich deutliche Niederschläge solcher Vorstellungen. Daß die didaktische Diskussion so lange ohne nennenswertes öffentliches Interesse vor sich gehen konnte, wurde sicherlich auch dadurch unterstützt, daß man sie als eine schulinterne Fachfrage betrachtete, die sich der Kompetenz Außenstehender ohnehin entziehe.

2. Ferner war offensichtlich auch das Bedürfnis für didaktische Reflexion dadurch begrenzt, daß es eine spezifische Fachausbildung für Sozialkundelehrer lange Zeit nicht gab und zum Teil heute noch nicht gibt, und daß deshalb auch

das Interesse an einer Fachdidaktik keine institutionelle Basis hatte. Überhaupt hatte während der fünfziger Jahre der politische Unterricht in den Schulen nicht die Bedeutung, die man aus der Kenntnis der »Grundsatzdiskussion« vermuten könnte.

Ein allgemeines Interesse an didaktischen Grundsatzüberlegungen konnte also erst in dem Augenblick entstehen, als die überlieferte rein fachliche Ansicht von der »pädagogischen Provinz« der Schule problematisch wurde. Dies war ein langsamer Prozeß, der erst Anfang der sechziger Jahre einsetzte und durch die Wendung der politischen Diskussion auf innenpolitische Schwierigkeiten und autoritäre Strukturen mit hervorgerufen wurde. Im Rahmen dieser Diskussion, die mit den Studentenunruhen ihren Höhepunkt erreichte, gerieten auch die Interna des Bildungswesens ins öffentliche Interesse. Nicht nur im Bereich der politischen Bildung, sondern ganz allgemein wurden nun zunehmend die *Lernziele* sowie die Rollen der *Lehrenden* und *Lernenden* problematisch, wobei das Maß des Problematisch-Werdens zugleich auch ein Maß für die allmähliche innere Demokratisierung der Schule selbst angibt.

In der überlieferten Schule waren die Lernziele höchstens im fachlich-pädagogischen Sinne problematisch, nicht jedoch im Sinne ihrer politischen Relevanz. Die Lernziele wurden den »objektiven«, d. h. in der Substanz nicht kritisierten, für den Schulunterricht antizipierten gesellschaftlichen Erwartungen entnommen (z. B. aus den Interessen des Staates im Hinblick auf die künftigen Erwartungen an den »Staatsbürger«; aus denen der Wirtschaft im Hinblick auf die künftigen Erwartungen am Arbeitsplatz); oder aber die Ziele wurden etwa in der höheren Schule den Wissenschaften entnommen. Das schloß keineswegs aus, daß die öffentliche Schulkritik sich gerade in den letzten Jahren deshalb gegen die Schule wandte, weil diese es versäumt hatte, rechtzeitig die alten Erwartungen durch die neuen zu ersetzen. In unserem Zusammenhang ändert eine solche

»Modernisierung« jedoch noch nichts am Prinzip. In jedem Falle nämlich waren die Ziele den Heranwachsenden — teilweise durchaus klassenspezifisch — vorgegeben, und die didaktische Problematik reduzierte sich folgerichtig auf die methodische: *Wie* kann man das so oder so Vorgegebene in welcher Reihenfolge welchem Alter am besten beibringen?

Die *Lernenden* (z. B. die Schüler) waren in dieser Vorstellung ganz überwiegend *Objekte* von Lehrangeboten der professionellen Erzieher. Ihre Aktivität und Mitarbeit war zwar erwünscht, aber nur im Rahmen der vorgegebenen Ziele; die Mitwirkung war auf die Ausführung eingeschränkt. Über die Ziele selbst verfügten die Lernenden ebensowenig mit wie über die Planung ihres Bildungsganges im ganzen. Es gab also keine »inhaltliche« Mitbestimmung. Verschärft wurde dieses Problem noch durch die Tatsache, daß infolge der schnellen gesellschaftlichen Veränderungen die Zukunft der Lernenden immer weniger genau antizipiert werden konnte. Die Erwachsenen-Rollen, die sie später erwarteten, wurden immer ungenauer und diffuser. Aus der Perspektive des Lernenden mußte man nun fragen: Warum und wozu soll er eigentlich das Vorgegebene lernen? Wozu dient ihm das heute und später? Und was wird umgekehrt *nicht* gelernt, wäre aber vielleicht für die Zukunft nötig?

Folgerichtig wird in diesem Zusammenhang auch zunehmend die Position der *Lehrenden* verunsichert. Können sie noch zuverlässig entscheiden, was für ihre Schüler heute und später wichtig ist? Wenn die Lehrer nicht mehr die unumstrittenen *Subjekte* des Lehr- und Lernprozesses sein können, welche Funktion haben sie dann?

Diese Hinweise zeigen, daß »Didaktik«, obwohl das Wort sehr lange schon im Gebrauch ist — allerdings mehr in der Bedeutung von »Methodik« —, die Bezeichnung für einen Problemzusammenhang ist, der verhältnismäßig neu ist. In dem Maße nämlich, wie das überlieferte Selbstverständnis des Schulehaltens vor allem hinsichtlich der drei Faktoren Lernziele, Rolle der Lernenden und Rolle der Lehrenden zerfiel, mußte die Didaktik als methodisch überprüfbare wissenschaftliche Theorie an diese Stelle treten. Didaktik in diesem Sinne ist also schon von ihren Entstehungsbedingungen her eine *politisch-relevante* Disziplin, und ihre Neuformulierung setzt ein mit Wolfgang Klafkis Buch »Das pädagogische Problem des Elementaren und die Theorie der kategorialen Bildung« (1959). Eine Zusammenfassung der seitherigen Entwicklung findet sich bei Herwig Blankertz: »Theorien und Modelle der Didaktik« (1969).

Bevor wir nun versuchen, unseren eigenen Vorschlag für eine didaktische Theorie zu formulieren, wollen wir zunächst einige andere Modelle darstellen und kritisieren. Einmal ist dies für das Verständnis unseres eigenen Ansatzes schwer zu entbehren, und zum anderen eröffnet dies dem Leser die Möglichkeit, sich an einigen Beispielen mit der spezifischen didaktischen Problematik überhaupt vertraut zu machen. Die Erfahrungen zeigen nämlich immer wieder, daß es z. B. Pädagogik-Studenten verhältnismäßig schwerfällt, sich für didaktische Probleme aufzuschließen, während die methodische Problematik ihnen sehr viel eher plausibel erscheint. Zudem haben — wie wir schon mehrfach erwähnten — gerade viele »linke« Gruppen die didaktische Problematik erneut eliminiert und sich statt dessen auf die vereinfachte alte Vermittlung von (nun »marxistisch« definierten) Lernzielen einerseits und methodischer Lehrtechnik andererseits kapriziert.
Die folgende Analyse soll einige ausgewählte und voneinander absetzbare Konzepte knapp darstellen und anschließend im Hinblick auf die (expliziten oder impliziten) politischen Lernziele die Rolle der Lernenden und die Rolle der Lehrenden kritisieren. Auf andere, hier nicht behandelte didaktische Konzepte kann nur verwiesen werden (z. B. Sutor 1971; Hornung 1966; Lingelbach 1967; Engelhardt 1968; Andreae 1968; Friedrich Roth 1968; Roloff 1972).

In seiner Schrift »Gedanken zur staatsbürgerlichen Erziehung« (1957) geht Spranger von der Frage aus, wie die der jugendlichen Existenz — und damit deren Bildungsinteresse — fernliegende Organisation des Staates vermittelt werden könne mit denjenigen Sozialerfahrungen, die dem Jugendlichen bereits zur Verfügung stehen. »Im Normalfall sind die einzigen Lebenskreise, die der 15jährige durch eigenes Mitleben kennt, die Familie, die Schule (bzw. Lehre) und lose Jugendgruppen« (S. 15). Die Vermittlung scheint Spranger dadurch möglich, daß die in den Sozialerfahrungen der Jugendlichen enthaltenen »Urphänomene« herauspräpariert und zum Gegenstand des Unterrichts gemacht werden, oder genauer gesagt: Diesen Prozeß der Reduktion der Erfahrungen auf Urphänomene soll der Lehrer mit seinen Schülern *gemeinsam* initiieren. »Der Weg wäre also der, daß zunächst an Gesellschaftsverhältnissen, die dem jungen Menschen schon bewußt geworden sind, weil er *in* ihnen lebt, Sinnelemente (keineswegs stückhaft Zerrissenes!) hervorgehoben werden, so daß später nicht nur diese selbst wiedererkannt werden, sondern auch die Problematik, die von ihnen unabtrennbar ist, von den einfacheren Grundgebilden her aufgerollt werden kann« (S. 14).

Die Hypothese ist also, daß *alle* sozialen Beziehungen, von der Familie bis zum Staat, sich auf gewisse Grundstrukturen zurückführen lassen, die als solche vom Jugendlichen erfahrbar und also auch lernbar sind und die eine Art von kategorialem Grundbestand des Bewußtseins abgeben, der im weiteren Verlauf der Biographie nur differenziert zu werden braucht. Konkretisiert bedeutet das: An der »patriarchalischen Kleinfamilie« (S. 15) kann nicht nur »die geschlechtliche Polarität in *allem* Menschlichen«, sondern auch »die Dialektik *aller* Machtverhältnisse« erkannt werden. »Niemand ist ganz frei, niemand ist ganz unfrei. Eine weittragende Einsicht, die schon an dem Verhältnis von Vater und Mutter illustriert werden kann! Damit leuchten zugleich die Gegensatzpaare Herrschaft und Abhängigkeit, Freiheit und Unfreiheit auf« (S. 16). Diskutiert werden kann ferner, »ob die Familienmitglieder gleich oder ungleich sind, ferner: ob es einen in der Familie gebe, der absolut frei ist, d. h. wollen und tun kann, was ihm beliebt. ... Mit der Herrschaftsproblematik ist von vornherein auch das *Urphänomen Kampf* verflochten. Selbst in der Familie gibt es Kampf, und an ihn ist wieder ein anderes dialektisch gebunden: der *Friede*« (S. 16).

Neben diesem »ersten Komplex von Urphänomenen« erlaubt die Sozialerfahrung in der Familie bereits die Ermittlung »des Regelhaften« sowie vor allem auch des »Systems der Bedürfnisse«, des Verhältnisses von »Bedarf und Bedarfsdeckung«. Allerdings ist gerade in diesem Punkte durch die Trennung von Produktions- und Konsumsphäre die Anschaulichkeit des vollen Zusammenhanges nicht mehr gegeben: »Was (der Schüler) von diesen Zusammenhängen erlebt und zu sehen bekommt, ist nur der eine, allerdings sehr spürbare Bezugspunkt: das Bedürfnis und die Güterkonsumtion. Die andere Seite, die produktive wirtschaftliche Arbeit, ist nur noch in den seltensten Fällen ein Faktor des Hauses, kann also von ihm aus nicht in den rechten Blick kommen« (S. 19).

Sind solche Urphänomene gemeinsam mit den Schülern entwickelt und an deren Erfahrungen überprüft, so gilt es, »ihr stetes Wiederkehren« zu beachten, also die grundsätzliche Übertragbarkeit einsichtig zu machen. Spranger exemplifiziert dies an drei Problemkomplexen: der »Problematik um Recht und Gleichheit«, den »Formen der Regelung« und dem »dialektischen Verhältnis von Macht und Recht«. Wir beschränken uns hier auf eine knappe Darstellung des ersten Komplexes. Demnach lassen sich die »Dimensionen des Zusammenlebens« in der Spannung von »Herrschaft (Freiheit)« und »Abhängigkeit (Unfreiheit)« einerseits und »Selbstbezogenheit« und »Selbstverleugnung« andererseits beschreiben, wobei der Idealfall ist, daß diese vier Spannungsmomente eine Art von Gleichgewicht ergeben:

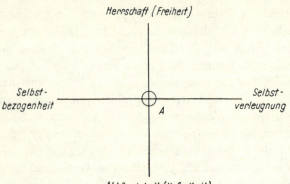

Herrschaft (Freiheit)

Selbst-
bezogenheit

A

Selbst-
verleugnung

Abhängigkeit (Unfreiheit)

»Wählt man ein rechtwinkliges Koordinatensystem in der Ebene, so leuchtet die Bedeutung der senkrechten Bezugslinie unmittelbar ein. Wer an ihrer Spitze steht, ist gesellschaftlich übergeordnet (›oben‹); wer am anderen Ende steht, ist gesellschaftlich untergeordnet. Derartige Beziehungen müssen an naheliegenden Lebensverhältnissen anschaulich illustriert werden. Dabei wird sich herausstellen, oder vielmehr: es muß durch störende sokratische Fragen herausgebracht werden, daß eigentlich niemand ganz eindeutig obensteht, sondern daß der Herrschende in vieler Hinsicht auch abhängig ist und umgekehrt. ... Im Gespräch taucht die Möglichkeit, daß *alle* gleich sein könnten, als ein Optimalfall auf, der dem Kampf um das Obensein ein Ende machen würde. Es wird also jetzt die waagrechte Koordinate (Abszisse) geprüft.

In der Dimension der grundsätzlichen Gleichheit waltet immer noch ein Kampfmoment. Es stammt aus der Selbstbejahung der einzelnen. Diese wäre in der Figur ganz am linken Ende anzusetzen, während am rechten Ende die Selbstverleugnung steht. Der linken Seite entspricht demgemäß das Gegeneinander der Gleichen, der anderen Seite das Miteinander. Für das letztere bietet sich eine Fülle von Namen an, die keineswegs gleichwertig sind: Kameradschaft, Solidarität, Altruismus, Opferbereitschaft, Hingabe, Selbstverleugnung. Natürlich können diese Phänomene nicht bis zur vollen Wesenseinsicht geklärt werden. Auch die Selbstbejahung kann sehr vieldeutig sein: von der nackten Selbstsucht (Egoismus) bis zur ethischen Selbstzucht. Selbstbezogenheit läßt sich aus dem Zusammenleben niemals auslöschen. — Wieder muß an eigene Erfahrungen der jungen Menschen angeknüpft werden; die Schule enthält bereits unmittelbar verständliche Erscheinungen, nicht nur von Rangordnung, sondern auch von Gegeneinander, Miteinander, Füreinander« (S. 20-22).

Dieses vereinfachte Modell erlaubt eine Reihe von Grundeinsichten: »In der gesellschaftlichen Wirklichkeit gibt es kein ausschließliches Übereinander und kein reines Nebeneinander; es gibt keine absolute Freiheit und keine absolute Gleichheit« (S. 22). Dabei gibt der Koordinaten-Anfangspunkt A das wünschbare Gleichgewicht zwischen den Extremen an:

»Hier halten sich Herrschaft und Abhängigkeit die Waage, hier halten sich aber auch Selbstinteresse und fremdes Interesse die Waage. Das letztere deutet auf ein Verhältnis der *Gegenseitigkeit* hin, bei dem niemand ganz verliert und niemand ganz gewinnt (Mutualismus). Das ist die ›Grundidee‹ des wirtschaftlichen Verkehrs, die für später vorgemerkt werden muß. Jedem leuchtet aber auch ein, daß auf dem freien Markt doch keine volle Gleichheit besteht. Auch auf ihm gibt es Obensein und Untensein, Machtpositionen und Abhängigkeiten. Was hier abstrakt formuliert ist, muß in der lockeren Unterrichtsdiskussion ganz einfach und anschaulich gemacht werden. Der eine geht auf den Markt mit 110 Mark in der Tasche, der andere mit 100 DM. So rücken Reichtum und Armut unter das Licht von Macht und Unterlegensein. — Auch die Interessengleichheit ist nie ganz ausgewogen. Entweder der Verkäufer oder der Käufer kommen ein wenig besser weg. Von fern wird schon ›das ökonomische Prinzip‹ als Gesetz des wirtschaftlichen Gebietes sichtbar« (S. 23).

Aber auch das »Urphänomen Kampf« wird aus diesem Modell plausibel: Die Gesellschaft »enthält nicht nur das Miteinander, sondern auch — auf der negativen Seite der Horizontale — das *Gegeneinander* von Gleichgestellten; auf der Vertikalen nicht nur die Schichtung statischer Art, sondern ein ständiges *Aufsteigen* und *Absteigen*. Das *Urphänomen Kampf* ist allenthalben anzutreffen« (S. 23). Spranger hat mit diesem didaktischen Ansatz die philosophische Methode der »phänomenologischen Reduktion«, die wir hier als solche nicht diskutieren können, zur Ermittlung eines politisch-didaktischen Grundmodells benutzt. Es hat in den fünfziger Jahren nicht nur in der »reinen« Form, wie Spranger es vorgetragen hat, sondern auch in anderen Varianten der Reduktion auf einfache Grundmuster, vor allem in der Berufsschule und Volksschule, eine große Rolle gespielt. Bei der folgenden Kritik klammern wir die Frage aus, ob dieses Verfahren als ein *methodisches* Prinzip des Unterrichts, begrenzt und im Zusammenhang mit konkurrierenden anderen Methoden, eine partielle Berechtigung haben könnte. Unsere Kritik geht vielmehr davon aus, daß es sich hier um ein *generelles,* also *didaktisches* Modell handelt.

1. Richtet man den Blick auf den *politischen Inhalt* des Modells, so fällt zunächst das Fehlen jeglicher realgeschichtlicher und gesellschaftlich-objektiver Dimensionen ins Auge. Es ist nicht vorgesehen, etwa das Verhältnis von Freiheit und Gleichheit im Kontext der realen Geschichte zu thematisieren und so seinen gegenwärtigen Stellenwert zu ermitteln. Statt dessen erscheinen die »Urphänomene« als eine Art von Naturkonstanten, die sich zwar historisch modifizieren, aber im Grunde mit sich identisch bleiben. Nicht nur an diesem Punkte drängen sich Vergleiche mit dem vorhin behandelten politischen »Lehrerbewußtsein« auf, sondern auch im Hinblick auf die mittelständische Bewußtseinstendenz, das Richtige in der Mitte zwischen den Extremen zu sehen, worin analog die mittlere Gesellschaftsposition des Mittelstandes zum Ausdruck kommt. Selbstverständlich hat sich Spranger im konkreten Unterrichtsgespräch eine größere Differenzierung vorgestellt, als in seinem knapp formulierten Modell zum Ausdruck kommt. Aber für diese Differenzierung liefert sein Modell keine Kriterien mehr, so daß der subjektiv beliebigen Interpretation konkreter politischer Sachverhalte Tür und Tor offensteht. Das gilt auch für die Frage, wie beim Transfer der Erfahrungen aus den »primären sozialen Horizonten« in die »sekundären« die Fehleinschätzung vermieden werden kann, die politischen Systeme und Institutionen verhielten sich »wie die Familie« oder »wie die Jugendgruppe«. Der am schwersten wiegende Einwand ist jedoch wohl, daß die allgemeinen Einsichten, wie daß es ein »Oben« und »Unten« in der Gesellschaft immer gebe, und

daß auch unter Gleichen Kampf unvermeidlich sei — Einsichten, die in dieser Allgemeinheit nicht falsch sind —, angesichts des Verzichtes auf historisch-gesellschaftliche Konkretisierung doch ganz überwiegend zur Anerkennung des gesellschaftlichen Status quo neigen. Solche Einsichten legen die Interpretation nahe, daß der Einsatz für praktische Veränderungen sich doch nicht lohnen könne, wenn gleichsam die Natur schon dafür sorgt, daß sich dadurch nichts Wesentliches verändern wird. Stellt man zudem in Rechnung, daß dieses Konzept ausdrücklich in erster Linie für Volks- und Berufsschulen entwickelt wurde, also für die Kinder der unteren sozialen Schichten, so muß es im Hinblick auf seine politischen Lernziele als ausgesprochen restriktiv eingestuft werden; zudem vermag Spranger noch weniger als Litt die Besonderheiten der *demokratischen* Staatsverfassung zu bestimmen; eher schwingt etwas von Zweifel mit, wenn er auf die Notwendigkeit verweist, nun auch »die Masse« — unter anderem durch politische Erziehung — auf jene »Höhe der individuellen Sittlichkeit zu bringen, deren das Individuum, das den Staat tragen will, eigentlich bedarf« (S. 48). Im ganzen gehört — trotz nicht zu übersehender Unterschiede — Sprangers Text in denjenigen politisch-ideologischen Zusammenhang, den wir schon bei Litt diskutiert haben.

2. Auf den ersten Blick scheinen die *Schüler* in Sprangers Modell einen großen Spielraum für Mitbestimmung zu haben; denn Thema des Unterrichts sind nicht in erster Linie *Stoffe*, die der Lehrer beherrscht und dem Schüler beibringt, sondern die bisherigen Erfahrungen der Schüler selbst, die durch ein bestimmtes methodisches Vorgehen, das die Schüler selbst mitvollziehen und kontrollieren können, auf grundsätzliche Einsichten hin bearbeitet werden sollen. Im Vordergrund steht also nicht die Bearbeitung genuin politischer Stoffe, sondern eine Art von methodisch überprüfbarem politischem Philosophieren. Und insofern dem Denken unter Beachtung der jeweils vorfindbaren Lebenserfahrung der Vorrang eingeräumt wird, kann man Sprangers Modell zumindest formal als ein solches bezeich-

nen, das der inhaltlichen Mitbestimmung der Schüler einen großen Raum gibt, zumal Spranger der Diskussion zwischen Lehrern und Schülern einen hohen Stellenwert einräumt (S. 50).

Jedoch muß dies sogleich mit einigen Einschränkungen versehen werden; denn das antizipierte Ergebnis des gemeinsamen Denkens ist, wie wir sahen, politisch-ideologisch höchst problematisch und führt z. B. mit Sicherheit nicht zur Entdeckung der eigenen politischen Interessen und zum Entwurf von Strategien zu deren Verwirklichung. Heraus kommt in der Regel nicht mehr als ein durch affirmative Einsichten verdoppelter Status quo, Einsicht in die Notwendigkeit der vorgefundenen gesellschaftlichen Verhältnisse. Insofern ist Sprangers Modell ein Beleg dafür, daß eine sehr weitgehende Demokratisierung der Lehrer-Schüler-Kommunikation, die sich nicht nur auf den Stil, sondern auch auf die Inhalte bezieht, *allein* noch keinen Fortschritt an demokratischem Bewußtsein und Verhaltensspielraum erbringen muß, solange dahinter nicht wenigstens Konturen einer angemessenen Theorie der gesellschaftlichen Entwicklung stehen.

Zudem ist die Frage, ob Sprangers Ausgangshypothese zutrifft, daß der Jugendliche zu den »ferner liegenden« sozialen Horizonten des Staates und der Gesellschaft keinen Zugang habe und deshalb nur »propädeutisch« politisch gebildet werden könne. Diese Vorstellung von der politischen Exterritorialität des Kindes- und Jugendalters geht auf den reformpädagogischen und geisteswissenschaftlich-pädagogischen Ansatz zurück; er hat zur Voraussetzung, daß das Kind als psychologisches Individuum unter Ignorierung seiner realen sozialen Kontexte begriffen und so zum monopolisierten Berufsobjekt der professionellen Erzieher erklärt wird (vgl. Giesecke 1972). Nimmt man jedoch die realen sozialen Kontexte des Kindes und Jugendlichen ernst, etwa im Rahmen seiner Familie, so ist es z. B. über seine sozio-ökonomische Existenzbedingung unmittelbar auch mit der politischen Sphäre verbunden. Sprangers Ausgangsproblem erscheint so eher dem Wunschdenken einer pädagogischen Tradition als wirklichen empirischen Befunden zu entspringen und ist überdies ein Beweis dafür, daß der Verzicht auf sozialwissenschaftliche Gesichtspunkte auch im Detail zu schwerwiegenden pädagogischen Fehleinschätzungen führen muß.

3. Die Position des *Lehrenden* im vorliegenden Modell kann etwas vereinfacht so beschrieben werden: Er ist dem Schüler zwar — im Idealfall — durch die Reife seiner »sittlichen Persönlichkeit« überlegen, nicht jedoch im gleichen Maße auch durch seine politischen Kenntnisse. Die Benutzung sokratischer Fragemethoden ist wichtiger als die Darstellung der Stoffe. So hat die Praktizierung des Modells keineswegs spezifische sozialwissenschaftliche Kenntnisse zur Voraussetzung. Auch der Lehrer verbleibt vielmehr im hermeneutischen Zirkel des »gesunden (mittelständischen) Menschenverstandes«, der durch wissenschaftliche inputs von außen nicht gefährdet werden muß. Die Gefahr, daß der politische Unterricht unentwegt mittelständische Voreingenommenheiten reproduziert, liegt schon im Modell selbst; sie vergrößert sich nun noch dadurch, daß es die besonders bei Lehrern vorhandenen Einstellungen verschärft, anstatt sie durch die Konfrontation mit sozialwissenschaftlichen Theorien, Modellen und Kenntnissen zu korrigieren.

Die Reduktion auf »Grundeinsichten«: Fischer / Herrmann / Mahrenholz

Spranger ging, wie wir sahen, bei seinem didaktischen Ansatz vom *Problem der Vermittlung* zwischen den jugendlichen Sozialerfahrungen einerseits und den Strukturen von Staat und Gesellschaft andererseits aus. Im Unterschied dazu geht es den Verfassern des Buches »Der politische Unterricht« (2. Aufl. 1965) — Kurt Gerhard Fischer, Karl Herrmann, Hans Mahrenholz — um das Endprodukt des »politisch Gebildeten«, um die »Suche nach dem Maßgeblichen politischen Laienverhaltens in unserer Zeit, das Ziel aller politischen Bildung und Maßstab politischer Urteile und Handlungen ist« (S. 5). Dieses Ziel kann nicht in einer Fülle von Wissen liegen, das ohnehin nicht überzeugend zu begrenzen wäre; auch nicht in einem irgendwie konzipierten Lehrplan, denn politisches Wissen läßt sich nicht überzeugend von Schuljahr zu Schuljahr aufbauen. Überhaupt sind die Stoffe — wie immer sie ausgewählt sein mögen — nicht das Wesentliche. »Die Lehrgüter des politischen Unterrichts sind auswechselbar. ... Aus der Tatsache, daß für die politische Bildung der Stoff und seine geistige Durchdringung niemals Selbstzweck, sondern immer Mittel zum Zweck ist, ergibt sich die Aufgabe des Lehrers, nur solchen Stoff in den Unterricht einzubeziehen, an dem politische Einsichten geweckt werden können, und unter vielen möglichen Stoffen jenen den Vorrang zu geben, an denen sich Einsichten am besten entfalten lassen« (S. 16). Der didaktische Kern dieses Modells sind neun Einsichten, die an immer neuen Stoffen erworben und trainiert werden und die dann gleichsam das Rückgrat des politischen Bewußtseins, Urteils und Handelns bilden sollen. Die Stoffe, an denen diese Einsichten gewonnen werden, sollen zwar aktuell sein, aber nur wegen des Interesses der Schüler: Das Schülerinteresse soll den Stoff bestimmen (S. 90). Daraus folgt, daß der politische Unterricht immer »Gelegenheitsunterricht« ist, der die von den Schülern jeweils ins Spiel gebrachten »fruchtbaren Momente« aufgreifen muß. Die neun Einsichten lauten folgendermaßen:

»1. Ohne die Kulturschöpfung ›Staat‹ ist menschliches Leben nicht denkbar; denn der Mensch ist nicht geschaffen, ein Einzeldasein zu führen.
2. Politik ist das Ringen um den Besitz von Macht, mittels derer ein bestimmtes Bild staatlicher Ordnung verwirklicht werden soll. Politik ist aber auch der Gebrauch der Macht zur Verwirklichung einer Ordnung.
3. Wer meint, in der Politik heilige der Zweck die Mittel, übersieht, daß der Wert einer Politik nie allein durch den Erfolg bestimmt wird, sondern ebenso durch den Preis, der dafür zu zahlen ist.
4. In der Gesellschaft von heute vermögen einzelne und gesellschaftliche Intimgruppen nicht mehr allein, eine als gerecht emp-

fundene Ordnung der Daseinsvorsorge herzustellen. Daher ist dem Staat zu seiner herkömmlichen Aufgabe der Ordnung des Daseins die der Ordnung der Daseinsvorsorge zugefallen. Daraus ergibt sich eine Abhängigkeit jedes einzelnen von allen anderen.

5. Zur politischen Willensbildung und zur Verwirklichung des Gewollten bedarf es ständiger Integration vieler unterschiedlicher Interessen innerhalb von Verbänden, innerhalb der Parteien und im Parlament.

6. Menschliches Freiheitsstreben richtet sich auf Autonomie in der Entscheidung für Werte und bei ihrer Verwirklichung. Demokratie ist jene Herrschaftsform, die individuelle und Gruppeninteressen am wenigsten einschränken will und damit am wirksamsten den Mißbrauch staatlicher Macht hindert. Deshalb ist Demokratie unter den Herrschaftsordnungen das ›geringere Übel‹. Ihre verpflichtende Idee besteht darin, daß ihre Bürger keiner Idee verpflichtet sind.

7. Die Erhaltung demokratischer Freiheit ist weitgehend eine Frage der politischen Bildung aller Bürger. Politischer Einsicht muß politisches Tun folgen. Denn jedermann ist vom Politischen betroffen. Auch der Unpolitische hat sich politisch entschieden.

8. In der Politik gibt es verschiedene Meinungen. Die ›richtige‹ Meinung gibt es nicht. Darum geht es politisch immer um ›besser oder schlechter‹, niemals um ›gut oder schlecht‹.

9. Die Alternative zur schlecht funktionierenden Demokratie heißt nicht Diktatur oder totalitäre Herrschaftsordnung, sondern besser funktionierende Demokratie« (S. 32 f.).

Die Begründung für die Auswahl der Einsichten erfolgt mit philosophischen Argumenten: Die Einsichten »sind Evidenzurteile im Sinne der Philosophie, Grundüberzeugungen des politischen Lebens, die den Konsensus des demokratischen Staates konstituieren, ... sie umschreiben und umgreifen den Boden, auf dem alle demokratischen Parteien sich finden und der auch von den Verbänden anerkannt und respektiert wird« (S. 31). »Ein evidentes Urteil der Philosophie ist eine solche Aussage, die weder durch Gründe bewiesen noch widerlegt werden kann. Ihr Gegenteil stellt sich allerdings als ein Urteil heraus, das für sich auch Evidenz beanspruchen kann. Mithin gilt: Man kann, sofern dafür die geistigen Kräfte überhaupt ausreichen, die Aussage entweder *einsehen* oder auch nicht. Der Einsichtige äußert sich deshalb: ›Das leuchtet mir unmittelbar ein‹. Zwar können — etwa aus der Geschichte — Belege beigebracht werden, die dem einen oder anderen die Zustimmung zu einem Evidenz-Urteil erleichtern. Doch keine Argumentation spricht zwingend für die Richtigkeit der getroffenen Aussage« (S. 26). Die von den Verfassern vorgeschlagenen neun Grundeinsichten »sind unausgesprochen in der Verfassung des Staates verborgen« (S. 25), auf ihnen beruht das Funktionieren von Staat und Gesellschaft, und »als ein ›Kanon‹ sind sie die Formulierung des Konsensus der an Meinungs- und Willensbildung der Demokratie beteiligten Kräfte, der Parteien, Verbände und des Parlaments. Die Umkehrung der hier gemeinten evidenten Aussagen konstituiert die Diktatur, die totalitäre Herrschaft« (S. 36). Der größte Teil des Buches ist nun der Konkretisierung dieses allgemeinen Ansatzes gewidmet; an historischem und aktuellem politischem Material wird die Tragfähigkeit der Grundeinsichten ausführlich behandelt, und den Schluß bildet eine Reihe von Unterrichtsentwürfen.

Zunächst wäre zu prüfen, ob es sich bei diesen Einsichten wirklich um Evidenzurteile handelt, die weder durch Gründe bewiesen noch widerlegt werden können. Zumindest für die Einsichten 4 und 5 gilt das offensichtlich nicht. Hier handelt es sich vielmehr um Thesen, die grundsätzlich etwa durch historische oder politikwissenschaftliche Untersuchungen bewiesen oder widerlegt werden können.

Schon beim ersten Blick fällt auf, daß die Einsichten aus ganz verschiedenen Arten von Sätzen bestehen, die überhaupt nicht unter *einem* philosophisch-logischen Begriff zusammenzufassen sind. Die Aussage der *Einsicht 1* ist in der vorliegenden logischen Verknüpfung von Vorder- und Schlußsatz in dieser Allgemeinheit falsch. Das Bedürfnis, kein Einzeldasein zu führen, kann auch in vor-staatlichen Formen befriedigt werden (z. B. in Nomaden-Stämmen). Die *Einsicht 2* enthält eine verhältnismäßig beliebige *Definition* des Begriffes Politik. Die *Einsicht 3* ist ein *normativer* Satz. Der erste Satz der *Einsicht 6* enthält eine leerformelhafte, also inhaltlich unbestimmte *Behauptung;* der zweite und der dritte Satz enthalten Behauptungen, die positiv wissenschaftlich nachgeprüft werden können, also in diesem Sinne »wissenschaftliche« Aussagen sind; der vierte Satz ist — gemessen am eigenen Anspruch — unklar: Wenn die Einsichten den Konsensus unseres Staates widerspiegeln, müssen die Bürger ihnen auch verpflichtet werden können (vgl. S. 25: »Dem Funktionieren der politischen und sozialen Wirklichkeit liegen einige *Grundüberzeugungen* zugrunde, zu denen sich zu bekennen dem Staatsbürger abverlangt wird«). Der zweite Satz der *Einsicht 7* ist ein Postulat; die anderen Sätze sind wieder positivwissenschaftlich verifizierbar. Der erste Satz der *Einsicht 8* ist empirisch zu erhärten; der zweite Satz ist eine bloße Behauptung, solange der begründende Zusammenhang nicht angegeben wird (z. B. ließe sich sagen: Nur dann, wenn es keine gesamtgesellschaftliche Theorie geben kann, gibt es auch keine »richtige« Meinung). Die *Einsicht 9* ist zumindest mißverständlich formuliert; denn selbstverständlich kann, wie sich historisch beweisen läßt, die Diktatur eine Alternative zur schlecht funktionierenden Demokratie sein; gemeint ist der Satz jedoch offenbar normativ, im Sinne der Aufforderung, eine schlecht funktionierende Demokratie zu verbessern, anstatt sie durch eine Diktatur abzulösen. In diesem Sinne enthält der Satz also eine *politische Willenserklärung*.

Abgesehen von diesen immanenten Einwänden sind auch zu diesem Modell einige kritische Anmerkungen angebracht.

1. Die *politisch-theoretische Kritik* muß zunächst bei den Einsichten selbst ansetzen. Sie enthalten, wie wir sahen, eine Mischung ganz verschiedener Aussagearten, die in ihrer Zusammensetzung reichlich willkürlich anmuten und deren Begründung, sie seien Evidenzurteile, nicht akzeptiert werden kann. Aus diesem Grunde hat auch die Behauptung wenig Überzeugungskraft, »im ganzen« gebe das Gegenteil dieser Einsichten das Selbstverständnis diktatorischer oder totalitärer Staaten wieder. Dies könnten sie

allenfalls dann leisten, wenn sie das Ergebnis befriedigender historisch-politischer Analysen wären, als »Evidenz-Urteile« sind sie jedoch nicht mehr als Beschlüsse des »gesunden Menschenverstandes« mit teilweise schwerwiegenden Konsequenzen. So wird der bloß formale Meinungspluralismus — es gebe nur verschiedene, aber keine »richtigen« Meinungen — nicht mit realen gesellschaftlichen Interessenantagonismen konfrontiert, so daß der Eindruck entsteht, es komme letztlich tatsächlich auf diese Meinungen selbst an und nicht auf deren ideologische Funktion. Die konkreten Interessen und Interessengegensätze, die Probleme der unterschiedlichen Macht- und Vermögensverteilung bleiben zweitrangig. Die Tendenz zur formalen Gleichbehandlung dieser Interessen, die tatsächlich höchst ungleiche Chancen ihrer Verwirklichung haben, verbunden mit der in Einsicht 8 vertretenen Auffassung, nach der auch alle politischen *Meinungen* gleichgewichtig sind, stabilisiert die tatsächlich vorhandene Ungleichheit; dies gilt um so mehr, da das Buch vor allem für den Unterricht in Volks- und Berufsschulen geschrieben wurde.

Im Unterschied zu Sprangers Entwurf, der nicht spezifisch auf eine demokratische Staats- und Gesellschaftsverfassung bezogen ist, geht es hier erklärtermaßen gerade darum, die Lernziele des politischen Unterrichts auf die Besonderheiten der *demokratischen* Staatsform zu beziehen. Die Einsichten haben zum Ziel, die jungen Staatsbürger zur Identifikation mit den normativen Prinzipien und den Regelhaftigkeiten der demokratischen Verfassung zu veranlassen. Dies scheint am ehesten dadurch plausibel zu werden, daß die demokratische Verfaßtheit ins rechte Licht gegenüber den Verführungen durch Diktatur und Totalitarismus gesetzt wird. Und ganz gewiß war der wenn auch nur formale Pluralismus ein erheblicher Fortschritt im Vergleich zum monolithischen Nationalsozialismus. Aber in der bundesrepublikanischen politischen Landschaft Anfang der sechziger Jahre war nicht der alte Faschismus der allgemein akzeptierte politische Gegner, sondern der Kommunismus in der DDR und in den anderen Ostblockländern. Die wichtigste ideologische Funktion dieses Anti-Kommunismus bestand darin, die Diskussion der inneren Widersprüche unseres Staates zu verhindern und zur Not auch zu denunzieren. In vielem zeigt sich eine nahe Verwandtschaft zu dem Modell Sprangers — sowohl im Hinblick auf die theoretisch-politischen Aspekte wie auch angesichts der grundsätzlichen Problematik der Reduktion des politischen Unterrichts auf einige wenige »Grundeinsichten«. Hier wie dort ist auch die Unterbewertung der spezifischen politischen »Stoffe« charakteristisch. Zwar öffnet das Modell von Fischer / Herrmann / Mahrenholz im Unterschied zu Spranger den Unterricht für aktuelle, »wirkliche« politische Stoffe, aber nur, um diese unter die vorgegebenen Einsichten zu subsumieren. So können sich systematische, an den Interpretationsmodellen der politischen und sozialen Wissenschaften orientierte Vorstellungen kaum entfalten. Ebenso problematisch ist die Bevorzugung des Gelegenheitsunterrichts, der ebenfalls kaum zum Aufbau systematischer Vorstellungen führen kann.

2. Die Frage nach der *Rolle der Lernenden* beantwortet sich ambivalent. Einerseits wird den Lernenden viel Spielraum eingeräumt (Gelegenheitsunterricht; die stofflichen Interessen der Schüler sollen den Vorrang haben), andererseits aber werden gerade diese stofflichen Interessen nicht ernst genommen, weil die Stoffe ja auswechselbar, also »uneigentlich« sind angesichts der zu erzielenden Einsichten.

Dabei werden die Interessen der Schüler als gegeben hingenommen, ohne Berücksichtigung der Tatsache, daß diese Interessen doch irgendwie produziert sind, den Schülern »anerzogene« oder »eingeredete«. Der Unterricht müßte wohl auch noch nicht bewußte Interessen freilegen bzw. ermöglichen. Gerade dies, nämlich die Entdeckung von Interessen und die politische und private Identifizierung mit ihnen, dürfte zu den vordringlichen Teilaufgaben der politischen Bildung gehören. Zu diesem Zweck kann auf systematischen politischen Unterricht, zumindest auf Konfrontation mit Stoffen und Zusammenhängen, für die zunächst noch kein Interesse besteht, kaum verzichtet werden. Überhaupt ist die Frage, ob »Einsichten« der vorgeschlagenen Art wirklich Interessen mobilisieren können, oder ob sie nicht umgekehrt eher dazu führen, bereits vorhandene wieder zu verdrängen.

Auch in diesem Modell spielen die konkreten sozialen Bezüge der Schüler, ihre schichtspezifischen Sozialisationsprozesse und »Lern-Reichweiten« und die daraus resultierenden Interessen kaum eine Rolle. Vielmehr könnten sie nur dann zum Zuge kommen, wenn sie von den Schülern selbst bei der Entscheidung für einen bestimmten Stoff artikuliert würden, was aber kaum zu erwarten ist. Die Schüler werden hier auf den gleichen Nenner der »Staatsbürgerrolle« gebracht, abstrakt als »Bürger« einer Demokratie angesehen, die ohne Rücksicht auf ihre realen Unterschiede die gleichen Einsichten haben sollen. Selbst in dem Teil des Buches, der sich mit der »Didaktik des politischen Unterrichts vom Schüler aus« befaßt (S. 95 ff.), wird zwar die »Phasengerechtigkeit« des politischen Unterrichts gefordert, aber die »bestimmte Umwelt« des Schülers, die doch heute sozialwissenschaftlich genauer zu beschreiben wäre, wird im Anschluß an Pestalozzi nur allgemein angedeutet.

Wenn also der Schüler wirklich gelernt hat, jene Einsichten zu verstehen und sie auf immer neue Stoffe hin anzuwenden bzw. aus ihnen abzulesen: Wozu wird er dann tatsächlich in der Lage sein? Wird er seine Interessen erkennen können? Die Mittel zu ihrer Durchsetzung und Vertretung kennen? Wird er damit seine politischen Gegner ermitteln können? Wird er eine seinen Interessen gemäße politische Wahlentscheidung treffen und die Feinde unserer politischen Verfassung richtig erkennen können? Vieles spricht dagegen, daß jene Einsichten ihm dabei wirklich nützlich sein können.

3. Im Hinblick auf die *Rolle der Lehrenden* ergibt sich eine ähnliche Problematik wie bei Spranger. Auch hier benötigen die Lehrer eigentlich keine spezielle sozialwissenschaftliche und politikwissenschaftliche Ausbildung, obwohl

dies von den Verfassern ausdrücklich gewünscht wird. Vermutlich ist sowohl bei Spranger wie bei Fischer / Herrmann / Mahrenholz der Vorrang des politischen Philosophierens und Denkens zu sehr aus der Perspektive des erwachsenen Lehrenden gesehen. Dieser verfügt ja bereits über eine Fülle von wenn auch nicht unbedingt wissenschaftlich strukturierten Informationen, der Schüler jedoch steht in der Gefahr, mit einem solchen Vorgehen ständig auf informative Lücken in seinem Bewußtsein zu stoßen. Die Befürchtung liegt nahe, daß Lehrer, die selbst nicht gelernt haben, sozialwissenschaftliche Modelle und Strukturen für ihr eigenes Bewußtsein anzuwenden, auch den »Gelegenheitsunterricht« in vielen Fällen sehr zufällig und subjektiv anlegen werden: wiederum nach den Grundsätzen mittelständischer Selbstverständlichkeiten.

Politische Intellektualität als Methode: Jürgen Henningsen

Die beiden bisher behandelten Texte versuchten die didaktischen Probleme durch *Reduktion* zu lösen, d. h. dadurch, daß die vielfältigen Erscheinungen der Wirklichkeit auf einen sinnvoll erscheinenden Zusammenhang von Phänomenen und Einsichten zurückgeführt wurden, die als solche lehrbar sein und als Kategorien für die Strukturierung des Bewußtseins im Umgang mit der Wirklichkeit dienen sollen. Die entscheidende Problematik dieser Versuche, so ließ sich erkennen, liegt darin, daß sie erhebliche *inhaltliche* Vorentscheidungen über die Ordnung des politischen Bewußtseins enthalten, die zudem unter Ausklammerung der Methoden, Ergebnisse und Interpretationsmodelle der Sozialwissenschaften gewonnen wurden.

Das von Jürgen Henningsen in seiner Schrift »Lüge und Freiheit« (1966) vertretene Konzept, das später Dieter Urban (1970) mit interessanten Unterrichtsprojekten aufgegriffen hat, läßt sich nicht in einem gleichen Sinne als »Reduktion« bezeichnen. Im Mittelpunkt steht hier nicht ein irgendwie zusammenhängender Kanon von Einsichten und Grundstrukturen, sondern der *Prozeß* der intellektuellen Erfahrung und Bearbeitung von politischer Wirklichkeit überhaupt: *intellektuelle Haltung als Methode.*

Die Schrift hat zwei Teile. Der erste ist für unseren Zusammenhang nicht unmittelbar interessant. Er geht von der erkenntnistheoretischen Frage aus, wie menschliche Wirklichkeit überhaupt erkannt werden könne. Die Antwort ist hermeneutisch: Alle menschliche Wirklichkeit ist durch *Aussagen über sie* gewonnen; es gibt sie nur, insofern Aussagen darüber gemacht werden. Diese Aussagen wiederum bedürfen der Interpretation, denn sie müssen ja nicht wahr oder richtig sein, sie können vielmehr auch falsch bzw. gelogen sein. Lüge und Unwahrheit gehören zur menschlichen Natur, und sie sind nicht dadurch aus der Welt zu schaffen, daß man die Lüge moralisch verurteilt und die Kinder in den Schulen lehrt, unter allen Umständen die Wahrheit zu sagen. Da es nicht möglich ist — schon gar nicht durch Pädagogik —, Lüge und als ihr Ergebnis die Manipulation und Ausbeutung von Menschen durch Menschen abzuschaffen, kann das pädagogische Programm der »steckengebliebenen Aufklärung« nur darin bestehen, die Menschen zu bewegen, sich am allgemeinen Spiel der Manipulation und Lüge möglichst erfolgreich zu beteiligen; dies würde in gewissem Maße den Erfolg der Lüge einengen: Wenn alle sich an diesem Spiel beteiligen können, wird so leicht niemand übervorteilt.

Daran knüpft der zweite, pädagogische Teil der Arbeit an. Sein Leitgedanke lautet: *Man muß die bisherige moralische Lösung durch die intellektuelle Lösung ersetzen:* »Die Pädagogik möge nicht mit erhobenem Zeigefinger (und dito Rohrstock) das Subjekt auf die Wahrheit zu verpflichten suchen, sondern es bewegen, vernünftig mit der Lüge umzugehen — oder, nüchterner gesagt: Kann ich den Sprecher nicht dazu bewegen, die Wahrheit zu sagen (ich kann es nicht, wie 2000 Jahre Pädagogik zeigen), so muß ich den Angesprochenen anders ausrüsten als bisher« (S. 45). Dies ist möglich, weil jeder Mensch über einen »erworbenen Zusammenhang des Wissens«, über »sprachlich erschlossene Erfahrung« verfügt, die umstrukturiert werden, neu geordnet werden kann. »Hinzulernen ist möglich, . . . die Pädagogik füllt nicht ein, sondern strukturiert um, sie setzt nicht Stein auf Stein oder Wabe an Wabe, sondern ordnet und ordnet um« (S. 47). Es geht also nicht darum, den Schulkindern in der »pädagogischen Provinz« der Schule eine heile moralische Welt vorzuspielen, die draußen in der Realität nicht existiert, sondern darum, die immer schon vorliegenden Erlebnisse und Erfahrungen zu interpretieren, zu ordnen und neu zu strukturieren. Dazu gehört auch, mit der Lüge leben zu lernen, die Lüge gleichsam intellektuell zu unterlaufen. Was diese These meint, läßt sich am besten durch die von Henningsen angeführten Beispiele erläutern:

Eine Fotoarbeitsgemeinschaft erhält die Aufgabe, ein Porträt einmal möglichst unsympathisch und dann möglichst sympathisch zu fotografieren. Erfahrung: Sympathie und Antipathie sind technisch machbar.

Ein Kamerateam macht einen Bildbericht über »unsere Stadt, die rückständigste der Bundesrepublik«, ein anderes Team über »unsere Stadt, die fortschrittlichste der Bundesrepublik«.

Im Aufsatzunterricht wird gegen eine Person oder Institution eine »Hetze« und umgekehrt eine »Laudatio« verfaßt.

Der Lehrer erzählt eine Geschichte, deren Ende offen ist; die Schüler schreiben zwei Fortsetzungen, eine »gute« und eine »schlechte«.

Märchen werden verfremdet: »Rotkäppchen, erzählt aus der Perspektive des Wolfes — Schneewittchen, erzählt aus der Perspektive der Stiefmutter« (S. 58).

Spiele, die von der Täuschung des anderen leben wie Pokern, sollten in der Schule gelernt werden.

Die Beispiele zeigen schon, daß Henningsen — wie auch Urban — solche Lernprozesse nicht nur im Jugendalter, sondern auch in jüngeren Jahrgängen für möglich hält. Sie sollen die Erfahrung ermöglichen, was »Tendenz« ist, wie und nach welchen Regeln sie »machbar« ist und ankommt. Den möglichen Einwand, solche Verfahren erschütterten das Vertrauen und damit den pädagogischen Bezug, weist Henningsen zurück: »Ich antworte, daß solches Vorgehen eine Menge Vertrauen voraussetzt und es nur dort zerstört, wo es ohnehin nichts zu suchen hat und dem Individuum schadet. Warum sollte die Schule Kinder erziehen, deren blind vertrauende Mentalität es Kaufleuten und Politikern leicht macht . . .? Vertrauen ist nur cum grano salis eine Kategorie der Öffentlichkeit — Verstand wäre hier besser. Mit einem Staat, der an das Vertrauen seiner Bürger appelliert (statt an ihre Einsicht), ist etwas faul« (S. 54).

Bevor wir auch an diesen Text unsere kritischen Anfragen richten, muß angemerkt werden, daß Henningsen nicht beansprucht, mit seiner Schrift eine umfassende didaktische Theorie zu begründen. So gesehen gehört die Auseinandersetzung mit ihr eigentlich in den Band zur »Methodik der politischen Bildung«. Die folgende Kritik muß also insofern mit einer kleinen Unterstellung arbeiten. Gerechtfertigt wird dies vor allem dadurch, daß Henningsen ein neues Moment in die didaktische Diskussion. eingeführt hat, dessen Reichweite genauer untersucht werden muß. Im Unterschied nämlich zu Fischer / Herrmann / Mahrenholz interessieren ihn als Lernziele nicht die prinzipiellen Normen und Regelungen der demokratischen Staats- und Gesellschaftsverfassung; er setzt offenbar voraus, daß die Schüler sich damit bereits im großen und ganzen identifiziert haben. Lernziele sind für ihn überhaupt nicht irgendwelche kognitiven Inhalte, Einsichten und Urteile, sondern die *Methoden der intellektuellen Bearbeitung* der politischen Wirklichkeit selbst. Die Grenze der Reichweite dieses Ansatzes ergibt sich durch folgende Überlegungen:

1. So überzeugend die These vom Bankrott der moralischen Lösung und das Plädoyer für die intellektuelle Lösung erscheinen müssen, so enthalten sie doch auch problematische Implikationen für die Sicht des Politischen. Das Politische stellt sich dabei unter zwei charakteristischen Verengungen dar: Erstens verhältnismäßig negativ

(Lüge!), und zweitens als *vergrößerte Defizienz der kon-stitutionellen Schwäche der Individuen. Negativ* ist diese Sicht des Politischen insofern, als es als etwas Übermäch-tiges erscheint, in dem Lüge und Manipulation vorherr-schen, nicht z. B. aber auch als etwas, was auch sinnvolle Ziele für die menschliche Ordnung zu setzen vermag. Da-bei sind die konkreten politischen Mächte, die Lüge brau-chen und sie immer wieder reproduzieren, nicht weiter thematisiert. Die Beispiele könnten den falschen Schluß nahelegen, daß die Lüge des Pokerspielers auf derselben Ebene liege wie die des Politikers und Werbefachmannes. Dann würde »Lüge« und »Manipulation« zu einem all-gegenwärtigen, gleichwohl aber unpolitischen Monstrum. Entgehen könnte man derartigen falschen Schlüssen nur dann, wenn man den Ansatz Henningsens konfrontieren würde mit gesamtgesellschaftlichen Theorien, die die sub-jektivistischen Momente dieses didaktischen Ansatzes kor-rigieren und relativieren könnten.

Zu Einsichten in die *objektiven* Strukturen und Abhängig-keiten der Gesellschaft käme man nämlich nur dann, wenn man an einem bestimmten Punkte den individualistischen Ansatz der hermeneutischen Methode verlassen würde und andere Methoden, z. B. sozialwissenschaftliche, neu ein-führen würde. Dieser Schritt fehlt bei Henningsen, er wäre aber für die Fortentwicklung zu einer befriedigenden di-daktischen Theorie nötig. Bei Henningsen geht die Über-legung von dem als Individuum gedachten Menschen aus, von seiner »Proteus-Artigkeit«, von einer gleichsam an-thropologisch gesetzten Unbestimmbarkeit, zu der Lüge und Manipulation von Natur aus ebenso gehören wie die Möglichkeit zur Freiheit. Das Politische erscheint dabei ebenfalls »anthropologisch«, als multipliziertes Potential dieser grundsätzlichen Stärke und Schwäche des Indivi-duums. Problematisch ist diese Verengung unter anderem deshalb, weil sich die »Systeme« der politisch-gesellschaft-lichen Macht — auch der über das Bewußtsein, also der »Lügen-Industrie« oder »Bewußtseins-Industrie« — nicht derart personalistisch erklären lassen. Weitgehend unabhängig von den sie leitenden und von den ihnen unterworfenen Individuen existieren sie gleichsam von selbst: als abstrakte, von den Personen jederzeit loslösbare Systeme. Sie sind mehr und anderes als die Summe der »proteusartigen Individuen«.

2. Gleichwohl bedeutet Henningsens Ansatz für die *Emanzipation der Lernenden* einen deutlichen Fortschritt im Vergleich zu den bisher behandelten Konzepten. Hier sollen die Schüler nicht mehr das in Einsichten Vorgegebene bloß »verstehen«, sondern intellektuell hinterfragen. Mit seinem Konzept, das steckengebliebene Programm der Aufklärung weiterzutreiben, den Menschen aus seiner selbstverschuldeten Unmündigkeit zu befreien, hat Henningsen wichtige Momente der jugendlichen Protestbewegung vorweggenommen. Die »Provokationen« in den politischen Auseinandersetzungen sind hier bereits didaktisch antizipiert. Man kann sich vorstellen, daß die von Henningsen vorgeschlagenen Techniken der Entlarvung, massenhaft in unseren Schulen gelernt, eines Tages auch in ernsten politischen Auseinandersetzungen angewandt werden, obwohl sie zunächst rein spielerisch in der »pädagogischen Provinz« der Schule trainiert werden. Insofern legt die eben kritisierte subjektivistische Betrachtungsweise auch den eigentümlich *pädagogischen* Aspekt des Ansatzes frei. Pädagogik hat es nun einmal mit lernenden *Individuen* zu tun und bleibt deshalb notwendigerweise eine mehr oder weniger subjektivistische Angelegenheit. Dazu gehört, daß das Schulkind hier nicht als »noch nicht« politisches Wesen verstanden wird, sondern als ein Mensch, der ebenfalls schon wie die Erwachsenen von politischen Interessen und Manipulationen umgeben ist und lernen muß, sich dagegen zur Wehr zu setzen. Es ist vor allem diese radikale Neudefinition des pädagogischen Bezugs, die verhindern soll, daß das Kind mit seinen politischen Denkfähigkeiten unter irgendwelche vorgegebene Objektivationen subsumiert, für irgendetwas einfach in Dienst genommen werden soll. Gleichwohl dürfte es auch hier einige wichtige Einschränkungen geben. Auch hier z. B. werden die lernenden Indi-

viduen nicht in ihren konkreten sozialen Kontexten gesehen (z. B. als Kinder von Arbeitern). Sonst müßte über die *soziale Funktion bestimmter Lügen* reflektiert werden, z. B. über ihren solidaritätstiftenden Charakter. Wir wissen, daß bestimmte »Lebenslügen« nicht nur für den psychischen Haushalt des Individuums unentbehrlich sind, sondern auch dem sozialen Zusammenhang in bestimmten Gruppen und Schichten dienen. So gehört z. B. die Annahme, daß jeder nach seiner Leistung vorwärtskomme und honoriert werde, zu den Binde-»Lügen« des Mittelstandes. Bei Henningsen erscheint es so, als ob grundsätzlich jede Lüge und Verschleierung erfolgreich von den denkenden Individuen hinterfragt werden könnte. Tatsächlich jedoch müßte man sehr viel genauer wissen, welche »erworbenen Wissenszusammenhänge« auch tatsächlich umstrukturierbar sind. Außerdem stellen sich unter dem Aspekt der Emanzipation eines bestimmten Individuums in bestimmten sozialen Kontexten nicht alle politischen Lügen als gleichwertig dar. Wie die Ideologiekritik mannigfach gezeigt hat, muß eine bestimmte soziale Gruppe zumindest zeitweilig an bestimmten »Lügen« über ihre eigene gesellschaftliche Position festhalten, um andere interessengeleitete Lügen von ihren sozialen Interessen her erfolgreich bekämpfen zu können. Daß solche Unterschiede bei Henningsen nicht in den Blick kommen, liegt nicht zuletzt daran, daß er — darin wieder mit den beiden anderen Texten einig — auf die historisch-gesellschaftliche Konkretisierung seines Ansatzes verzichtet.

Auch ein grundsätzlicher Einwand liegt nahe. Henningsen schreibt: »Der Leser, Wähler, Konsument muß seiner Macht innewerden, wenn unser zivilisatorisches System funktionieren soll. Er muß mitspielen, muß die Schreiber, Politiker, Verkäufer zwingen, ihn ernst zu nehmen, mit ihm zu rechnen. Das läßt sich lernen« (S. 57). Aber reicht diese Art der individuellen »Intellektualisierung« wirklich aus, um die Position der Menschen im politischen System zu verbessern? Was brächte es ihnen ein, wenn sie »das Spiel durchschauen« könnten, um dann besser »mitspielen« zu können? Henningsen hat die aufklärerische Hoffnung, daß die Menschen, wenn sie sich aufgeklärt am politischen Spiel zu beteiligen gelernt haben, auch irgendwann aufgrund ihrer Erfahrungen ihre Verhältnisse ändern werden. Dem hier möglichen Einwurf, intelligentes Angepaßtsein sei nicht besser als unintelligentes, könnte Henningsen vielleicht mit dem Hinweis begegnen, daß bei realistischer Einschätzung die Chancen des pädagogischen Handelns eben weiter nicht reichen können, daß vielmehr die intelligente, bewußte und damit auch kritisch-distanzierte Anpassung der erste notwendige Schritt zur Veränderung der politischen Verhältnisse sein müsse, ein Schritt, der nicht übersprungen werden könne.

Das gilt insbesondere, wenn man in Rechnung stellt, daß auch Henningsens Konzept primär für die Volksschule konzipiert ist. Gemessen an den gerade dort vorherrschenden pädagogischen Ideologien, wie sie die Analyse des politischen Lehrerbewußtseins und die Geschichte der deutschen Volksschule überhaupt zeigen, bedeutet Henningsens Plädoyer für politische Intellektualität, auch wenn er dabei auf schicht- und klassenspezifische Analysen verzichtet, einen wichtigen Beitrag zur Emanzipation gerade auch der Unterschicht-Kinder in der Schule.

3. Problematisch bleibt jedoch die aus diesem Konzept resultierende *Rolle der Lehrenden,* und zwar insofern, als wegen der subjektivistischen Momente das richtige Lehrerverhalten schwer massenhaft lehr- und lernbar ist. Löst man dieses Konzept von der Person des Autors, so besteht auch hier wieder die Gefahr, daß das »politische Philosophieren« nur mittelständische Vorurteile zur Geltung bringt, da der Lehrer weder notwendigerweise Sozialwissenschaftler sein muß, noch die Methode des Philosophierens selbst an genauer definierte inhaltliche Maßstäbe gebunden ist.

Gesamtgesellschaftlich-exemplarische Reduktion:
Oskar Negt

Das in der Schrift »Soziologische Phantasie und exemplarisches Lernen« (Neuausgabe 1971) von Oskar Negt vor-
gestellte didaktische Konzept unterscheidet sich in wesentlichen Punkten von den bisher vorgetragenen. Wir wollen
ihm aus drei Gründen ausführlicheren Raum geben: Erstens gehört der Verfasser wie Jürgen Habermas zu den
führenden Vertretern der »Frankfurter Schule« der Soziologie, und man kann daher von ihm erwarten, daß er die
bei Habermas fehlenden pädagogisch-didaktischen Aspekte
der »kritischen Theorie« wenigstens in einigen wichtigen
Punkten beisteuern wird. Zweitens enthält die Schrift als
erste (und bisher einzige) in der Bundesrepublik eine *spezifische* didaktische Konzeption für die politische Emanzipation der Arbeiterschaft, deren Fehlen in unseren bisherigen Darstellungen immer wieder kritisch angemerkt
werden mußte. Und drittens schließlich ist eine detaillierte
Auseinandersetzung gerade mit den Argumenten von Negt
für die Entwicklung unseres eigenen didaktischen Konzeptes besonders wichtig und ergiebig.
Negts Schrift wurde zunächst als aktueller Beitrag im Jahre
1964 formuliert und erst 1968 veröffentlicht. Die völlig
überarbeitete Neuausgabe von 1971, die wir hier zugrunde
legen, enthält einige wichtige Verbesserungen gerade der
didaktischen Argumentation. Allerdings hat sie ausdrücklich nicht die schulische politische Bildung im Sinn, sondern
die *Arbeiterbildung im Rahmen gewerkschaftlicher Aktivitäten.* Vermutlich würde es Negt für irreal halten, wollte
man sein Konzept auch in den öffentlichen Schulen realisieren. Da es hier jedoch noch nicht um schulspezifische,
sondern um grundsätzliche Erörterungen geht, kann diese
Einschränkung unbeachtet bleiben.
Ausgangspunkt und Anlaß der Schrift ist eine Kritik der
gewerkschaftlichen Bildungsarbeit. Diese sei dadurch ge-
kennzeichnet, »daß die durch das Anwachsen der Schicht
der Angestellten mitbedingten, durch das offizielle Schul-

system immer aufs neue reproduzierten kleinbürgerlichen und mittelständischen Ideologien, in denen sich ein autoritäres Bewußtseinspotential entfaltet, ohne wirksame Gegenkräfte in die gewerkschaftliche Bildungsarbeit eindringen konnten« (S. 20). Dieser Prozeß schadet nicht nur der demokratischen Weiterentwicklung der Gesellschaft im ganzen, sondern vor allem auch der politischen Emanzipation der Arbeiterschaft im besonderen. Negt fordert demgegenüber eine »autonome«, d. h. von den kritisierten kleinbürgerlich-mittelständischen pädagogischen Ideologien unabhängige Arbeiterbildung durch die Gewerkschaften, und seine Schrift will dafür das didaktisch-theoretische Konzept liefern.

Als Mitte vorigen Jahrhunderts die Arbeiterbildung sich als kritisches Korrelat zur Anhebung der bürgerlichen Elementarbildung in den Volksschulen konstituierte, stand sie im Kontext des sinnlich erfahrbaren Klassenkampfes und war geprägt durch ein praktisches Vorverständnis bei den Arbeitern, das weitgehend durch marxistisches Denken bestimmt war. Eben diese unmittelbare, sinnlich anschauliche Integration von praktischem Kampfinteresse und theoretischer Bildung ist heute nicht mehr gegeben: »Eine unmittelbare, selbstverständliche Verbindung zwischen den emanzipativen Zielsetzungen der Arbeiterbewegung und einer Theorie, die sie wissenschaftlich begründen könnte, ist in der traditionellen Weise nicht mehr vorauszusetzen. Heute müssen die von Erfahrungswissenschaften gelieferten Informationen in eine soziologische und politische Interpretation einbezogen werden, um sie für den Emanzipationskampf der Arbeiterschaft und für die vernünftige Organisation der Gesamtgesellschaft dienstbar zu machen« (S. 18). Eben diese Kluft soll die von Negt konzipierte Arbeiterbildung schließen. Das durch diese Kluft bedingte Fehlen einer Theorie der Arbeiterbewegung und damit auch der Arbeiterbildung hat dazu geführt, daß in der gewerkschaftlichen Bildungsarbeit isolierte organisationsspezifische Informationen einerseits und abstrakte Normen (wie etwa »soziale Gerechtigkeit«) andererseits unvermit-

telt nebeneinander angeboten werden. Um nun »das un-
vermittelte Nebeneinander von abstrakten Normen, etwa:
›soziale Gerechtigkeit‹, und praktischen Forderungen, die
sich zum Teil in Beschlüssen der Gewerkschaften nieder-
schlagen, in einem einheitlichen Erziehungsprozeß aufheben zu können, der durch die objektiven Möglichkeiten
der Selbstbefreiung einer Gesellschaft als Fundamental-
norm des geschichtlich notwendigen Handelns und gleichzeitig durch die sozialwissenschaftliche Einsicht in die subjektiven und objektiven Bedingungen des kollektiven Handelns bestimmt ist, bedarf es ganz spezifischer Methoden
der Arbeiterbildung; diese Methoden sind inhaltlich insoweit definiert, als sie auf der Grundlage des Erkenntnis-
interesses einer politischen Ökonomie der Arbeit soziologische, sozialpsychologische und historische Aspekte in
einer systemsprengenden Praxis zusammenfassen« (S.
23 f.).
Als dafür geeignete didaktische Konzeption (Negt spricht
hier von »Methode«) erscheint ihm das »exemplarische
Prinzip«, das er jedoch sogleich von seinem Gebrauch im
Rahmen der bürgerlichen Pädagogik absetzt: »Der Haupt-
zweck der exemplarisch organisierten Erziehung ... bestand zunächst darin, den durch die Einzelwissenschaften
angehäuften und ständig größer werdenden Lehrstoff zu
reduzieren. Die bürgerliche Pädagogik hat die Bedeutung
des exemplarischen Prinzips für die Stoffreduktion und
für die Aufschlüsselung komplexer Zusammenhänge aus
einem ›prägnanten Punkt‹ heraus durchaus erkannt. Sie
war jedoch weder imstande, die Erziehungsziele aus historischen und gesellschaftlichen Aufgaben zu begreifen noch
die als exemplarisch bestimmten Themenbereiche durch
tendenzielles Rückgängigmachen der verfestigten Arbeits-
teilungen der Einzelwissenschaften und durch Aufhebung
ihrer traditionellen Gliederung unter soziologischen und
historischen Aspekten zu entfalten« (S. 25). Demgegenüber will Negt das exemplarische Prinzip »soziologisch«
verstanden wissen, als Zuordnungsmöglichkeit von »Ganzem« und »Einzelnem« im Rahmen einer gesamtgesell-

schaftlichen Theorie. »›Ganzes‹ in diesem veränderten Sinne ist die arbeitsteilig organisierte Totalität des Produktions- und Reproduktionsprozesses einer Gesellschaft in historischer Dimension; ›Einzelnes‹ der für das Leben der Gesellschaft, der Klassen und der Individuen relevante soziologische Tatbestand« (S. 27). Auf diese Weise will Negt nicht nur die unendliche Stoffülle sinnvoll reduzieren, sondern auch dem einzelnen die »Fähigkeit verschaffen«, »wissenschaftliche Arbeitsteilung produktiv rückgängig zu machen und damit handlungsmotivierende Strukturen in die chaotische Fülle der Informationen und des Lehrstoffes zu bringen« (S. 27).

Um diese prinzipielle Entscheidung für das »exemplarische Prinzip« weiter konkretisieren zu können, analysiert Negt die gegenwärtige Situation des Arbeiterdaseins. Die sozialpsychologische Situation des Arbeiters in den fortgeschrittenen westlichen Industrieländern strukturiert sich heute nicht mehr vorwiegend auf der Basis des materiellen Elends. Die sozialwissenschaftlichen Untersuchungen zeigen jedoch, »daß der heutige Arbeiter in einer permanenten Spannung zwischen dem Gefühl der Unabwendbarkeit seiner sozialen Lebensbedingungen und dem Wunsch lebt, nicht mehr Arbeiter sein zu müssen. Diese Spannung wächst offenbar in dem Maße, wie die Entwicklung der Produktivkräfte den Widerspruch zwischen dem privaten Charakter der Aneignungsweise, der kapitalistisch vergesellschafteten Verfügung über die gegenständlichen Arbeitsbedingungen und der gesellschaftlichen Produktionsweise verschärft, die Bereitschaft der Arbeiter zur Identifikation mit den traditionellen Zielen und Orientierungsmaßstäben der Arbeiterbewegung dagegen nachläßt« (S. 33). Deshalb erhält der Arbeiter heute auch immer weniger seine Grundausbildung und seine gesellschaftliche Orientierung im praktischen Kampf der Gewerkschaft; auch »Verstärkerereignisse« wie Streiks und Aktionen haben heute nicht mehr die Erziehungsfunktion, die sie in der alten Arbeiterbewegung durch die damals selbstverständliche Rückbeziehung auf eine mehr oder weniger marxistische Theorie hatten. Erst eine intensive Arbeiterbildung kann solche Kampfsituation wieder fruchtbar machen, weil alle für den Arbeiter wichtigen Entscheidungen heute zunehmend Resultat von Verhandlungen sind, weniger das Ergebnis kollektiver Kampfmaßnahmen.

Der Ansatzpunkt für eine emanzipatorische Arbeiterbildung kann also heute nicht mehr bei den gewerkschaftlichen Aktionen liegen, sondern nur bei den *Konflikten,* die in der Arbeiterexistenz subjektiv erfahrbar werden: »Gesellschaftliche Bedeutung und politische Effektivität der Arbeiterbildung sind nicht zuletzt davon abhängig, inwieweit es ihr gelingt, die grundlegenden, oft verdrängten oder verzerrt wahrgenommenen Konflikte des Individuums als strukturelle Widersprüche der Gesellschaft zu erklären und von bloßen Symptomen derartiger Konflikte zu unterscheiden« (S. 43). Die Interpretation solcher Konflikte muß dabei drei Ebenen miteinander vermitteln: Erstens »die manifesten Interessen, Vorstellungen, Gesellschaftsbilder, die sich mit den üblichen empirischen Untersuchungsmethoden auf Regelmäßigkeit bringen und in Typologien zusammenfassen lassen«; zweitens »die psychischen und kognitiven Entfremdungsmechanismen (etwa die Tendenz zur Personalisierung, reduziertes Sprachverhalten usw.), die der ganzen Gesellschaft oder einer Klasse zuzuordnen sind«; drittens »die objektiven ökonomischen und sozialen Lebensbedingungen des Arbeiters« (S. 44/45).

Die empirisch vorfindbaren Interessen jedoch, etwa im Konsumbereich, sind meist Ausdruck der Entfremdung und zur Verteidigung der kapitalistischen Aneignung manipuliert; daher dürfen sie nicht der Ermittlung der davon unter Umständen substanziell abweichenden objektiven Interessen im Wege stehen. »Erst wenn der Sinn der Arbeiterbildung in der doppelten Aufgabe gesehen wird: durch Erziehung zu soziologischem Denken den Arbeitern das Bewußtsein ihrer eigenen Konflikte und Handlungen zu vermitteln und gleichzeitig ›aus den eigenen Formen der existierenden Wirklichkeit die wahre Wirklichkeit als ihr Sollen und ihren Endzweck (zu) entwickeln‹ (Marx), besteht die Möglichkeit, illusionäre oder auf entfremdeten Interessen beruhende Vorstellungen und Handlungen, die Erbteil der bestehenden Klassengesellschaft sind, von denjenigen zu unterscheiden, die mit der historischen Entwicklungstendenz objektiv übereinstimmen, dem einzelnen aber nur durch Antizipation eines freien und gerechten Gesellschaftszustandes verständlich zu machen sind« (S. 84).

Am Schluß schlägt Negt als besonders gute Beispiele für seinen didaktischen Ansatz die Themenkomplexe »Recht« und »Technik« vor, ohne andere Themenbereiche damit ausschließen zu wollen. Im Unterschied zu anderen gesellschaftlichen Gruppen und Klassen, die dazu neigen, Recht und Technik (und Politik überhaupt) als von sozialen oder ökonomischen Interessen abgetrennte »Sektoren« zu verstehen, sind Arbeiter im allgemeinen fähig, auch scheinbar entfernte Probleme auf ihre *unmittelbaren Interessen* zurückzubeziehen. Gerade »Recht« und »Technik« sind Problemzusammenhänge, die didaktisch besonders gut dazu taugen, den Zusammenhang von Interessen und gesamtgesellschaftlichen Vorgängen zu systematisieren. »Eine die traditionelle Fachgliederung aufsprengende soziologische Interpretation des Rechts und der Technik würde nicht nur zu einer Konkretisierung des Widerspruchs zwischen Produktivkräften und Produktionsverhältnissen führen, sondern den Arbeitern auch bewußtmachen, daß die rechtlich normierten Machtverhältnisse ebenso wie die Entwicklungsrichtung der Produktivkräfte durch Klasseninteressen bestimmt sind« (S. 98).

Bei Negt wird also zum zentralen Thema, was in den bisher beschriebenen Modellen keine Rolle spielte: die Frage nämlich, ob man wirklich ohne Rücksicht auf Schicht- und Klassenunterschiede von abstrakt gedachten »Staatsbürgern« mit prinzipiell gleicher Lernmotivation und prinzipiell gleichen Lernzielen ausgehen dürfe. Negt verneint die Frage, für ihn ist — unbeschadet der weiteren Frage nach den politischen Lernzielen für andere gesellschaftliche Schichten und Klassen — »die Arbeiterexistenz als soziales Gesamtphänomen ... der zentrale Anknüpfungspunkt einer konkreten gewerkschaftlichen Bildungsarbeit« (S. 23). Und das Ziel dieser Bildungsarbeit wird »eindeutig als Bildung von Klassenbewußtsein definiert« (S. 30), worunter ein solches Bewußtsein verstanden wird, das theoretisch wie praktisch eben die Aufhebung der »Arbeiterexistenz als soziales Gesamtphänomen« in Angriff nehmen kann. Mit dieser These vom notwendigerweise klassenspezifischen Charakter der politischen Bildung hat Negt für die didaktische Diskussion einen neuen Akzent gesetzt, der nun zu überprüfen wäre.

1. Was zunächst die in seinem didaktischen Ansatz implizierte und explizierte *politische Theorie* betrifft, so enthält sie wesentliche Momente dessen, was bei den bisher behandelten Konzepten Fehlanzeige blieb: die Reflexion gesamtgesellschaftlicher Prozesse und deren historischer Dimension; die Berücksichtigung der konkreten sozialen Kontexte der Lernenden ebenso wie die Beachtung ihrer objektiven gesellschaftlichen Interessen. Schon aus der Kritik der bisher behandelten Modelle ergab sich die Notwendigkeit, didaktische Begründungszusammenhänge auf eine »gesamtgesellschaftliche Theorie« zu beziehen, d. h. auf eine solche, die auf die Totalität des gesellschaftlichen Prozesses in historischer Dimension abhebt. Die Frage wäre nur, wie eine solche Theorie letzten Endes gewonnen wird, worauf sie sich gründet und ob ihre Schlüsse auch im Detail stimmen. »Gesamtgesellschaftliche Theorie« kann also nichts sein, was ein für allemal vorgegeben ist und aus dem immer wieder neu praktisches Handeln deduziert werden könnte; vielmehr unterliegt sie selbst den Veränderungen des historisch-kritischen Denkens und den ihm zugrunde liegenden realen gesellschaftlichen Veränderungen. Insofern bleibt auch die von Negt vorgetragene Version Gegenstand der Kritik, der weiteren Arbeit des Bewußtseins. Negts Version *im ganzen* zu thematisieren, würde hier zu weit führen. Wir wollen uns vielmehr auf solche Probleme beschränken, die sich unmittelbar aus der didaktischen Umsetzung ergeben.

Da fällt zunächst der »Klassencharakter« des Konzepts im allgemeinen ins Auge. Ein gesellschaftlicher Zweckverband wie die Gewerkschaften kann seine Bildungsziele relativ frei, im Sinne von gesellschaftlich partikular, bestimmen. Würde man jedoch Negts Konzept auf die Schule übertragen, so ergäbe sich die Frage, ob nicht ein nach sozialen Klassen strukturiertes Schulsystem die notwendige Konsequenz wäre, und ob dieses — selbst wenn es politisch realisierbar wäre — wirklich im Interesse der Arbeiter läge. Solange man jedoch die alte Forderung der Arbeiterbewegung, daß *alle* Kinder in die gleiche Schule gehen sollen, aufrechterhält, muß man sich überlegen, wie das Interesse der Arbeiterkinder an einer klassenspezifischen Bildung in ein und derselben Schule vermittelt werden kann mit den Interessen der anderen dort anwesenden sozialen Klassen. Mit anderen Worten: Eine Didaktik der politischen Bildung, die auch für die Schule gelten soll, muß so oder so einen *allgemeinen* Bezugspunkt haben, der nicht klassenspezifisch ist, aber klassenspezifische Interpretationen zuläßt. Wir wollen später zeigen, daß die Konvention des Grundgesetzes eine solche Möglichkeit eröffnet.

Problematisch ist ferner die Anwendung des »exemplarischen Prinzips«, solange nicht hinreichend klargestellt ist, was wofür eigentlich »exemplarisch« ist. In diesem Punkte setzen die Schwierigkeiten erst da ein, wo Negts Überlegungen enden, bei der Relation von »Ganzem« (= gesellschaftliche Totalität in historischer Dimension) und »Einzelnem« (= der für das kollektive und individuelle Leben relevante soziale Tatbestand). Hier postuliert Negt einen Zusammenhang, der erst durch Theorie zu konstituieren wäre. Statt dessen bietet Negt für das »Ganze« eine Reihe an sich durchaus plausibler Aussagen an, die aber eben schon feststehen, *bevor* überhaupt vom »Einzelnen« als dem sinnlich Erfahrbaren die Rede ist. Was immer die Klassen oder Individuen als relevant erleben mögen — »objektiv« ist das alles immer schon vorweginterpretiert und wird so abgewertet zu einem »Fall von . . .« oder »Beispiel für . . .«. So wie Negt das exemplarische Prinzip hier entwickelt hat, ist das »Einzelne« eigentlich nur ein leider hinzunehmendes Hindernis, um das »Ganze« ins Bewußtsein bringen zu können. Nicht jedoch ist auch vorgesehen, daß die Menschen, indem sie das »Einzelne« bearbeiten, auch einen Beitrag zur genaueren Erkenntnis des »Ganzen« zu geben vermögen. Es käme aber alles darauf an, für das Verhältnis von »Einzelnem« und »Ganzem« genauere theoretische Hinweise zu geben, sonst ist eine ideologisch begründete autoritäre Lehrer-Schüler-Beziehung die fast unausweichliche Folge. Auch Schüler müssen nämlich in die Lage versetzt werden können, von ihrer Erfahrung des »Einzelnen« aus das »Ganze« als ihre eigene intellektuelle Entdeckung ansehen zu können und nicht nur als etwas, das andere »Experten« für sie verbalisieren, nachdem ihre subjektiv erfahrenen Konflikte und Wünsche als »entfremdete« und »falsche« denunziert worden sind. Die didaktische Aufgabe bestünde also in diesem Punkte darin, den Weg vom unmittelbar Erfahrbaren zur gesellschaftlichen Totalität so zu »veröffentlichen«, daß er grundsätzlich von jedermann beschritten werden kann.

Das wäre nur dann entbehrlich, wenn das »Einzelne« immer das zwar verkleinerte, aber strukturell identische Abbild des »Ganzen« wäre. Dann wäre eine zusätzliche didaktische Vermittlung überflüssig. Eine solche Identität kann aber im Ernst allenfalls auf einer so hohen Abstraktionsebene angenommen werden, daß gerade das für das politische Handeln so wichtige Detail des »Einzelnen« herausfallen würde. Die Vermittlung von »Einzelnem« und »Ganzem« bleibt also auch bei Negt ein an sich durchaus plausibles Postulat, das jedoch durch didaktische Theorie erst noch zu konstituieren wäre.

Ein weiteres Problem der Anwendung des Exemplarischen liegt im Transfer, d. h. in der Übertragbarkeit von Kenntnissen und Einsichten von einem erarbeiteten Exemplum auf ein anderes. In der Kritik der »bürgerlichen« Anwendung des exemplarischen Prinzips sieht Negt diese Schwierigkeit klar, wenn dort z. B. »die Revolution« ebensogut an der Französischen Revolution wie an der in Rußland behandelt werden kann, obwohl doch jemand viel von der Französischen Revolution verstehen kann, ohne Nennenswertes von der russischen zu begreifen. Solange aber der Weg vom »Einzelnen« zum »Ganzen« nicht didaktisch-kategorial besser abgesichert ist, besteht auch in Negts Konzept die Gefahr, daß der Transfer nur in Gestalt einiger beliebig verfügbarer Phrasen erfolgt (z. B. daß die kapitalistische Ausbeutung überall gelte und der Beleg im einzelnen dafür gar nicht so wichtig sei), deren theoretische Herkunft und Begründung von einem bestimmten Punkte an völlig im Dunklen bleibt. Konsequent zu Ende gedacht würde das bedeuten, daß dann die Schüler ideologisch ihren Lehrern, die Arbeiter ihren Funktionären ausgeliefert sind. Auch für den Transfer muß die didaktische Forderung erhoben werden, daß sein Weg kategorial »veröffentlicht« und diskutierbar bleibt, zumal vieles dafür spricht, daß die Transferierbarkeit sich in erster Linie nur auf formale, etwa kognitive oder methodische Aspekte, erstrecken kann, daß aber die Analyse bestimmter Entscheidungen und Ereignisse von Grund auf jeweils neu erfolgen muß — und dies letztlich aus demselben Grunde, wie das Verständnis der Französischen Revolution nicht einfach auch ein Verständnis der Revolution in Rußland zur Folge hat. Überhaupt hat man bei Negt den Eindruck, daß es ihm in erster Linie um ein *allgemeines* soziologisches Bewußtsein geht, weniger um die Analyse konkreter Handlungssituationen.

Andererseits »besteht die Schwierigkeit einer Erneuerung der Marxschen Gesellschaftstheorie *als* Revolutionstheorie gerade darin, daß sie durch das ausgebreitete Erkenntnismaterial und durch die Reflexionsstufe der empirisch-analytischen Einzelwissenschaften vermittelt sein muß« (S. 76). Damit ist die Frage nach dem Verhältnis von Einzelwissenschaften und gesamtgesellschaftlicher Theorie aufgeworfen. Bei Negt wirkt die Bezeichnung »Rückgängigmachen« insofern mißverständlich, als sie die Vorstellung nahelegt, die einzelwissenschaftliche Arbeitsteilung sei als solche historisch überfällig und verdanke lediglich einer bürgerlichen Wissenschaftsideologie noch ihr Leben. Aus dem Kontext geht jedoch hervor, daß Negt die einzelwissenschaftlichen Methoden, Kategorien und Ergebnisse auf eine Theorie der gesellschaftlichen Totalität so beziehen möchte, daß sie dieser gleichsam als »Material« dienen können. Insofern wäre das Verhältnis von Einzelwissenschaft und Theorie der gesellschaftlichen Totalität besser mit dem Ausdruck »rück-übersetzen« zu charakterisieren: Es geht darum, die Methoden, Ergebnisse usw. der einzelwissenschaftlichen Arbeitsteilung in eine gesamtgesellschaftliche Theorie »rückzuübersetzen«. Das aber würde nicht nur heißen, daß dieser Übersetzungsprozeß wiederum methodisch gestaltet werden muß, sondern auch, daß gesamtgesellschaftliche Theorie, soll sie nicht selbst falsches Bewußtsein beinhalten, nur auf dem fortgeschrittensten Niveau der einzelwissenschaftlichen Arbeitsteilung produziert und verbessert werden kann. Wenn nun die Arbeiter, wie Negt annimmt, zu einzelwissenschaftlichen Perspektiven keinen rechten Zugang haben, sondern dazu neigen, *unmittelbar* Horizonte der gesellschaftlichen Totalität anzusteuern, so ist das nicht nur, wie Negt offenbar annimmt, ein Vorteil, sondern *auch* ein schwerwiegender Mangel ihrer Bewußtseins-Disposition, der das »falsche« Bewußtsein nicht richtiger machen kann, der vielmehr selbst auch bearbeitet werden muß. Der »direkte« Zugang zur gesellschaftlichen Totalität, ohne den wenigstens exemplarischen Durchgang durch einzelwissenschaftliche Perspektiven, würde unter neuem Aspekt die Lernenden wieder den Aussagen der Lehrenden ausliefern, weil deren unkontrollierbarer Vorsprung in der (auch einzelwissenschaftlichen) Methodenkenntnis bestünde. Und diese Lehrenden, das sollte man nicht vergessen, sind keine Arbeiter, sondern *bürgerliche* Intellektuelle mit eigenen gesellschaftlichen Interessen, die keineswegs mit denen von Arbeitern übereinstimmen müssen. Im übrigen ist zumindest für die Volksschule Negts Annahme falsch, daß die Aufrechterhaltung der wissenschaftlichen Arbeitsteilung das exemplarische Prinzip in den Schulen verfälscht habe. Gerade für die Geschichte der Volksschule läßt sich zeigen, daß die Einführung der wissenschaftlichen Arbeitsteilung (in Gestalt der Schulfächer und Fachlehrer) einen unleugbaren Fortschritt bedeutet, weil seither erst die wissenschaftliche Bearbeitung des Bewußtseins in der Volksschule überhaupt möglich wird. Und dies, nämlich die Öffnung für den — notwendigerweise arbeitsteiligen — wissenschaftlichen Unterricht, dürfte die Voraussetzung dafür sein, daß auch gesamtgesellschaftliche Zusammenhänge lernbar werden, die mehr sind als ein Sammelsurium undurchschauter Phrasen.

Das »exemplarische Prinzip« ist in unseren Schulen nicht an der wissenschaftlichen Arbeitsteilung gescheitert, sondern daran, daß es von Anfang an nur eine unterrichts-*methodische* Erfindung war, deren *didaktische* Implikationen nicht oder nur unzureichend reflektiert wurden. Bis zum heutigen Tag ist z. B. die didaktische Funktion des Geschichtsunterrichts nicht neu inhaltlich im Rahmen einer pädagogischen Theorie der Emanzipation bestimmt worden, und die seinerzeitige Faszination durch das »exemplarische Prinzip« bot sich als Flucht vor einer längst überfälligen theoretischen Fundierung geradezu an. Dies hat jedoch wenig mit bürgerlich-wissenschaftlicher Arbeitsteilung zu tun, um so mehr aber mit der notorischen Rückständigkeit der didaktischen Konzepte im Vergleich zum Fortschritt der bürgerlichen Geschichtswissenschaft selbst. Als das exemplarische Prinzip in Mode kam, entsprachen die didaktischen Konzepte in etwa den geschichtswissenschaftlichen Auffassungen Leopold von Rankes.

Die letzte Überlegung legt nahe, auch den *Ansatz* von Negt noch einmal in Frage zu stellen. Negt ging davon aus, daß das politische Bewußtsein der Arbeiter heute nicht mehr von unmittelbaren Kampferfahrungen geprägt werde, wo die Klassenantagonismen der gesellschaftlichen Totalität gleichsam sinnlich anschaulich werden könnten; vielmehr müsse in diese Lücke zwischen subjektiver Erfahrung einerseits und gesellschaftlicher Theorie andererseits gerade zum Zwecke der Vermittlung die organisierte Lehre treten.

Hier entsteht nun ein weiteres prinzipielles Problem. Solange nämlich das marxistische politische Bewußtsein der organisierten Arbeiter aus dem sinnlich anschaulichen Kampf um die Verbesserung ihrer gesellschaftlichen und sozialen Lage entsprang, handelte es sich zweifellos um ein emanzipatorisches Bewußtsein, wobei es verhältnismäßig unwichtig war, ob dieses Bewußtsein wissenschaftlicher Kritik in allem standhalten konnte. Es gab jedenfalls eine Entsprechung von subjektivem Erleben der politischen und sozialen Wirklichkeit einerseits und seiner theoretisch-politischen sowie handlungsorientierten Umsetzung andererseits. Die Frage ist jedoch, ob unter den von Negt skizzierten veränderten gesellschaftlichen Bedingungen (Nachlassen der unmittelbaren Klassenkämpfe) und unter veränderten subjektiven Erfahrungen (die subjektiven Interessen und Bedürfnisse zielen nun auf Integration in die Gesellschaft, z. B. auf optimale Beteiligung am Konsum) die alten — wenn auch erweiterten und differenzierten — marxistischen Vorstellungen »gelehrt« werden können, ohne daß sich dabei der Ideologieverdacht in neuer Weise stellt. Denn *nun* erst tritt dabei jene schon kritisierte Trennung der Lehrenden und Lernenden ein; *nun* erst muß den Arbeitern ein Bewußtsein vermittelt werden, das weder für ihr subjektives Selbstverständnis noch gar für ihre politische Anteilnahme noch *unmittelbare* Relevanz hat. Gemessen an dem, wie sie sich sehen, und an dem, was sie praktisch tun können (z. B. in ihren Gewerkschaften), wird ihnen nun diese Lehre etwas Fremdes, ihnen von außen Gegenübertretendes. Obwohl Negt ausdrücklich an die — auch sozialpsychologisch interpretierten — Konflikte im Selbstgefühl der Arbeiter anknüpfen will, bleibt der Widerspruch erhalten, daß die subjektiv und auch kollektiv empfundene Konkretisierung der Wünsche und Interessen als »entfremdet«, d. h. als möglichst bald zu überwindendes »falsches Bewußtsein« der eigenen Lage gelten müssen. Es geht hier gar nicht darum, ob diese Interpretation Negts richtig ist oder nicht, sondern darum, ob eine solche Einsicht *heute* — im Unterschied zu früher

— nicht an die gesellschaftliche Position eines wissenschaftlichen Intellektuellen gebunden ist, den diese Einsicht verhältnismäßig wenig kostet, während sie von Arbeitern als ein direkter Angriff auf ihre »Interessen« verstanden werden muß; denn von ihnen verlangt Negt eine temporäre Erhöhung ihres subjektiven Unglücks: »Zweifellos kann das Bewußtmachen der Konflikte ... subjektiv die Selbstentfremdung erhöhen. Es gibt aber für die Arbeiterschaft keinen anderen Weg der Aufhebung der Entfremdung als durch das volle Bewußtsein der Selbstentfremdung hindurch« (S. 57). Zu fragen bliebe also, ob ein Konzept der politischen Bildung, das den Arbeitern als Arbeitern einen Zuwachs an Emanzipation bringen soll, wirklich noch an die alten Vorstellungen von einer »Theorie der Arbeiterbildung«, wenn auch modifizierend, anknüpfen kann, oder ob es nicht vielmehr nötig wäre, die historisch neuen subjektiven Erfahrungen dieser Klasse sowie die politischen und gesellschaftlichen Veränderungen in anderer Weise zu berücksichtigen — mit anderen Worten: ob angemessene didaktische Konzepte nicht aus den *gegenwärtigen* Zusammenhängen von subjektiven Interessen, objektiven gesellschaftlichen Chancen und realer politischer Beteiligung entwickelt werden müssen.

Dazu wäre unter anderem eine etwas weniger rigorose Interpretation des Konsumbereichs nötig, der auch bei Negt lediglich — fast undialektisch — als geradezu klassisches Symptom der immer wieder reproduzierten Entfremdung gilt. Man wird aber ernsthaft prüfen müssen, ob in Zukunft emanzipatorisches Engagement wirklich in erster Linie von einer Revision der Lohnabhängigkeit oder des Arbeitsverhältnisses ausgehen kann, oder nicht vielmehr von dem, was den »unmittelbaren Interessen« (Adorno) zumindest ebenso nahesteht: von den »Qualitäten des Lebens« *außerhalb* der Arbeit, die gerade ohne eine Steigerung der privaten Konsummittel und der öffentlichen Dienstleistungen nicht zu realisieren sind. Vielleicht käme es politisch für die nächste Zukunft darauf an, diese Bedürfnisse zu ermuntern und zu radikalisieren, anstatt ihnen durch ständige Hinweise auf ihren entfremdeten Charakter ihre Brisanz zu nehmen.

2. Der *Lernende* wird in Negts Konzept als Arbeiter gesehen, d. h. als jemand, dessen Erziehung durch seine Klassenlage objektiv wie subjektiv definiert ist. Man muß ihn also politisch-pädagogisch in dieser seiner Klassenlage ansprechen mit dem Ziel, ihn durch Bewußtmachung dieser Lage und durch entsprechend geführte politische (vor allem gewerkschaftliche) Kämpfe aus dieser Lage zu befreien. »Objektiv« ist diese Klassenlage, insofern sie bestimmt werden kann durch bestimmte allgemeine Merkmale (z. B. Lohnabhängigkeit, Ausgeschlossensein von der Mitbestimmung im Produktionsprozeß und anderes mehr); »subjektiv« ist diese Klassenlage dadurch definiert, daß auch die Art und Weise, wie der Arbeiter sich selbst und seine soziale Umwelt erlebt, ein Produkt dieser objektiven Klassenlage ist. Der Bewußtwerdung dieser Klassenlage stehen alle offiziellen Instanzen der Gesellschaft im Wege: die Schulen, die Betriebe, die Massenkommunikation, sogar die übliche gewerkschaftliche Bildungsarbeit.

Wir haben schon darauf hingewiesen, welche Gefahren für das pädagogische Verhältnis daraus entstehen können, daß der konkrete Zusammenhang von »entfremdetem« und »wahrem« Bedürfnis bei Negt nicht »lernbar« strukturiert wird; denn die »wahren« gesellschaftlichen Bedürfnisse sind ja nicht die, die sich in empirischen Untersuchungen als die geäußerten ermitteln lassen. Das feststellbare gesellschaftliche Bedürfnis ist »entfremdet«, es hat sein »wahres« Bedürfnis gleichsam »vergessen«. Es kommt also nach Negt darauf an, »eine von objektiven Interessen bestimmte Rangordnung wahrer Bedürfnisse sichtbar zu machen. ... Denn wo die subjektiven Interessen der Individuen dem objektiven Interesse der Emanzipation tatsächlich entgegenstehen, sind sie entweder unmittelbarer Ausdruck von realen ökonomischen Interessen oder Resultate einer psychischen und geistigen Deformation, die Menschen dazu bringt, selbst gegen bessere Einsicht in die eigene Interessenlage zu handeln« (S. 93).

Wenn das so ist, bieten sich für den politischen Unterricht eigentlich nur zwei grundsätzliche Möglichkeiten an. Entweder gibt es sachlich und didaktisch die Möglichkeit, die entfremdeten Bedürfnisse etwa durch die Anwendung von Kategorien und Fragen so zu bearbeiten, daß die wahren Bedürfnisse dabei zum Vorschein kommen können. In diesem Falle könnte die Entdeckung der wahren Bedürfnisse zu einer eigenen intellektuellen Leistung der Lernenden werden. Diese Möglichkeit impliziert allerdings, daß es auch *sachlich* eine Brücke zwischen den beiden Bedürfnissen gibt, etwa so, daß die wahren in den empirisch feststellbaren, wenn auch verkümmert, enthalten sind. Wenn Negt dies annimmt, so hat er diese »Brücke« jedenfalls nicht weiter didaktisch thematisiert.

Die zweite Möglichkeit besteht in der Voraussetzung, daß es diese Brücke nicht gibt, daß vielmehr die wahren Bedürfnisse den Individuen *von außen,* und zwar in klarer Konfrontation zu ihren falschen Bedürfnissen, angesonnen werden müssen. Für diese Vorstellung gäbe es strenggenommen gar keine didaktischen Konzepte mehr, sondern nur noch Anweisungen zur Überredung oder Überzeugung. In diesem Falle wären die Lernenden ihren Lehrern ausgeliefert, nicht in der Lage, deren Lehre von den wahren Bedürfnissen intellektuell und vor dem Maßstab ihrer eigenen Erfahrung zu kontrollieren; sie könnten sie nur noch »glauben«. Dieses dann gleichsam schon vom Sachzwang her unausweichliche autoritäre Unterworfensein des Lernenden würde sich dann in didaktisch-methodischen Einzelfragen fortsetzen: die Fragen, Wünsche, Bedürfnisse und Interessen, die die Lernenden äußern, wären lediglich »Aufhänger«, könnten bloß noch die Fiktion pädagogischer Zuwendung ausdrücken, um die Lernenden bei Laune zu halten — ein leider nötiger Umweg, bis die Lernenden endlich bereit sind, die Lehre zu »vernehmen«, anstatt sie selbst nicht nur rezeptiv erarbeiten zu wollen.

3. Daß die eben ausgesprochene Befürchtung nicht an den Haaren herbeigezogen ist, zeigt das praktisch-pädagogische Verhalten vieler »Linker« in den letzten Jahren. Dafür

kann man gewiß nicht Negts Text verantwortlich machen. Aber er legt aus den genannten Gründen ein *Selbstverständnis des Lehrenden* nahe, das der Emanzipation der Lernenden — insofern nämlich Emanzipation als Lernprozeß das Ergebnis individueller intellektueller Arbeit ist — im Wege stehen kann. Kein didaktisches Konzept ist zwar dagegen gefeit, für ein autoritär-missionarisches Lehrerverhalten in Anspruch genommen zu werden. Die Frage bleibt nur, in welchem Maße ein didaktisches Konzept durch entsprechende Kategorien diese Gefahr kontrollierbar machen kann. Ein Gewinn in dieser Hinsicht ist sicher, daß der Lehrende bei Negt — im Unterschied zu den bisher behandelten Autoren — sozialwissenschaftlich ausgebildet sein muß.

Zusammenfassung und Übergang

Die — allerdings nur exemplarische — Darstellung und Kritik der wichtigsten bisher vorliegenden didaktischen Modelle ergab in jeweils unterschiedlicher Akzentuierung eine Reihe von Mängeln und Problemen, die wir nun noch einmal ins Bewußtsein rufen wollen, bevor wir unseren eigenen Lösungsvorschlag systematisch entwickeln.

1. Es erweist sich offenbar als unmöglich, *mit einem einzigen Modell* der didaktischen Problematik im ganzen gerecht zu werden. Jedes der behandelten Modelle vermag vielmehr allenfalls nur Teilaspekte befriedigend zu lösen, während andere zu kurz kommen oder ganz übersehen werden. Eine didaktische Theorie, die diese Mängel beheben will, muß also von vornherein mehrdimensional angelegt sein, verschiedene Modelle miteinander kombinieren; diese dürfen jedoch nicht einfach additiv zueinander stehen, sondern müssen in einem inneren Zusammenhang auch theoretisch begründet werden. Ein Lehrer, der die vier erwähnten didaktischen Modelle miteinander kombinieren würde, könnte allein dadurch zumindest die

ständige *Wiederholung* bestimmter Mängel einschränken. Aber ein solches Verfahren könnte allenfalls als Notlösung gelten. Eine systematische didaktische Theorie, die diese Mängel und Schwierigkeiten bearbeiten will, muß von der bloßen Addition zu einem inneren systematischen Zusammenhang gelangen.

2. Eine möglichst umfassende politik- und sozialwissenschaftliche Ausbildung der Lehrer, die Politik unterrichten, ist unerläßlich. Ohne didaktische und methodische Kenntnisse reicht dies zwar allein auch nicht aus, aber umgekehrt darf eine didaktische Theorie aus der Not der fehlenden sozialwissenschaftlichen Ausbildung keine Tugend machen und deren Fehlen sogar noch rechtfertigen.

3. Eine didaktische Theorie muß aus Analysen des historisch-politischen Prozesses selbst hervorgehen und ist keine im traditionellen Sinne »inner-pädagogische« Angelegenheit. Sie kann der Schule nicht länger politische Exterritorialität zusichern, muß aber zugleich die Hereinnahme politischer Wirklichkeit in den Schulunterricht und in das Schulleben kontrollierbar und öffentlich diskutierbar machen. In diesem Zusammenhang müssen weitere traditionelle Vorentscheidungen aufgegeben werden; etwa eine falschverstandene politische Neutralität der Schule in dem Sinne, daß sie nichts lehren dürfe, was Parteinahme für und gegen bestimmte gesellschaftliche Gruppen und Mächte impliziere; oder daß politische Bildung für Jugendliche nur propädeutischen Charakter haben könne, weil sie noch nicht im Ernstfall der politischen Verantwortung stünden. Vielmehr ist unbestreitbar, daß die Existenz von Kindern und Jugendlichen heute und in Zukunft unabweisbare politische Dimensionen bereits enthält, so daß der politische Unterricht nicht nur »lebensvorbereitenden«, sondern auch »lebensbegleitenden« Charakter haben muß, d. h. auch die politisch relevanten Aspekte der jeweils *aktuellen* Situation von Kindern und Jugendlichen thematisieren muß.

4. Das gilt insbesondere auch für die schicht- und klassenspezifische Dimension; denn ob man nun den Marxschen

Klassenbegriff für die optimale analytische Kategorie hält oder nicht, in jedem Falle ist die *politische* Dimension der kindlichen und jugendlichen Existenz bereits durch die Zugehörigkeit zu einer bestimmten sozialen Gruppe und durch die dadurch bedingten relativ größeren oder geringeren sozialen Chancen entscheidend definiert. Eine didaktische Theorie kann davon nicht absehen und sich nicht länger mehr auf ein formal abstraktes Staatsbürgersubjekt zurückziehen.

5. Ebensowenig wie hinter die eben angedeuteten politisch-historischen Erkenntnisse kann eine didaktische Theorie nun aber auch hinter bestimmte Ergebnisse der *didaktischen* Diskussion zurückfallen. Nichts wäre mit Entwürfen gewonnen, die bloß ein »richtiges« Bewußtsein anbieten, ohne das Problem zu lösen, wie dieses Bewußtsein als *Ergebnis* der intellektuellen oder praktischen Arbeit von Individuen zustande kommen könnte, oder die schon von der sachlichen Konstruktion her ein autoritäres, also irreversibles Lehrer-Schüler-Verhältnis konstituieren.

6. Es hat sich gezeigt, daß alle didaktischen Modelle im Grunde für die Volks- bzw. Berufsschulen entworfen waren, wobei Negt die *Abgänger* dieser Schulen, nämlich die Arbeiter, im Auge hatte. Darin kommt nicht etwa nur eine altersspezifische Perspektive zum Ausdruck, die für entsprechende Altersklassen des Gymnasiums genauso angewendet worden wäre. Vielmehr spiegelt sich darin auch noch die überlieferte Unterscheidung von »höherer« Bildung, die als »wissenschaftliche« Bildung den höheren gesellschaftlichen Positionen vorbehalten blieb, und »niederer« Bildung für die in die unteren Rang- und Arbeitspositionen der Gesellschaft eintretende Masse des Volkes wider. Mit andern Worten: In der Annahme, daß didaktische Überlegungen nur für die Volks- und Berufsschule nötig seien, weil ihren Schülern die »wissenschaftlichen« Gehalte der Politik nicht zugemutet werden können, drückt sich nicht nur die empirische Erfahrung geringer Bildungsinteressiertheit aus, sondern zugleich auch die gesellschaftliche Erwartung, daß die Abgänger dieser Schulen für die Re-

produktion ihrer gesellschaftlichen Funktionen, z. B. für ihre Stellung im Arbeitsprozeß, auch nicht mehr benötigten. Dieser Maßstab ist bei Henningsen und Negt deutlich überschritten worden, und beide bringen damit nur zum Ausdruck, daß die didaktische Problematik nur spezieller Ausdruck des politischen Problems ist, daß eben diese selbstverständlichen Zuordnungen nicht mehr einfach aufrechterhalten werden können. Das heißt aber auch, daß die didaktische Problematik *alle* Bildungsstufen betrifft, auch die Gymnasien, insofern die Aufgabe der Didaktik nun nicht mehr in der Bereitstellung schulartenspezifischer und damit klassenspezifischer Ersatz-Konstrukte für wissenschaftliches Bewußtsein besteht, sondern in der Vermittlung wissenschaftlich-praktischen Bewußtseins überhaupt.

ZWEITER TEIL
DIDAKTISCHE KONSTRUKTION

Die bisherige Erörterung der »Grundsatz-Diskussion« und einiger vorliegender didaktischer Modelle hat bereits klarwerden lassen, daß Didaktik des politischen Unterrichts selbst ein *politisches* Thema ist, das zuvor einer politischhistorischen Ortsbestimmung bedarf. Wenn dazu überhaupt noch ein Beweis nötig war, so hat ihn die leidenschaftliche Diskussion der letzten Jahre geliefert — etwa über die Frage, ob die politische Bildung nicht nur den gesellschaftlichen Status quo und damit auch die historisch überkommene Verteilung von Macht und Ohnmacht, Reichtum und Armut mit pädagogischen Mitteln reproduzieren könne. Insbesondere die kritischen Beiträge der »Frankfurter Schule« (z. B. Habermas und Negt) haben gezeigt, daß eine *inhaltliche* Bestimmung des Demokratisierungsprozesses nötig ist, um auch die Grundlage des politischen Unterrichts zu klären.

Die Überlegungen der Autoren der »Frankfurter Schule«, wie sie etwas ausführlicher schon am Beispiel des Textes von Habermas referiert wurden, sollen auch für das Folgende als Grundlage dienen.

Darin kommt nicht einfach eine Vorliebe für diese wissenschaftliche Position zum Ausdruck, sondern die Einsicht, daß keine politische Didaktik hinter diese Position mehr zurückgehen kann, will sie sich nicht dem Vorwurf der willkürlichen Handhabung theoretischer Prämissen aussetzen. Didaktische Theorien wie alle anderen auf gesellschaftliche Praxis bezogenen Theorien haben sich vielmehr am jeweils fortgeschrittensten wissenschaftlichen Diskussionsstand zu orientieren, denn ihre Aufgabe besteht ja in erster Linie darin, die Differenz zwischen dem Fortschritt des wissenschaftlichen Erkenntnisstandes und dem praktischen Bewußtsein möglichst klein zu halten. Meine Option für die »kritische Theorie« impliziert jedoch keineswegs eine Absage an andere wissenschaftstheoretische Positionen wie den »Positivismus« oder den »kritischen

Rationalismus«. Es handelt sich hier nicht um ein weltanschauliches Entweder-Oder, sondern um die Unterscheidung unterschiedlicher Gegenstandsbereiche und methodischer Reichweiten. Der Gegenstand der »kritischen Theorie« etwa, die Totalität der Gesellschaft in historischer Dimension, wird in den anderen beiden genannten Positionen gar nicht in dieser Weise zum Thema, andererseits wird jemand, der empirisch forscht, zumindest über weite Strecken zu positivistischen Annahmen gezwungen. Das Problem liegt also nicht darin, für welche wissenschaftstheoretische Position man sich entscheiden will, sondern darin, wie man diese Positionen und ihre Ergebnisse in einem für die gesellschaftliche Praxis produktiven *Zusammenhang* integrieren kann.

An dieser Stelle dient uns die »kritische Theorie« dazu, die Rolle und Aufgabe der politischen Bildung in einem *inhaltlich* verstandenen Demokratisierungsprozeß näher zu bestimmen.

Demnach ist die neuere Geschichte — setzt man einmal die Französische Revolution als ihr Anfangsdatum — vornehmlich als ein Prozeß zu verstehen, in dem Klassen und Gruppen um ihre politische Emanzipation, also um Freiheit von denjenigen, die über ihr Schicksal einseitig verfügen können, gegen andere Klassen und Gruppen kämpfen. Nun ist dies ursprünglich allerdings keine Auseinandersetzung, die — wie meist heute — als »Interessen-Konflikt« angesehen wurde, wobei die Kontrahenten als formal gleichberechtigt gelten und einen Kompromiß anstreben sollen. Vielmehr ging es immer auch um die Gesellschaft als Ganzes, um die gesellschaftliche Totalität. Als das Bürgertum gegen die feudalistische Tradition in seinem Emanzipationskampf den Parlamentarismus und den freien Markt durchsetzte, verwandelte es — zunächst prinzipiell, dann auch Stück für Stück tatsächlich — das »feudale Gesellschaftssystem« in ein »kapitalistisches System«. Und als die marxistisch orientierte Arbeiterbewegung sich formierte, ging es nicht nur um Verbesserungen innerhalb des kapitalistischen Systems (wie mehr Freizeit und höheren Lebensstandard), sondern prinzipiell auch um die Ablösung des Kapitalismus durch das sozialistische System. Dabei stellte die marxistische Arbeiterbewegung den Bezug zwischen ihrem partiellen Klassen-Interesse und der gesellschaftlichen Totalität durch die ökonomischen Grundkategorien Markt, Mehrwert und Arbeitsverhältnis her. Die theoretische Entdeckung von Marx und die unmittelbare Erfahrung der Arbeiter bestand in der Einsicht, daß von allen denkbaren Abhängigkeiten, denen Menschen durch andere unterworfen sind, die ökonomischen Abhängigkeiten nicht nur an sich die wichtigsten sind, sondern auch alle anderen mit hervorrufen oder zumindest inhaltlich bestimmen. Die Abhängigkeit der Frau vom Manne konnte so ebenso aus dem ökonomischen Charakter ihrer Beziehungen abgeleitet werden wie die zwischen Arbeiter und Unternehmer unmittelbar. Die Quintessenz dieser Überlegungen war, daß das kapitalistische Produktionssystem, charakterisiert durch die Verfügung über Produktionsmittel einerseits und durch die Verfügung über die bloße Arbeitskraft andererseits, keine wirkliche Emanzipation — sei es der Arbeiter, Frauen oder Kinder — zulassen könne, weil es bei Strafe seiner Existenz gezwungen sei, die wirklichen Bedürfnisse der Menschen zu unterdrücken, nämlich die nach gemeinsamer und planmäßiger Entwicklung des gesellschaftlichen Systems zum Wohle aller.

Ein weiteres wichtiges Moment der Marxschen Theorie ist, daß das »Gemeinwohl«, also das Wohl der gesellschaftlichen Totalität, in bestimmten historischen Phasen mit den Interessen einer bestimmten Klasse im dialektischen Sinne identisch ist, daß es also weder den Klasseninteressen übergeordnet ist (repräsentiert etwa durch den Staat), noch auch sich etwa durch die Interaktionen und Kämpfe der Klassen, Gruppen und Individuen als mechanische Resultante ergibt. Etwas vereinfacht ausgedrückt heißt das: Zunächst — etwa in der ersten Hälfte des 19. Jahrhunderts — war das Klasseninteresse der Bourgeoisie mit dem Gemeinwohl identisch; denn dieses Interesse brachte die wirtschaftlichen und technischen Voraussetzungen zustande, die später, im sozialistischen System, zum gleichberechtigten Nutzen aller verwendet werden sollten. Aber eben diesen Sprung, nämlich die Übertragung der im Vergleich, zu früher gigantischen wirtschaftlichen und technischen Möglichkeiten aus der privaten Aneignung˙ in gesamtgesellschaftlichen Nutzen und Kontrolle, vermochte das bürgerlich-kapitalistische Interesse nicht zu vollziehen. Im Gegenteil wurde schon gegen Ende des 19. Jahrhunderts in Deutschland die ursprüngliche Idee des freien Wettbewerbs unter anderem durch Kartell-Bildungen und Marktabsprachen eingeschränkt, um den Status quo der produzierenden Kapitalisten nicht durch eine weitere Entwicklung der Produktionsmittel zu gefährden. Deshalb mußte das partikulare Interesse derjenigen Klasse mit dem Gemeinwohl identisch werden, dem die nun notwendige Sozialisierung der Produktionsmittel nicht widersprach, die andererseits aber als lohnabhängige Klasse unter dem Kapitalismus besonders zu leiden hatte: der Arbeiterklasse.

Folgt man dieser hier nur knapp skizzierten Argumentation, so wäre der inhaltliche Begriff der »Demokratisierung«, wie er für den politischen Unterricht zu gelten hätte, verhältnismäßig klar: Die einzig richtige politische Bildung bestünde auch für die politisch aufzuklärenden Nicht-Arbeiter darin, das Arbeiterinteresse gegen das kapitalistische System durchzusetzen und das zu lehren und zu lernen, was dafür nötig ist.

In der Tat ist die marxistische Theorie des gesellschaftlichen Prozesses einschließlich der Weiterentwicklung, die sie z. B. durch die »Frankfurter Schule« erfahren hat, die einzige gesamtgesellschaftliche Theorie geblieben, die allerdings auch in wesentlichen Punkten in sich kontrovers ist. H. Marcuse z. B. hält nicht mehr die Arbeiter, sondern die Intellektuellen für diejenige Gruppe, die am ehesten in der Lage ist, das kapitalistische System zu beseitigen. Strittig ist auch, ob die Herrschaft einiger über die Produktionsmittel noch jene Bedeutung hat, die Marx einmal annahm, und ob man aus diesem Tatbestand alle anderen menschlichen Abhängigkeiten hinreichend plausibel erklären kann. Strittig ist ferner, ob die Arbeit, so wie sie Marx verstand, nämlich als Typus der *industriellen* Arbeit, noch eine so große Bedeutung für die menschliche Selbstdefinition hat, oder ob man hier nicht wie Habermas in einem sehr viel weiteren Sinne von Kommunikation als der entscheidenden anthropologisch-historischen Kategorie sprechen sollte (vgl. Habermas / Luhmann 1971a).

Die Richtigkeit der Marxschen Theorien zu entscheiden ist hier aber weder der Ort noch auch nötig. Hier geht es vielmehr um folgende Überlegung: Für die didaktische Grundlegung der politischen Bildung ist eine *inhaltliche* Vorstellung über den neuzeitlichen Demokratisierungsprozeß nötig; sie kann nur erwachsen im Rahmen einer *historisch* verstandenen gesamtgesellschaftlichen Theorie; die Theorien, die es dafür gibt, sind allesamt Variationen des ursprünglichen Marxschen Ansatzes. Gerade weil aber diese Theorie eine historische und nicht etwa eine übergeschichtlich-systematische ist, taugt sie nicht für ein für allemal gültige Deduktionen; nur weil sie vielmehr eine *historischmaterielle* Theorie ist, kann sie auch als gesamtgesellschaftliche Theorie sich konstituieren, d. h. aber eben auch als eine, die im weiteren geschichtlichen Prozeß ständig neu, z. B. auf dem Hintergrund der einzelwissenschaftlichen Forschungen, bearbeitet werden muß. Würde man sie jedoch — was vielfach heute geschieht — als zwar historisch entstandenes, gleichwohl aber inhaltlich der historischen Relativierung enthobenes System von Sätzen betrachten, aus denen die theoretischen Grundlagen der gegenwärtigen politischen Didaktik lediglich deduziert zu werden brauchten, so würde sie die inhaltliche Frage der weiteren Demokratisierung — zur unwissenschaftlichen Weltanschauung heruntergekommen — nicht erhellen, sondern nur weiter verschleiern.

Die Frage der *Inhaltlichkeit* des Demokratisierungsprozesses muß also selbst auch weiterhin Gegenstand der wissenschaftlichen Diskussion und Bearbeitung bleiben und ist keineswegs ein für allemal beantwortet. Das wiederum kann nicht heißen, daß diese Frage heute beliebig, gleichsam so, als ob sie noch gar nicht stringent bearbeitet worden wäre, diskutiert werden könnte. Zu dem hier vertretenen Wissenschaftsverständnis gehört vielmehr auch die Notwendigkeit der theoretischen Arbeit im Rahmen des bereits erreichten historischen Bewußtseins. Die weitere Bearbeitung der gesamtgesellschaftlichen Theorie muß demnach erfolgen in der Auseinandersetzung mit den vorliegenden marxistischen Variationen.

Wie bedeutsam in unserem Zusammenhang die *historische Dimension* einer gesamtgesellschaftlichen Theorie ist, zeigt sich im Vergleich mit einer anderen soziologischen Theorie, die zwar auch die gesellschaftliche Totalität im Auge hat, die historische Dimension jedoch als unwesentlich außer Betracht läßt. Es handelt sich um die sogenannte *funktionale Theorie* der Gesellschaft, wie sie vor allem von dem amerikanischen Soziologen T. Parsons entwickelt wurde. Ihr Interesse richtet sich auf die Gesamtgesellschaft, insofern diese aus einem *System von Funktionen* besteht, die einander ergänzen, neutralisieren oder stören können. Diese Theorie betrachtet z. B. die politische Bildung nicht primär unter dem Gesichtspunkt, ob sie der politischen Emanzipation der Jugendlichen dient — strenggenommen kann sie gar keine Theorie der Emanzipation formulieren —, sondern z. B. darauf hin, ob diese politische Bildung im Widerspruch zu anderen gesellschaftlichen Funktionen steht, z. B. zu der tatsächlichen Arbeitsorganisation oder zu bürokratischen Strukturen. Übereinstimmung oder Nicht-Übereinstimmung, oder in ihrer eigenen Terminologie: *Funktionalität* und *Dysfunktionalität* in der Wechselwirkung solcher Funktionen zu entdecken, ist ihr eigentliches Erkenntnis-Interesse. Dabei schwingt immer die Absicht mit — wenn auch oft nicht eingestanden —, Dysfunktionen als Störungsquellen, als eine Art von »Reibungs-Verlust« zu betrachten und möglichst auszuschalten. Historische Prozesse — vor allem insofern sie sich in den Köpfen der Menschen als Bewußtsein niedergeschlagen haben — werden zwar berücksichtigt, aber ebenfalls nur, insofern sie funktional störend oder nichtstörend sind. Werden aus dieser Art von »gesamtgesellschaftlicher Theorie« Ziele für die politische Bildung abgeleitet, so können sie sich folgerichtig in erster Linie nur erstrecken auf *Verhaltensweisen*, die später möglichst funktionales und möglichst nicht dysfunktionales Verhalten garantieren. Daß derartige Ziele zwar an sich einleuchtend, aber keine spezifisch *demokratischen* sind, hat Habermas in dem von uns referierten Text bereits überzeugend nachgewiesen.

Auch die funktionale Theorie bringt uns in unseren Überlegungen also nicht weiter, obwohl sie in Verbindung zur gesamtgesellschaftlichen Theorie eine wichtige Ergänzung darstellt. Da auch die marxistische Theorie schon wegen ihrer inneren Kontroversen nicht einfach als unbestreitbarer Ausgangspunkt für unsere Überlegungen genommen werden kann, scheint es nützlich, die historische Ableitung eine Ebene tiefer anzusetzen, und zwar so, daß präzisere inhaltliche Feststellungen nicht ausgeschlossen, aber eben auch nicht vorweggenommen werden. Unbestreitbar dürfte demnach sein, daß die Geschichte etwa seit der Französischen Revolution auch von »bürgerlichen« Historikern als eine Geschichte von Emanzipationskämpfen beschrieben wird: des Bürgertums, der Arbeiter, der Frauen und — wenn man so will — schließlich auch der Kinder und Jugendlichen. Immer ging es dabei darum, überlieferte Abhängigkeiten, Benachteiligungen, Unterprivilegierungen, Unterdrückungen und Ausbeutungen zu beenden zugunsten individueller Selbstbestimmung und kollektiver Mitbestimmung. Unbestreitbar ist ferner, daß dabei die *ökonomischen* Formen und Dimensionen solcher Abhängigkeiten eine überragende Rolle spielen, und zwar nicht nur im Verhältnis von Arbeitgeber und Arbeitnehmer, sondern auch von Mann und Frau, Kind und Eltern, Fürsorgefällen und Behörden usw. In allen Fällen von Abhängigkeiten, deren unterschiedliche Bedeutung und Qualität hier nicht zur Debatte stehen sollen, ist offensichtlich eine maximale *ökonomische* Unabhängigkeit ein Hauptziel aller Emanzipationsbestrebungen.

Die historische *Inhaltlichkeit* von Emanzipationsprozessen materialisiert sich also in solchen Emanzipationskämpfen, zu denen die klassischen Klassenkämpfe gehören, und relativiert sich zugleich in ihnen; ob z. B. die Stoßrichtung des Emanzipationskampfes der Arbeiter heute noch die gleiche ist wie vor hundert Jahren, ist nicht sicher, sondern muß selbst — z. B. auch im politischen Unterricht — überprüft werden. Die politischen Verfassungen der Bundesrepublik, über deren Bedeutung für die politische Bildung später noch zu sprechen sein wird, stehen also im Kontext dieses historischen Emanzipationsprozesses, den sie einerseits aufgreifen und andererseits — eingeschränkt durch bestimmte Regeln — in die Zukunft verlängern.

Es geht aber nicht nur um solche Fragen, die die Verfassung angehen, also um die im engeren Sinne *politischen*. Hinzu kommt vielmehr noch das, was Karl Mannheim (1952; 1958) die »Fundamentaldemokratisierung« genannt hat: die Demokratisierung *aller* menschlichen Beziehungen, was immer das, z. B. im Eltern-Kind-Verhältnis, im einzelnen auch konkret heißen mag. Auch und gerade die im Begriff der »Erziehung« implizierten Herrschaftsverhältnisse werden diesem Anspruch unterworfen: Was davon ist notwendig wegen der durch die Konstitution des Kindes gegebenen »Unmündigkeit«, was davon ist aber der mehr oder weniger gut kaschierte Anspruch, mit den Mitteln der Erziehung den Heranwachsenden so früh wie möglich fremden Interessen dienstbar zu machen?

Fundiert und konkretisiert man nun die politische Bildung im Rahmen eines so verstandenen historischen Kontextes von Emanzipation, so folgt daraus unausweichlich ihre *politische Parteilichkeit*: Wie die vorangehenden Kapitel zeigen, hat man lange versucht, dieser Konsequenz z. B. dadurch auszuweichen, daß man jeden Heranwachsenden als grundsätzlich gleichen »Staatsbürger« ansah, oder auch dadurch, daß man reale politische Konflikte eben wegen der Furcht vor Parteilichkeit überhaupt aus dem Unterricht ausklammern wollte. Wird jedoch die demokratische Inhaltlichkeit des historischen Emanzipationsprozesses ernstgenommen, so ist politische Bildung nicht neutral, sondern selbst ein Stück eigentümlicher politischer Tätigkeit: sie ist *für* die Interessen des Lehrlings, des Arbeiters, des »Sozialfalles«, des Jugendlichen, und somit folgerichtig *gegen* die Interessen des Meisters, des Unternehmers, der Fürsorgebehörde, der Schulbehörde usw., allgemeiner: sie ist *für* die Interessen und Bedürfnisse des jeweils Schwächeren, Ärmeren, Unterprivilegierten. Man kann dies jedoch heute nicht aussprechen, ohne sogleich hinzuzufügen, daß dies weder »Revolution« heißt — dazu taugt Pädagogik sowieso nicht — noch Randalieren, noch hysterische Aktivität nach außen und schon gar nicht das Indoktrinieren politischer Phrasen. Es heißt zunächst vielmehr nur, daß bei jedem denkbaren politischen Thema der Schüler je nach seinem sozio-ökonomischen Status ein *spezifisches Interesse* an diesem Thema haben muß, daß Didaktik und Methodik dies einkalkulieren müssen und daß es ohnehin eine der schwierigsten Aufgaben politischer Bildung ist, solchen Interessen-Aspekten zur Entdeckung zu verhelfen. Bei Licht besehen waren die traditionellen Konzepte des politischen Unterrichts ja auch nur *scheinbar* politisch neutral. Eine ideologiekritische Analyse würde mühelos erweisen, daß sie objektiv nur für die jeweils »andere Seite« parteilich waren. Schon die Vorform des politischen Unterrichts, der Geschichtsunterricht, hatte — mit nicht unwesentlichen Resten bis in die Gegenwart hinein — die Funktion, die bereits ihrer naiven Selbstverständlichkeit beraubten konservativen Privilegien mit pädagogischen Mitteln zu stabilisieren oder wenigstens zu verlängern. Für den politischen Unterricht im engeren Sinne läßt sich dieser Zusammenhang ebenso nachweisen. Das ist auch nicht verwunderlich, denn der historische Demokratisierungsprozeß ist ja nicht gradlinig verlaufen, sondern hat massive — und in den Zeiten des Faschismus barbarische — Gegner gefunden, und auch heute darf man sich nicht wundern, daß ein Konzept der politischen Bildung wie das hier vertretene politischen Widerstand bei denjenigen findet, gegen die es sich letzten Endes ja auch richtet. Auf dem formalen

Boden unserer Verfassung können Gruppen, Parteien und Verbände operieren, die zwar nicht verfassungsfeindlich sind, die aber andererseits aufgrund ihrer objektiven Interessen — oder was sie dafür halten — *gegen* einen Fortschritt an Demokratisierung verbal oder durch Maßnahmen optieren können.

Aus dem bisher Gesagten läßt sich ein erstes allgemeines Lernziel der politischen Bildung ableiten: Wenn es *politisch* darum gehen muß, den historischen Prozeß der Demokratisierung in die Zukunft zu verlängern, so müssen unter *pädagogischem* Aspekt solche Kenntnisse, Fähigkeiten und Fertigkeiten gelernt werden, die dazu befähigen; und das sind vor allem solche, die vergleichsweise unterprivilegierte Gruppen zur Erkenntnis und Durchsetzung ihrer Interessen benötigen. Ob jedoch solche Lernprozesse im Sinne von Oskar Negt irgendwann zur Entdeckung der »wahren« Bedürfnisse führen und somit zur Überwindung des kapitalistischen Systems, ist sicher zweifelhaft, könnte aber anders auch nicht unmittelbar intendiert werden.

Grundgesetz und Mitbestimmung

Die eben abgeleitete grundsätzliche »Parteilichkeit« des politischen Unterrichts könnte zu der Schlußfolgerung veranlassen, daß die unterschiedliche Interessenlage und sozioökonomische Ausgangsposition eigentlich nur eine »klassenspezifische« politische Bildung nahelege und für eine *gemeinsame* politische Unterrichtung der ja aus verschiedenen Schichten und Klassen kommenden Kinder keine Basis in der Schule mehr abgebe. Eine solche Schlußfolgerung wäre aus folgenden Gründen unrichtig:
Erstens existieren die verschiedenen Klassen und Schichten nicht isoliert voneinander, sondern ihre materiellen und ideellen Lebensbedingungen sind aufs engste miteinander im Rahmen der gesellschaftlichen Totalität verbunden. Gerade die gesamtgesellschaftliche Theorie beschreibt diesen

Zusammenhang nicht nur formal, sondern auch historisch-inhaltlich.

Diese gesamtgesellschaftliche Verbundenheit stellt sich zweitens nicht nur dar als theoretisches Bewußtsein, nicht nur als realer soziologischer Funktionszusammenhang, sondern auch als eine bestimmte *politische Verfaßtheit* des gemeinsamen Lebens, also in der Form einer bestimmten *staatlichen Ordnung und Regelung*. Nur in ihrem Rahmen kann sich Fortschritt an Demokratisierung konkretisieren, überhaupt in kalkulierbare und zielstrebige politische Arbeit umgesetzt werden.

Die vorhin begründete politische Parteilichkeit des politischen Unterrichts bleibt also gebunden an diejenigen politischen Konventionen und Regeln, die eine den partikularen Interessen *gemeinsame* Politik und politische Pädagogik überhaupt erst konstituieren können. Und nur unter wirklich revolutionären Bedingungen müßte sich die Bindung des emanzipatorischen politischen Kampfes an die politische Verfaßtheit lösen.

Die politischen Konventionen, die diese politische Verfaßtheit ausmachen, sind bei uns die Verfassungen der Länder und des Bundes. Wir konzentrieren uns im folgenden zur weiteren Klärung der Probleme auf das Grundgesetz der Bundesrepublik Deutschland.

Das Grundgesetz steht selbst im Kontext des vorhin beschriebenen historischen Demokratisierungsprozesses. Es ist zu verstehen als Ausdruck eines langfristigen historischen Emanzipations- und Demokratisierungsprozesses, dessen Ergebnisse im Grundgesetz teils fixiert sind (z. B. die Grundrechte), teils als einzulösende Versprechungen noch ihrer künftigen Realisierung harren (z. B. Chancengleichheit). Daraus ergibt sich ganz allgemein die Aufgabe, die für die entsprechenden gesellschaftlichen Veränderungen notwendige Aktivität zu entwickeln, an der weiteren Demokratisierung der staatlichen, gesellschaftlichen und insbesondere auch pädagogischen Institutionen mitzuwirken und die eigenen Interessen in diesem Prozeß zu erkennen und durchzusetzen. Nun gelten die Bestimmungen des

Grundgesetzes für ganz unterschiedliche klassen- und schichtspezifische Voraussetzungen innerhalb der Bevölkerung und somit auch für ganz unterschiedliche Motivationen und Interessen. Vereinfacht ausgedrückt: In vielen Fragen erlaubt das Grundgesetz die Verteidigung des Status quo ebenso wie dessen Veränderung, weil tatsächlich eben nicht alle Menschen die vom Grundgesetz gewährten Chancen im gleichen Maße in Anspruch nehmen können. Es gibt — gemessen an diesen Chancen — immer Bevorteilte und Benachteiligte. Dies, so wie überhaupt die »Dynamisierung« des Grundgesetzes, sei an folgenden Beispielen erläutert:

a) Das verfassungsmäßige Grundrecht der »freien Entfaltung der Persönlichkeit« (Artikel 2 GG) ist keine Rechtsvorschrift, die eo ipso in der gesellschaftlichen Realität sich auch einlöst. Vielmehr zeigt schon die Lebenserfahrung, daß je nach sozio-ökonomischem Status die Individuen ganz unterschiedliche Chancen haben, dieses Grundrecht für sich auch zu realisieren. Es erfordert also zu seiner optimalen und vor allem gleichmäßigen Realisation permanentes kollektives gesellschaftliches Handeln.

b) Ähnlich wäre der verfassungsmäßige Gleichheitsgrundsatz (Artikel 3 GG) als ein Prinzip zu begreifen, das nur in der Aktion gegen die sozialen und ökonomischen Bedingungen faktischer Ungleichheit der Realisierung nähergebracht werden kann.

c) Der verfassungsmäßige Grundsatz der Volkssouveränität (Artikel 20 GG), also der Kern des Demokratiebegriffes, wäre als ein Prinzip zu verstehen, das nicht durch bestimmte institutionelle Regelungen ein für allemal gesichert ist, sondern im historischen Prozeß jeweils neu sich als konkrete Utopie und politische Aktion den faktischen Herrschaftsverhältnissen konfrontieren muß.

d) Das Sozialstaatsprinzip (Artikel 20 GG, sowie die Artikel 14 und 15 GG) wäre zu begreifen als Aufforderung zur Demokratisierung der ökonomischen Verfügungsverhältnisse.

e) Die verfassungsmäßige Sicherung der Informations- und Meinungsfreiheit (Artikel 5 GG) wäre als ein Grundsatz zu verstehen, der ständig gegen politisch-ökonomisch bedingte und technologisch erleichterte konzentrierte Verfügungsmacht über Information und die damit verbundene Manipulation von Meinungen durchgesetzt werden muß.

f) Der verfassungsmäßige Grundsatz der Rechtsstaatlichkeit (Artikel 20 GG) wäre als eine Aufforderung zu begreifen, bestehende Rechtschancen durch Inanspruchnahme zu realisieren und notwendige gesellschaftliche Veränderungen durch rechtliche Neuregelungen (»Rechtsfortschritt«) abzusichern.

g) Die verfassungsmäßige Verpflichtung auf Friedenspolitik, Völkerrecht und Überwindung nationalstaatlicher Beschränktheiten (Artikel 24, 25, 26 GG) wäre zu verstehen als Aufforderung zum Engagement für die globale Durchsetzung politischer und sozialer Emanzipation, also als Aufforderung zur Aktion für eine Welt ohne Krieg, ohne Ausbeutung, ohne imperialistische Herrschaft.

Die Ziele der politischen Bildung wären also nicht in blinder Parteilichkeit, gleichsam durch ein »Aussteigen« aus den historischen Kontexten des Demokratisierungsprozesses zu bestimmen, sondern durch *Aufgreifen der fortschrittlichen Implikationen des Grundgesetzes selbst.* »Parteilichkeit« heißt demnach nichts anderes, als die im Grundgesetz zugestandenen Chancen für die bisher Benachteiligten optimal zu realisieren. Und pädagogisch gewendet heißt das: Die obersten, allgemeinen Lernziele für den politischen Unterricht müssen aus den historisch-dynamisch zu interpretierenden Bestimmungen des Grundgesetzes abgeleitet werden; sie müssen solche Lernleistungen ermöglichen, die — spezifizierbar für den jeweils vorgegebenen sozio-ökonomischen Ausgangsstatus — zur optimalen Durchsetzung der im Grundgesetz versprochenen Lebenschancen geeignet sind. Umgekehrt heißt das aber auch, daß solche politischen Lernziele, die den Bestimmungen des Grundgesetzes widersprechen, zumindest an den öf-

fentlichen Schulen keine Realisierungschance erhalten können. Die politische Bildung und die ihr zugrunde liegende
didaktische und methodische Theorie dürfen nicht grund-
gesetzwidrig sein. (Vgl. zum ganzen Komplex die aufeinander bezogenen Beiträge von Andreae 1972; Assel 1972;
Roloff 1972 und 1972a; Sandmann 1972; Sutor 1972).

Richtlinien und Lehrpläne

Die erste praktische Konsequenz aus dem bisher erörterten
Zusammenhang von Parteilichkeit des politischen Unterrichts einerseits und Verbindlichkeit des Grundgesetzes
andererseits ergibt sich bei der Beurteilung von Richtlinien
und Lehrplänen. Bis etwa zum Jahre 1920 gab es für jedes
Unterrichtsfach »Lehrpläne«, die das für das Schulwesen
zuständige Ministerium erließ. Sie legten die Reihenfolge
der im Unterricht zu behandelnden Stoffe sowie diese selbst
verhältnismäßig eindeutig fest, die Lehrer waren dazu da,
die in diesen Lehrplänen geforderten Lernziele möglichst
effektiv zu verwirklichen. Das, was wir heute »Didaktik«
nennen, stand also gar nicht zur Debatte, eben weil alle
inhaltlichen und Zielfragen der Mitbestimmung der Lehrer (und ihrer »Berufswissenschaft«, der Pädagogik) entzogen waren; die Lehrer mußten vielmehr außer in ihrem
Fach nur noch methodisch ausgebildet werden, und auch
die Lehrmethoden waren weitgehend vorgeschrieben. Selbst
ohne genauere Kenntnis der damaligen Lehrpläne ist plausibel, daß es sich entsprechend den politischen Herrschaftsverhältnissen um gegen-emanzipatorische Vorschriften gehandelt haben muß, die insbesondere die Kinder der unteren Klassen auf die Unterprivilegierungen ihres sozio-
ökonomischen Status fixieren sollten.
Etwa ab 1920 wurden diese staatlichen Lehrpläne in
»Richtlinien« umgewandelt. Darin kam die nun stärker
gewordene Mitbestimmung der Lehrer zum Ausdruck, die
nicht mehr nur Erfüllungsbeamte staatlicher Lehrplanvor-

schriften sein wollten — zumal diese oft von einer hoffnungslosen Rückständigkeit waren —, sondern auch für die *Inhalte* ihrer beruflichen Arbeit mehr Mitbestimmung wollten, die sie jedoch überwiegend nicht politisch begründeten, sondern pädagogisch: das Schulehalten sei ein pädagogischer Beruf und jede Einmischung, auch die des Staates, müsse als unfachlich zurückgewiesen werden. Von dieser Zeit an wurde die Unterrichtsmethode dem Lehrer praktisch freigestellt.

Heute gibt es für jedes Schulfach Richtlinien, die im Unterschied zu den früheren Lehrplänen nur noch prinzipielle Aussagen und allgemeine Stoffanforderungen enthalten und vom zuständigen Kultusminister erlassen werden. Formuliert werden sie in der Regel von Experten-Kommissionen, die das Kultusministerium beruft; diese haben jedoch nur beratende Funktion, d. h., die endgültige Fassung muß das Ministerium auch politisch selbst vertreten. Mit den Richtlinien drückt das Ministerium, als stellvertretender Repräsentant des demokratischen Staates und kontrolliert durch das Parlament, seine *allgemeinen* Lernzielerwartungen an den Fachunterricht aus. Daher bestehen sie meistens aus einer Art von Präambel, die die zu lernenden Verhaltensmuster enthalten (z. B. »Fähigkeit, sich in die Gemeinschaft einzufügen«), und einen mehr oder weniger verbindlichen Stoffvorschlag, dessen didaktische und methodische Konkretisierung aber dem einzelnen Lehrer bzw. dem Lehrerkollegium überlassen bleibt.

Wegen ihrer allgemeinen und vagen Ausdrucksweise werden Richtlinien in ihrer Bedeutung oft unterschätzt, ja, sie erhalten dadurch leicht den Anstrich des Unverbindlich-Deklamatorischen, des Leerformelhaften. Untersucht man Richtlinien jedoch in ihrer historischen Reihenfolge oder im gleichzeitigen Vergleich, so muß man erkennen, daß sie für das Selbstverständnis des politischen Unterrichts durchaus wichtig sind; interpretiert man nämlich die Leerformeln ihrer Aussagen im Kontext des »Zeitgeistes« oder »herrschender Meinungen«, so füllen sie sich erstaunlich schnell mit konkreten Inhalten. Das liegt daran, daß Richtlinien einen (vergleichsweise konservativen) common sense erwünschter Lernziele darstellen, einen Kompromiß also, der sich oft daran zeigt, daß die Zielvorstellungen durchaus widersprüchlich sind. Richtlinien sind eine Institution, d. h., sie *produzieren* nicht automatisch vernünftiges pädagogisches Handeln, aber sie geben dafür eine allgemeine, d. h. auf den Staat und die Gesellschaft beziehbare Orientierungsmöglichkeit ab. Mit anderen Worten: Will man den Zustand des politischen Unterrichts *verbessern,* so müssen auch dementsprechend neue Richtlinien erlassen werden. Wie alle gesellschaftlichen Institutionen sollen Richtlinien gesellschaftsbezogenes Handeln orientieren.

Dem widerspräche es, wenn Richtlinien überhaupt entfallen und die inhaltlichen Entscheidungen ganz an die Schule verlagert würden. Dagegen ließe sich nicht nur einwenden, daß die Schule ja eine Veranstaltung des Staates sei; wichtiger ist die Überlegung, daß die *Verantwortung* des Staates zumindest für die Prinzipien erhalten bleibt, die in den Richtlinien zum Ausdruck kommen; denn nur dann sind sie der allgemeinen öffentlichen Diskussion und Kontrolle zugänglich. Zumindest solange die *gesellschaftliche Demokratisierung,* z. B. die allgemeine Kontrolle nichtstaatlicher Institutionen und Organisationen, noch weit hinter der staatlichen Demokratisierung zurückhängt, wäre ein Verzicht des Staates auf seine Richtlinienkompetenz zugunsten der Lehrer oder auch gesellschaftlicher Institutionen — wie in manchen Curriculum-Theorien gefordert — auch ein Verlust an weiteren Demokratisierungschancen. Der politische Charakter der Richtlinien darf nicht verschleiert werden.

Mit der schon erwähnten Unterschätzung ihrer Bedeutung hängt wohl auch zusammen, daß die Herstellung von Richtlinien noch nicht zum Gegenstand systematischer theoretischer Überlegungen gemacht worden ist, wenn man von Mickels Arbeit einmal absieht (1971). Offenbar spielt bei diesem Verzicht auch die Vorstellung eine Rolle, das Verfassen von Richtlinien sei eine politische Willenserklärung und sei somit der wissenschaftlichen Reflexion als eine Tatsache vorgegeben. In demokratischen Gesellschaften jedoch gilt: *Weil* es sich hierbei um politische Entscheidungen handelt, müssen sie öffentlich diskutierbar gemacht werden, und dazu ist ihre wissenschaftliche Analyse eine unabdingbare Voraussetzung.

Es gibt z. B. bisher keine wissenschaftlich bearbeiteten Kriterien dafür, auf welchen Grundlagen Richtlinien basieren müssen. In der Praxis scheinen diese weitgehend das Ergebnis dezisionistischer Kommunikationen zu sein: Irgendwelche mehr oder weniger planvoll zusammengesetzten Gremien *beschließen* sie eben. Dagegen läßt sich jedoch anführen, daß gerade die *politische* Artikulierung in den Richtlinien nicht einfach beliebig und zufällig erfolgen kann, daß sie vielmehr zurückgehen müßte auf diejenige Konvention in unserer Gesellschaft, die das *gemeinsame* Leben der Gesellschaft normiert, nämlich auf das *Grundgesetz*, was jedoch nirgends in einem irgendwie ersichtlichen Begründungszusammenhang geschieht.

Da gegenwärtig starke Tendenzen bestehen, für alle Schulfächer, also auch für den politischen Unterricht, möglichst detaillierte Curricula zu entwerfen, die praktisch die Funktion des alten »Lehrplans« wieder übernehmen würden, muß an dieser Stelle noch einmal das Problem der »Parteilichkeit« unter neuem Aspekt angesprochen werden. Wir haben gesehen, daß die für alle verbindliche Konvention des Grundgesetzes für ganz unterschiedliche sozioökonomische Ausgangs- und Interessenlagen gilt, und damit für ganz unterschiedliche gesellschaftliche und politische Chancen: etwa für den Hafenarbeiter ebenso wie für den Besitzer eines Zeitungskonzerns. Und je nach dieser Ausgangslage müssen die Interessen an den einzelnen Bestimmungen des Grundgesetzes ganz verschieden sein. Das Recht der freien Meinungsäußerung z. B. hat für den *Inhaber* einer Zeitung eine andere Qualität als z. B. für ihren *Leser,* der davon allenfalls im Kollegen- und Freundeskreise Gebrauch machen kann; und den Besitzer einer Zeitung wird der im Grundgesetz verbürgte Schutz des Eigentums mehr interessieren als dessen ebenfalls im Grundgesetz geforderte soziale Verpflichtung, die wiederum eher den angeht, der kaum über Eigentum (zumal an Produktionsmitteln) verfügt. Würde nun das Grundgesetz so interpretiert, daß solche Ausgangsunterschiede ignoriert werden, so diente es lediglich der Erhaltung des gesellschaftlichen Status quo, d. h., die Reichen blieben reich, die Armen arm. Dies jedoch würde dem vorhin skizzierten historisch-dynamischen Sinn des Grundgesetzes widersprechen. Um bei diesem Beispiel zu bleiben: Die allgemeinen Lernziele von Richtlinien müßten ermöglichen und legitimieren, daß die Armen reicher werden, daß also — allgemeiner ausgedrückt — unterprivilegierte Gruppen speziell das lernen, was für ihre weitere Emanzipation nützlich ist.

Je genauer und präziser nun aber die Richtlinien (bzw. Curricula) inhaltliche Festlegungen treffen, um so mehr schränken sie notwendigerweise diesen interessegeleiteten Spielraum der Interpretation ein — und dies ganz sicher nicht im Interesse der ohnehin benachteiligten Gruppen und Klassen. Das wird an folgenden Überlegungen deutlich:

1. Solche allgemeinen und determinierenden Richtlinien bzw. Curricula-Vorschriften wären nur dann zu vertreten, wenn erstens die Lernziele wirklich eindeutig ermittelt werden könnten und zweitens auch für alle Heranwachsenden die gleiche Relevanz hätten. Von einer klaren und Übereinstimmung ermöglichenden Lernzielbestimmung sind wir jedoch noch weit entfernt; sogar die wissenschaftlichen Methoden, die dazu führen könnten, sind gerade auch in der Curriculum-Forschung selbst noch strittig. Ferner dürfte es angesichts unserer Überlegungen zur politischen Doppelgesichtigkeit des Grundgesetztes und der daraus resultierenden Parteilichkeit des politischen Unterrichts unmöglich sein, materiale — und nicht nur formale — Lernziele zu finden, die für alle die gleiche Relevanz hätten. Wie immer die fraglichen Vorschriften also aussehen mögen — sie müssen *inhaltliche* Alternativen, d. h. zumindest inhaltliche Pluralität zulassen, je nachdem, welches

Interesse am Grundgesetz jeweils vorliegt. Schon aus diesem Grunde müßten einheitliche und eindeutige Lehrvorschriften zur pädagogischen und damit gerade im Falle des politischen Unterrichts auch zur politischen Benachteiligung bestimmter, in der Regel ohnehin unterprivilegierter Gruppen führen. Daß die heute gültigen Lehrpläne diese ideologische Funktion tatsächlich haben, hat die Untersuchung Mickels (1971) deutlich erwiesen.

2. Einheitliche und eindeutige Lehrvorschriften wären unter den Bedingungen einer pluralistischen und das heißt in Bevorteilte und Benachteiligte gegliederten Gesellschaft nicht zu vertreten. Nicht von ungefähr sind entsprechende Formulierungen etwa in den Richtlinien so abstrakt, formal und vage; auf diese Weise können unterschiedliche Interpretationen zugelassen werden. Wären sie hingegen konkret und präzisiert, so würde sich ihre politische Einseitigkeit sofort herausstellen. Eindeutige und einheitliche Lehrpläne sind immer und überall Symptome eines autoritären politischen Regimes, das das Fach (und die Schule überhaupt) zur Indoktrination für Interessen benutzt, die mit denen der Lernenden höchstens zufällig übereinstimmen.

3. Jede Lehrvorschrift enthält implizit Lernverbote für das, was sie vorenthält; eine Bestimmung darüber, was gelernt werden soll, schließt Bestimmungen darüber ein, was *nicht* gelernt werden soll. Auch diese Tatsache hat ihre politische Relevanz; denn da es einen Zusammenhang zwischen politischen Lerninhalten und wahrscheinlichen politischen Verhaltensweisen gibt, sind solche Lernverbote immer auch verhüllte politische Handlungs- und Zielverbote. Ein Beispiel dafür ist etwa die in der Bundesrepublik unterdrückte Tradition der marxistischen Arbeiterbewegung in den fünfziger Jahren, die ideologisch unter anderem darauf zielte, die politische Bewußtmachung der Arbeiter zu verhindern.

Zusammenfassend läßt sich also sagen: Beim *Entscheidungsprozeß* über Inhalte und Ziele des politischen Unterrichts müssen zwei Wege miteinander kombiniert werden: Zum einen bleibt dem Staat die Richtlinienkompetenz, d. h. die Zuständigkeit für die Festlegung der *prinzipiellen* Aufgaben und Ziele des politischen Unterrichts; sie erstreckt sich auch auf den Vorschlag bestimmter, für besonders wichtig gehaltener Themen und Stoffe. Zum anderen jedoch kann die Entscheidung über die didaktische und methodische Konkretisierung des politischen Unterrichts nur Sache der Lehrer und Schüler sein und gehört somit an die »Basis« der pädagogischen Arbeit. Eine klare Abgrenzung beider Entscheidungswege ist nicht immer möglich, und schon wegen ihres impliziten politischen Gehaltes sind Konflikte denkbar. Die politische Didaktik hätte nicht zuletzt die Aufgabe, rationale Kategorien für die Klärung und Lösung solcher Konflikte bereitzustellen und somit zwischen beiden Entscheidungsebenen zu vermitteln. Dabei taucht das schwierige Problem auf, in welcher Weise und in welchem Maße neben der historisch erkämpften Mitbestimmung der Lehrer auch die Mitbestimmung der Schüler realisiert werden kann. Nach dem, was vorhin über die notwendige Parteilichkeit des politischen Unterrichts gesagt wurde, kann nicht davon ausgegangen werden, daß der in der Regel »mittelständische« Lehrer das »wohlverstandene Interesse« eines proletarischen Kindes gegenüber der Gesellschaft einfach zur Geltung bringen kann. Selbst wenn der Lehrer durch entsprechende Studien Kenntnis von diesen spezifischen Interessen hätte, wäre es zumindest an den Punkten, wo das sozio-ökonomische Interesse der Kinder dem seinen widerspricht, schwer oder gar unmöglich, sich jenem voll zu öffnen. Prinzipiell ist deshalb eine inhaltliche Mitbestimmung der Schüler zwingend geboten, praktisch jedoch muß dieses Prinzip wieder eingeschränkt werden: durch die fehlende Rechtsmündigkeit; durch altersspezifische Begrenzung der Fähigkeit zur Mitbestimmung; dadurch, daß politische Interessen nicht einfach »abgefragt« werden können, sondern in der Auseinandersetzung mit politischen Problemen erst entdeckt werden müssen und anderes mehr.

Aus dem Grundgesetz läßt sich nach dem bisher Gesagten als oberstes Lernziel »Mitbestimmung« ableiten: Jeder Bürger hat nach dem Grundgesetz das Recht, die politische Entwicklung in unserem Land mitzubestimmen, und muß folglich auch alle diejenigen Kenntnisse, Fähigkeiten und Fertigkeiten lernen, die zur Wahrnehmung dieses Rechtes erforderlich sind. Bis zu dieser zunächst rein formalen Kennzeichnung des Begriffes »Mitbestimmung« bestand nach 1945 immer schon Einigkeit sowohl unter den Vertretern der demokratischen Parteien wie unter den politischen Erziehern. Wir können jedoch aufgrund der bisherigen Erörterungen weiter präzisieren: Es geht nicht nur um »Mitmachen« in den vorgegebenen Institutionen und Organisationen, sondern auch um deren planmäßige Veränderung in Richtung auf zunehmende Demokratisierung der Gesamtgesellschaft. Dieser Zusatz ist schon deshalb wichtig, weil im Unterschied zur staatlichen Sphäre die gesellschaftliche, z. B. die ökonomische, es teilweise noch nicht einmal zur bloß formalen Mitbestimmung gebracht hat. Im Sinne der »Fundamental-Demokratisierung« wird Mitbestimmung nicht nur im staatlichen Bereich gefordert, sondern in *allen* Bereichen, in denen Menschen — notwendigerweise oder freiwillig — miteinander kommunizieren: bei der politischen Wahl ebenso wie in der Familie, im Betrieb oder in Schule und Hochschule. Diese *prinzipielle* Bestimmung sagt jedoch noch nichts über die *Modalitäten der Realisierung* aus, ob und in welchem Maße z. B. dabei repräsentative oder unmittelbar plebiszitäre Verfahren bevorzugt werden, was »Mitbestimmung« am Arbeitsplatz, an der Hochschule, in der Eltern-Kind-Beziehung oder in der Kirche jeweils inhaltlich heißen kann. Das Ziel der Mitbestimmung aller kann auch — das haben die letzten Jahre an den Universitäten gezeigt — durch inhaltsleeren Formalismus verspielt werden; etwa wenn Mitbestimmung zur Ganztagsbeschäftigung wird; wenn keine Arbeitsteilung organisiert wird; wenn Institutionen und daraus resultierende Rollenunterschiede fast liquidiert werden; und wenn keine Kontinuität im Prozeß der Demokratisierung mehr zustande kommt, so daß inhaltliche Überlegungen zum Demokratisierungsprozeß kaum noch stattfinden können. Es wäre eine formale Mitbestimmung aller Beteiligten an einer Institution denkbar, die sich auf gruppendynamische Mechanismen reduziert und in ihrer historischen Bewußtlosigkeit den bisher bereits erreichten Stand von Emanzipation ahnungslos — oder auch planmäßig — unterläuft und somit das Potential der Demokratisierung nicht erhöht, sondern vermindert. Um dieser Gefahr zu entgehen, bedürfen die konkreten gesellschaftlichen Realisierungen von Mitbestimmung der ständigen Diskussion im Rahmen von gesamtgesellschaftlichen theoretischen Perspektiven. All dies zeigt aber nur, daß Mitbestimmung sich erst in der Auseinandersetzung mit der politischen Realität, erst indem sie politisch organisiert wird, auch inhaltlich füllen kann. Sie ist zugleich oberstes Lernziel *und* Gegenstand der politischen Bearbeitung, also auch Ziel und Gegenstand des Unterrichts selbst.

Das gilt auch für die nachfolgende Differenzierung in Funktionsziele. Die Lernziele des politischen Unterrichts können nur so lange als dem praktischen Unterricht »vorgegeben« verstanden werden, wie sie hinreichend inhaltsleer formuliert bleiben; werden sie dagegen inhaltlich präzisiert, so stellt sich sofort heraus, daß sie nur in einem sehr allgemeinen Sinne vorgegeben werden können, daß aber ihre Konkretisierung selbst schon eine Aktivität des politischen Bewußtseins in der Auseinandersetzung mit der politisch-historischen Realität darstellt.

Dies ergibt sich folgerichtig aus dem historisch-materiellen Ansatz unserer Argumentation überhaupt. Die inhaltliche Bestimmung der Lernziele kann immer nur in dem Maße vorgenommen werden, wie sich dies aus ihrer *historischen* Präzisierung ergibt; gegenüber der *Zukunft* sind sie dagegen weitgehend offen, und gegenüber der *Gegenwart* bauen sie die kritische Distanz zur Realität auf, um diese in Bewegung zu setzen. So ist in Deutschland die historisch bisher einzig realisierte nennenswerte Form der Mitbestimmung das allgemeine und gleiche Wahlrecht im Rahmen eines repräsentativen politischen Systems. Stellt sich nun heraus, daß unter dem Aspekt weiterer Demokratisierung und Emanzipation plebiszitäre Formen der Mitbestimmung nützlich erscheinen, so kann nur historische Bewußtlosigkeit einfach das Auswechseln jenes Systems durch dieses verlangen; denn offensichtlich ist das bereits erreichte Maß an Demokratisierung und Emanzipation nicht zuletzt eben jenem repräsentativen politischen System zu verdanken, und plebiszitäre Korrekturen müßten demnach gezielt an denjenigen Punkten des politischen Lebens eingerichtet werden, wo sie Emanzipation tatsächlich weitertreiben würden. Ähnlich stellt sich die Frage nach der optimalen Realisierung von Mitbestimmung in bisher nicht entsprechend verfaßten Bereichen wie Betrieben und Hochschulen: Auch hier kann es nur darum gehen, die konkrete historische Gestalt solcher Bereiche so genau wie möglich zu analysieren, um dann Demokratisierung nicht erst am historischen Nullpunkt *einzuführen,* sondern die vorhandenen Chancen und Strukturen *weiterzuentwickeln.*

Die *Analyse* des demokratischen und emanzipatorischen Potentials einzelner Bereiche des staatlichen und gesellschaftlichen Lebens geschieht also nicht übergeschichtlich-systematisch, sondern vom jeweiligen historischen Standort aus: sie ist weniger systematische *Erfindung* als vielmehr *Korrektur* des historischen Prozesses.

Daraus folgt eine gewisse Vorsicht gegenüber der Meinung, *zuerst* müsse man inhaltlich präzise Lernziele aufstellen und *erst dann* könne man auch unterrichten. Von den *globalen* Lernzielen, von denen gleich die Rede sein wird, läßt sich das vielleicht fordern, aber nur, insofern sie eben so allgemein sind, daß sie nicht *unmittelbar* im Unterricht angesteuert werden können. Aber in den letzten Jahren ist geradezu ein »Lernziel-Fetischismus« ausgebrochen, der möglichst jeden Lernzielschritt bereits in einem systematischen Zusammenhang vorausbestimmen will. Diese Mode verkennt die wirklichen Zusammenhänge von Lernziel-Entstehungen gründlich, insofern sie nicht vom praktischen Prozeß ausgeht, sondern von systematischen akademischen Überlegungen, die dieser Praxis einfach gegenübergestellt werden. So wie nämlich die politische Emanzipations-strategie anknüpfen muß an das historisch Vorliegende, um es in der gewünschten Richtung zu korrigieren, so werden auch Lernziele nicht wie in einer Laborsituation in einem abstrakt-systematischen Zusammenhang neu er-funden, sondern als kritische Korrektur bisheriger Lern-zielsysteme formuliert, ohne daß dabei die Illusion vor-herrschen darf, man könne so die überlieferten und kriti-sierten Lernziele über Nacht außer Kraft setzen. Zu organi-sieren wäre also nicht die jeweils vollständige Erfindung *neuer* Lernziele, sondern die *Korrektur der bestehenden.* Wird das nicht eingesehen, so wird sich die ohnehin be-grenzte kritische Energie nur in aussichtslosem Vollstän-digkeitswahn sinnlos verschleißen. Ähnliches gilt für den konkreten Unterricht selbst. Auch hier gilt es — im Rah-men der allgemeinen Globalziele — die jeweils nächsten Lernziele aus dem Lehr- und Lernprozeß für alle Betei-ligten plausibel zu entwickeln. Das heißt mit anderen Worten: Das Aufstellen von jeweils erreichbaren Lern-zielen ist ebenso wie das Setzen von erreichbaren politi-schen Handlungszielen ein Akt gesellschaftlicher Praxis selbst. Wird dies nicht eingesehen, bleibt also wie bisher das Setzen politischer Lernziele isoliert von der Reflexion des historischen Standortes und Standpunktes, so sind ent-weder technokratische Modelle die unausweichliche Folge, oder aber die Lernziele werden innerhalb eines Kommu-nikationssystems formuliert und revidiert, das nur die ohnehin herrschenden Interessen zum Zuge kommen las-sen kann.

Halten wir also fest: Die durch historische Kritik nur teil-weise inhaltlich definierten politischen Handlungs- und Lernziele definieren sich um so vollständiger, je mehr sie weiterhin praktiziert und realisiert werden. Dies ist die erkenntnisstiftende Bedeutung der gesellschaftlichen Praxis selbst, wozu auch die pädagogische gehört. Der Eintritt in die jeweils historisch dimensionierte politische und pädagogische Praxis erfolgt nun in der Regel nicht an irgendwelchen beliebigen Stellen, sondern vorzugsweise dort, wo *politische und gesellschaftliche Konflikte* offenbar werden. Daß es solche Konflikte unvermeidlich geben muß, resultiert schon aus dem noch nicht zu Ende geführten historischen Demokratisierungsprozeß und daraus, daß die *formalen* Gleichheitschancen des Grundgesetzes über weite Strecken noch nicht für alle realisiert sind.

Politik wird also konkret in politischen Auseinandersetzungen — gleichgültig zunächst einmal, in welchem Maße die einzelnen Individuen davon betroffen sind und in welchem Maße sie an der *Herstellung* solcher Konflikte beteiligt sind. Solche Konflikte basieren auf gesellschaftlichen Widersprüchen, sind also letztlich nicht nur ein Produkt von »Meinungsverschiedenheiten«. Zu unterscheiden sind dabei *latente* und *manifeste* Konflikte (und gesellschaftliche Widersprüche). Latente Konflikte sind solche, die epochal-langfristig bestehen, den Kern des Demokratisierungs- und Emanzipationsprozesses betreffen und zeitweise auch verdeckt werden können, z. B. der Konflikt zwischen Kapital und Arbeit; manifeste Konflikte (und Widersprüche) haben ihren Grund meist in solchen latenten und bringen sie — oft verstellt und immer eigentümlich modifiziert — zum Ausdruck.

Indem nun die Konfliktsituation als die eigentliche politische Handlungssituation bestimmt wird, läßt sich das aus dem Grundgesetz abgeleitete Lernziel »Mitbestimmung« in einige Funktionsziele differenzieren, wobei die Leitfrage lautet: Welche Kenntnisse, Fähigkeiten und Fertigkeiten müssen gelernt werden, damit in charakteristischen politischen *Handlungssituationen* Mitbestimmung optimal realisiert und durchgesetzt werden kann?

Ins Auge zu fassen und zu unterscheiden sind dabei zwei typische Formen von Handlungssituationen: die *mittelbare* und die *unmittelbare*. Die *mittelbare*, z. B. die Teilnahme an der Wahl oder das Unterzeichnen einer Resolution, galt unter dem Eindruck eines eng ausgelegten Verständnisses der »repräsentativen Demokratie« lange Zeit als die »eigentliche« politische Handlungssituation des Bürgers. Für sie genügte ein didaktisches Konzept, das sich im wesentlichen auf das Lernziel der Urteilsfähigkeit beschränkte. Politisches Handeln im Rahmen *gesellschaftlicher* Organisationen, z. B. im Betrieb, und im Rahmen staatlicher Basisinstitutionen, z. B. Schule und Hochschule, waren dabei kaum vorgesehen. Erst seit etwa 1967 wurden *unmittelbare* politische Handlungen in diesen Basisbereichen von Staat und Gesellschaft üblich, und es zeigte sich, daß die politische Erziehung für diesen Handlungstypus keine spezifischen Lernziele entwickelt und realisiert hatte. Die folgenden Funktionsziele versuchen, beiden Handlungstypen gerecht zu werden, wobei sie zunächst einmal nacheinander entwickelt werden.

Teilziel I: Analyse aktueller Konflikte

Gelernt werden muß die Fähigkeit, sich im Sinne des allgemeinen Fortschritts an Demokratisierung und der Durchsetzung der eigenen Interessen in manifesten Konflikten zu engagieren und diese möglichst auf die latenten zurückführen.

Es geht hier also um die Ausbildung einer auf handlungsrelevante politische Realitäten bezogenen Vorstellungs- und Urteilsfähigkeit. Gemessen an diesem ersten Funktionsziel spielen die Stoffe eine sekundäre Rolle. Insofern schwer voraussagbar ist, welche latenten Konflikte in welcher Weise manifest werden (bzw. von den daran Interessierten manifest gemacht werden können), können bestimmte Stoffe zwar aufgrund vorgängiger Analysen der epochalen latenten Konflikte in Aussicht genommen werden, aber in welcher Reihenfolge und in welchen konkreten Organisationen sie zum Thema des Unterrichts werden, darüber entscheidet letztlich die gesellschaftliche Praxis selbst. Im allgemeinen hat der politische Unterricht in der

Schule Planspielcharakter, d. h., er ist nicht unmittelbar selbst auch einer politischen Praxis zugeordnet. Es kann jedoch sein, daß die Schüler (z. B. in einem Schulkonflikt) unmittelbar politisch tätig werden und deshalb als didaktisches Korrelat dazu den politischen Unterricht organisieren wollen. So wünschenswert diese ideale Kombination von Lernen und Handeln auch sein mag, sie kann nicht vorweg als immer wiederholbare Chance eingeplant werden. Selbst wenn dies jedoch weitgehend möglich wäre, müßte man sich vor der »Borniertheit« lediglich »schulischer« oder »jugendeigener« Konflikte hüten, solange nicht als gesichert gelten kann, daß die zu behandelnden Konflikte auch die wirklich grundlegenden, latenten gesellschaftlichen Konflikte beinhalten.

Was immer also im einzelnen stofflich gelernt wird, es muß sich rechtfertigen lassen vor dem allgemeinen Anspruch, in Handlungssituationen auch politisch *brauchbar* zu sein. Die Fähigkeit, politische Konflikte richtig und unter der Perspektive der eigenen Interessen zu analysieren, versteht sich keineswegs von selbst. Schon die Lebenserfahrung lehrt — übrigens auch im Rahmen einer jeden Berufsausbildung und Berufspraxis —, daß jemand eine Menge wissen kann, ohne zu einer vernünftigen Anwendung des Gewußten auf praktische Fragen deshalb auch schon in der Lage zu sein. Vielmehr ist die Transformierung des Wissens auf eine konkrete politische Frage, z. B. auf einen politischen Konflikt, eine eigentümliche Leistung des Bewußtseins selber und muß eigens geübt werden. Und man kann bei vielen Menschen beobachten, daß sie solche konkreten Analysen nicht zustande bringen, daß sie vielmehr einen konkreten Konflikt lediglich im Rahmen mehr oder weniger systematischer, in jedem Fall aber verhältnismäßig abstrakter Vor-Einstellungen interpretieren. Dann wird der Konflikt lediglich zu einem »Fall von ...«: etwa zu einem Fall von »kapitalistischer Ausbeutung« oder von »kommunistischer Propaganda« oder, etwa bei Antisemiten, von »jüdischer Weltherrschaft« usw. Eine solche Bewußtseinsstruktur ist deshalb verhängnisvoll, weil politische Entscheidungen immer *konkrete, einmalige* Entscheidungen sind, die — einmal getroffen — *allgemeine* Konsequenzen für die Betroffen haben. Ob etwa in einem neuen wichtigen Gesetz ein Detail so oder so geregelt wird, kann für die Betroffen von entscheidender Bedeutung und ein zureichender Grund für Annahme oder Ablehnung des *ganzen* Gesetzes sein. Wenn es also zutrifft, daß zumindest jede *mittelbare* politische Handlungssituation eine Konfliktsituation ist — und jede *unmittelbare* Handlungssituation jederzeit zu einer Konfliktsituation werden kann —, dann muß der politische Unterricht solche realen Handlungssituationen auch soweit wie möglich antizipieren. Dies geschieht vor allem dadurch, daß er aktuelle politische Konflikte, die sich außerhalb der Schule in der Diskussion befinden, zur Bearbeitung in die Schule hereinholt.

Teilziel II: Training systematischer gesamtgesellschaftlicher Vorstellungen

Denkt man jedoch diese Überlegung zu Ende, so würde sich auf diese Weise eine bedenkliche Diskontinuität der politischen Biographie und des politischen Bewußtseins ergeben. Alle Gefahren des »Gelegenheitsunterrichts« würden sich einstellen: Die Thematisierung der Konflikte bliebe zufällig-additiv; der Transfer von Erfahrungen und Einsichten von einem »Fall« auf den anderen bliebe ungesichert; systematische Denk- und Vorstellungszusammenhänge könnten sich nicht aufbauen, das Bewußtsein bliebe diffus.

Das erste Teilziel muß also ergänzt werden durch ein zweites: das Training systematischer gesamtgesellschaftlicher Vorstellungen, das den politisch Handelnden in die Lage versetzt, den »Fall«, den er gerade bearbeitet, in größere Zusammenhänge einzubeziehen, schon um seine Gewichtigkeit auch genauer bestimmen zu können. Die Instrumente, die die Wissenschaften uns dafür zur Verfügung stellen, sind wiederum nicht in erster Linie bestimmte Stoffe als solche, sondern sozial- und politikwissenschaftliche Denk- und Interpretationsmodelle (z. B. Funktion und Dysfunktion; Gewaltenteilung; Kommunikation; Interdependenz; Wechselwirkung; Dialektik).

Nun können die eben erwähnten Modelle, die uns eine gewisse Reichweite der politischen Vorstellungskraft ermöglichen sollen, auf eine prinzipiell unbegrenzte Zahl von Sachverhalten (und damit Stoffen) bezogen werden. Im Hinblick auf die gegenwärtigen und künftig voraussehbaren Handlungssituationen ergeben sich aber folgende Schwerpunkte:

1. das Produktions- und Verteilungssystem in hochindustrialisierten (kapitalistischen und sozialistischen) Gesellschaften;

2. das politische Regierungssystem in der Bundesrepublik und in der DDR;

3. das System der Verwaltung unter besonderer Berücksichtigung derjenigen Verwaltungszweige, die vor allem für den Schüler bzw. dessen Familie von Bedeutung sind (Finanzverwaltung; Sozialverwaltung; Verwaltungen mit beratender Funktion wie Berufsberatung, Erziehungsberatung; Kultusverwaltung am Beispiel der Schule);

4. das System der internationalen Politik;

5. das System der verschiedenen menschlichen Kommunikationsweisen, dargestellt auf der Grundlage des sozialwissenschaftlichen Kommunikationsmodells (z. B. Familie; Bezugsgruppe; Massenorganisation; Massenkommunikation).

Nun könnte man einwenden, diese *systematischen* Unterrichtspartien ließen sich direkt aus den *aporetischen*, konfliktorientierten, entwickeln, etwa so, daß sie an denjenigen Stellen der Konfliktanalyse eingeschoben werden — gleichsam als Exkurse —, wo dies den Beteiligten von der Sache her plausibel und zweckmäßig erscheint. Ein Exkurs etwa über das »System der Produktion und Verteilung« scheint bei jeder Konfliktanalyse naheliegend. Obwohl ein solches Verfahren bis zu einem gewissen Grade zweckmäßig sein kann, lassen sich zwei Einwände erheben:

Erstens besteht die Gefahr einer verkrampften Unterrichtsorganisation, insofern die Analyse eines politischen Konfliktes mit zu vielen systematischen Aspekten belastet wird, deren Hinzuziehung nicht mehr unmittelbar plausibel für die Erklärung des Problems gemacht werden kann; die Gleichzeitigkeit vieler verschiedener Aspekte und Dimensionen könnte verwirren.

Zweitens aber begründet sich dieses Teilziel auch gar nicht von seiner *unmittelbaren* Funktion für die Klärung eines bestimmten Konfliktes allein her. Vielmehr geht es allgemein um die Strukturierung der politischen Vorstellungen, unabhängig vom »*Nutzen*« dieser Vorstellungen für die Aufklärung *bestimmter* politischer Handlungssituationen. Während nämlich die Fähigkeit zur Analyse von Konflikten keineswegs selbstverständlich vorausgesetzt werden kann, finden sich vermutlich schon bei Kindern, zumindest jedoch bei Heranwachsenden und Erwachsenen, immer schon politisch-gesellschaftliche *Gesamtvorstellungen* vor, die — wie immer sie im einzelnen strukturiert und zu bewerten sein mögen — im Rahmen der politischen Sozialisation gelernt wurden und nun als Potential für politische Urteile und Bewertungen zur Verfügung stehen. Die ubiquitäre Massenkommunikation verändert diese »gesamtgesellschaftlichen« Vorstellungen vermutlich kaum, läßt sie aber zumindest als nötig erscheinen, schon »damit man mitreden kann«. Die Schule ist also praktisch niemals in der Notwendigkeit, solche Gesamtvorstellungen vom Nullpunkt an erst aufbauen zu müssen — wie etwa im Falle der meisten Fremdsprachen —, der politische Unterricht muß sie also nicht *herstellen,* sondern *korrigieren* und *verbessern.*

Über diese auf die politisch-gesellschaftliche Totalität bezogenen Vorstellungen wissen wir im einzelnen leider noch nicht sehr viel. Wir kennen aber einige genügend erforschte Beispiele: etwa das »dichotomische« Bewußtsein von Arbeitern, in dem die Gesellschaft als ein nicht-vermitteltes Gegenüber von »oben« und »unten« erscheint; oder das »hierarchische« Bewußtsein, insbesondere in den Mittelschichten verbreitet, das die Gesellschaft als hierarchisch von oben nach unten gegliedert ansieht, wobei aber durch sozialen Aufstieg die Position der Individuen nach oben bzw. unten geändert werden kann; oder das antisemitische Bewußtsein, in dem der naturhaft-unabänderliche Kampf zwischen Juden und Nicht-Juden die gesellschaftliche Totalität bestimmt.

Allen bisher bekannten »Gesellschaftsbildern« ist ihre vergleichsweise einfache Struktur gemeinsam, und in der Regel beruhen sie auf vor-wissenschaftlichen Vorstellungen und Meinungen, vermischt mit unbewußt-magischen Anteilen. Insofern diese »gesamtgesellschaftlichen« Vorstellungen Reflex des undurchschauten gesamtgesellschaftlich-historischen Realzusammenhangs sind, sind sie ein Stück »falsches Bewußtsein«. Als solches wären sie aber auch nicht in der Lage, politische Konfliktsituationen angemessen und für die eigenen Interessen erfolgreich zu analysieren. Selbst wenn — was später noch zu tun ist — für die Analyse solcher Konflikte Kategorien entwickelt werden und somit zur Verfügung stehen, würde die Konfliktanalyse ständig im Widerspruch stehen zum »Gesellschaftsbild«. Und in diesem Widerspruch würde überwiegend das »Gesellschaftsbild« siegen, weil *dieses* das für die soziale Selbstbehauptung nötige Bewußtsein verkörpert, während die Konfliktanalyse selbst gar kein Bewußtsein ist, sondern nur seine Anwendung.

Deshalb ist es nötig, das »Gesellschaftsbild« *unmittelbar* anzugehen, und zwar mit — wenn auch zunächst elementarisierten — wissenschaftlichen Modellen. Dabei erhebt sich allerdings sofort die Frage, welches Verständnis-Modell nun verwendet werden soll. Für den Komplex »System der Produktion und Verteilung« gibt es z. B. mindestens zwei einander sogar ausschließende Grundmodelle: das marxistische und das liberalistische. Mit anderen Worten: Die hier gemeinten Verständnis-Modelle sind selbst keineswegs der politisch-ideologischen Beurteilung enthoben. Nun hat es aber schon aus unterrichtspraktischen Gründen keinen Sinn, deshalb etwa eine »pluralistische« Verwendung *aller* denkbaren sozialwissenschaftlichen Verständnismodelle zu fordern. Vielmehr käme es darauf an, *überhaupt* das in den Köpfen vorgefundene »gesamtgesellschaftliche Bewußtsein« mit auch methodisch (den Schülern) einsichtigen sozialwissenschaftlichen Verständnis-Modellen zu konfrontieren, weil es beim politischen Unterricht nicht darum gehen kann, »richtiges Bewußtsein« *punktuell* und *ein für allemal* herzustellen, sondern darum, einen *Prozeß* einzuleiten, der die Verbesserung des Bewußtseins in der Auseinandersetzung mit der Realität in Gang zu setzen vermag. Die These, die auf die gesellschaftliche Totalität gerichteten »Gesellschaftsbilder« müßten auch unmittelbar, und nicht nur auf dem »Umweg« über die Konfliktanalyse anvisiert werden, entspringt — um es noch einmal zu betonen — nicht einer rein theoretischen Vorliebe für die hier schon mehrfach berufene »gesamtgesellschaftliche Theorie«, sondern der Tatsache, daß sie in den Köpfen der Menschen — als notwendiges Korrelat ihrer gesellschaftlichen Existenz selbst — vorliegt und infolgedessen auch im Unterricht bearbeitet werden muß.

Die Schwierigkeit besteht also darin, daß es »die« gesamtgesellschaftliche Theorie, als einen fraglos vorgegebenen Zusammenhang von Sätzen, nicht unbestreitbar gibt. Unstreitig ist vielmehr nur das *Problem*, daß Menschen so oder so ein gesamtgesellschaftliches Bewußtsein haben und daß dieses *als solches* auch bearbeitet werden muß.

Damit plädieren wir für eine Kombination von induktivem *und* deduktivem Vorgehen. Während die im Teilziel I entwickelte Konflikt-Analyse *induktiv* vorgeht, geht es nun um ein *deduktives* Verfahren. Mit Recht nämlich hat W. Maier (1972) gegen die scheinbar so naheliegende pädagogische Bevorzugung des induktiven Weges, der »Anknüpfung am Unmittelbaren«, eingewandt: »Die Teilnehmer ... am politischen Unterricht haben ja nicht nur unmittelbare Konflikterfahrungen, sondern zumeist auch Kenntnisse und Vorstellungen über die Gesamtheit der Gesellschaft. So chaotisch diese Vorstellungen, zu denen die unmittelbaren Erfahrungen verarbeitet sind, auch sein mögen, an ihnen anknüpfend und sie ordnend kann sich allein politisches, d. h. gesamtgesellschaftliches Bewußtsein entwickeln. Jedes andere Vorgehen würde die Jugendlichen als politisch urteilende Menschen nicht ernst nehmen und verfängt sich in dem Irrtum, daß vom einzelnen Konfliktfall im Betrieb aus die Gesamtheit der Klassenbeziehungen einer Gesellschaft entfaltbar sei. Es verkennt die Tatsache, daß das Begreifen einer Gesellschaftsformation eine Wissenschaft ist und nicht Ergebnis zufälliger Konflikterfahrungen« (S. 22).

Allerdings ist für W. Maier »gesamtgesellschaftliches Bewußtsein« inhaltlich definiert: als marxistisches Klassenbewußtsein. Die Frage, ob und auf welche Weise Klassenbewußtsein als Lernziel angesteuert werden kann, soll uns noch in einem späteren Exkurs beschäftigen. Hier soll zunächst nur festgehalten werden, daß die vorgeschlagenen fünf systematischen Zusammenhänge der Korrektur der jeweils vorliegenden gesellschaftlichen Totalitätsvorstellungen dienen, *insofern auf diese Weise die fortgeschrittenen sozialwissenschaftlichen Erkenntnismodelle in den Schulunterricht eingebracht werden können.* Daraus folgt auch, daß zumindest beim 1. Komplex auch die marxistische Interpretation angeboten werden muß.

Teilziel III: Historisches Bewußtsein

Die eben beschriebenen systematischen Bearbeitungsmöglichkeiten des immer schon vorhandenen »gesamtgesellschaftlichen Bewußtseins« erreichen jedoch bestenfalls nur einen Teil dessen, was theoretisch fundiertes gesamtgesellschaftliches Bewußtsein mit Recht heißen könnte. Es fehlt die *historische Dimension.* Es hat den Anschein, als ob aber gerade ihr steigende Bedeutung im Rahmen des hier vertretenen Konzeptes zukommt. Wenn nämlich eben gesagt wurde, daß die Menschen eine irgendwie geartete gesellschaftliche Totalvorstellung empirisch nachweisbar haben, so gilt das offensichtlich immer weniger für deren historische Dimension. Nicht nur ist Geschichtsunterricht eines der am wenigsten beliebten Schulfächer, nicht nur ist gegenwärtig selbst die Adaptation des Marxismus von einer geradezu fatalen historischen Ahnungslosigkeit, sondern auch empirische Untersuchungen zeigen ein zunehmendes Verschwinden der historischen Vorstellungskraft an (vgl. von Friedeburg / Hübner 1964). Diese Entwicklung ist verhältnismäßig jungen Datums, denn das politische Selbstverständnis des Bürgertums wie des Proletariats wurde herkömmlich gerade durch historisches Bewußtsein wesentlich konstituiert.

Allerdings nicht durch ein beliebiges; vielmehr hatte historisches Bewußtsein immer eine bestimmte politisch-ideologische Funktion. Es diente eben der politischen Selbstverständigung der bürgerlichen bzw. der proletarischen gesellschaftlichen Existenz, wobei in den Schulen eigentlich nur die bürgerliche Selbstinterpretation zum Zuge kam. Die Vermutung liegt nahe, daß das Schwinden des historischen Interesses auf einen Funktionsverlust des historischen Bewußtseins selbst zurückgeht, daß es gleichsam »für das Leben« nicht mehr »nötig ist«. Funktional-technokratische und technologische Kategorien scheinen als politische Orientierungslinien geeigneter und zureichend, und die vorliegenden didaktischen Konzepte für den Geschichtsunterricht sind offenbar immer noch bezogen auf einen historischen Standort, in dem die alte politische Funktion des Geschichtsunterrichts noch selbstverständlich vorausgesetzt werden konnte.

Eine detaillierte Kritik des herkömmlichen Geschichtsunterrichts wäre hier zwar wünschenswert und notwendig, würde aber unseren Rahmen sprengen. An seiner Unzulänglichkeit zweifelt heute kaum noch jemand. Problematisch ist er jedoch vor allem aus folgendem, bisher selten erwähntem Grunde: Indem er die aus der Tradition der Arbeiterbewegung kommenden *materialistischen* Impulse und Perspektiven fast vollständig abwehren konnte, wurde er nicht nur zu einem Instrument der politisch-ideologischen Parteilichkeit gegen die gesellschaftlichen Interessen der Arbeiter, er vermochte deshalb auch darüber hinaus nicht den Demokratisierungsprozeß der Neuzeit zu thematisieren. Bis heute gibt es keine didaktische Konzeption des Geschichtsunterrichts, die den Beitrag des Geschichtsunterrichts zum Demokratisierungsprozeß plausibel begründet hätte. Abgesehen von den planmäßigen Verfälschungen des Nationalsozialismus scheint der Geschichtsunterricht selbst immer noch eine Sache sui generis zu sein, relativ unabhängig eben auch von der notwendigen Thematisierung des Demokratisierungsprozesses selbst.

So haben denn seit dem Ende der fünfziger Jahre die Theoretiker der politischen Bildung zum Geschichtsunterricht auch ein eher distanziertes Verhältnis entwickelt (vgl. Tietgens 1960). Denn noch im didaktischen Konzept von Erich Weniger (1965) war der Geschichtsunterricht das zentrale Fach für den politischen Unterricht, und »Politik« und »Sozialkunde« konnten sich nur schwer gegen dessen Dominanz behaupten. Mit Recht wurde dagegen eingewandt, daß der Geschichtsunterricht zur Flucht vor den entscheidenden politischen Konflikten der Gegenwart werden könne und damit überhaupt zur Flucht vor politischem Engagement.

Andererseits haben die Beiträge der »Frankfurter Schule« wieder deutlich gemacht, daß die historische Perspektive unentbehrlich ist für die inhaltliche Bestimmung des weiteren Demokratisierungsprozesses. Hinzu kommt, daß unser Grundgesetz nur dann zur politischen Lernzielbestimmung herangezogen werden kann, wenn es *historischdynamisch* interpretiert wird, d. h. so, daß es einen bestimmten historischen Prozeß widerspiegelt und diesen in die Zukunft verlängert.

Nicht jeder beliebige Geschichtsunterricht erfüllt also die ihm zugedachte Funktion. Vielmehr muß er so angelegt sein, daß er den *Prozeß der gelungenen bzw. gescheiterten Demokratisierung erklärt.* Oder anders ausgedrückt und wieder auf das Grundgesetz bezogen: Der Geschichtsunterricht hat in didaktisch geeigneter Weise diejenigen Prozesse zu erklären, die zu den Formulierungen des Grundgesetzes geführt haben. Im Rahmen des politischen Unterrichts wäre dieses Prinzip in zweierlei Hinsicht zu realisieren: erstens *als Unterrichtsprinzip*, insofern die unter dem ersten Teilziel genannten aktuellen Konflikte auf ihren geschichtlichen Ursprung zurückverfolgt werden; zweitens als *selbständiges Teilziel* des Sozialkundeunterrichts. Dabei wären zwei Gesichtspunkte zu verbinden.

a) Eine chronologische ereignisgeschichtliche Darstellung unter dem Leitgesichtspunkt des Demokratisierungsprozesses in der Neuzeit müßte in einer pragmatischen Entscheidung einen Kanon wichtiger Schlüsselereignisse der neueren Geschichte bis 1945 in ein Kontinuum unter den Leitgesichtspunkt ihrer fördernden bzw. hemmenden Demokratisierungswirkung stellen. Zu einem solchen »Kanon« wären *mindestens* die folgenden Ereignisse zu rechnen: die Französische Revolution, Bauernbefreiung und Gewerbefreiheit in Deutschland; das Jahr 1848; das Sozialistengesetz; die Bismarcksche Sozialpolitik; der Erste Weltkrieg; die russische Revolution; die deutsche Revolution 1918/19 und die Entstehung der Weimarer Republik; die Weltwirtschaftskrise; die nationalsozialistische Machtergreifung; die Nürnberger Gesetze; der Zweite Weltkrieg; das Potsdamer Abkommen.

b) Empirische Untersuchungen haben jedoch erwiesen (vgl. von Friedeburg / Hübner 1964), daß ein ereignisgeschichtlich orientierter Unterricht — nach welchen didaktischen Prinzipien er immer gestaltet sein mag — allein nicht zu tragfähigen geschichtlichen Vorstellungen führt. Offensichtlich muß eine »strukturgeschichtliche« Orientierung hinzutreten. »Moderne Industriegesellschaft« muß als ein zusammenhängendes Ganzes verstanden werden können, als ein Zusammenhang gleicher oder ähnlicher Probleme, die im konkreten Feld der Geschichte sich immer wieder modifizieren und verändern. Die grundlegenden Gemeinsamkeiten des modernen industriegesellschaftlichen Lebens erschließen sich nicht schon einem didaktisch noch so gut durchdachten ereignisgeschichtlichen Unterricht, sondern bedürfen eines davon unabhängigen eigenen und unmittelbaren didaktisch thematisierten Zugangs. »Ereignisgeschichte« und »Strukturgeschichte« stehen in einem ähnlichen Abhängigkeitsverhältnis zueinander wie die Teilziele I und II: Ereignisgeschichtliche Chronologie *ohne* strukturgeschichtliche Interpretation führt zu einem bloß additiven geschichtlichen Verständnis; strukturgeschichtliche Interpretation wiederum *ohne* ein Minimum an ereignisgeschichtlicher Konkretisierung führt zum undifferenzierten Subsumieren von Ereignissen unter ein statisches Verständnismodell, also im Grunde zu einem eklatant ungeschichtlichen Verständnis von Geschichte.

Teilziel IV: Training selbständiger Informationsermittlung und Informationsverarbeitung

Denkt man noch eimal an die beiden vorhin definierten Typen von politischen Handlungssituationen, so ergibt sich die Notwendigkeit, in einer bestimmten Konfliktsituation sich *optimale Informationen* zu beschaffen und zu verarbeiten. Diese Fähigkeit folgt keineswegs notwendig aus den bisher erläuterten Lernzielen; denn einmal benötigt man dafür bestimmte intellektuelle Techniken und zum anderen eine eigentümliche Aktivität, die wiederum eine gewisse Verhaltens-Souveränität voraussetzt. Bekanntlich ist es z. B. vom Verhalten her nicht jedermanns Sache, sich öffentlicher Dienstleistungs-Institutionen zu bedienen. Gleichwohl darf aber dieses Teilziel nicht als bloß auf Verhaltens*techniken* gerichtet verstanden werden; Techniken können vielmehr nur dann bewußt gelernt werden, wenn die systematische Bedeutung der Qualität und der Herstellung von Informationen selbst einschließlich ihrer medienspezifischen »Verpackung« hinreichend verstanden wird. Im einzelnen ist hier gemeint:

a) die planmäßige Benützung von Lexika und anderen Nachschlagewerken;

b) die Inanspruchnahme öffentlicher Informationsdienstleistungen, z. B. Beratungsinstitutionen (Berufsberatung) oder der Presse- und Informationsbüros von Behörden, Verbänden, Gewerkschaften, Industriebetrieben usw.;

c) die planmäßige Übung der Informationsermittlung und Informationsanordnung aus dem Material der Presse und sonstiger Massenmedien;

d) eine elementare »Kunde« des modernen Informationswesens, nämlich der organisierten Informations-*Beschaffung* (z. B. Pressedienste), der Informations-*Bearbeitung* (z. B. Nachricht, Kommentar, Dokumentation, Feature), der damit verbundenen *medialen Gesichtspunkte* (Sprache, Sprach-Bild-Kombinationen) sowie schließlich der *politischen Implikationen* dieser »Schlüsselindustrie des 20. Jahrhunderts«.

Teilziel V: Training praktischer Handlungsformen

Unter der Voraussetzung, daß es ausschließlich oder in erster Linie auf den Typus des *mittelbaren* politischen Handelns ankomme, würden die ersten vier Teilziele wahrscheinlich ausreichen. Soll jedoch politische Mitbestimmung auch an der gesellschaftlichen »Basis«, z. B. in Betrieben und Schulen, realisiert werden, so müssen Verhaltensmöglichkeiten hinzukommen, die — wie die Erfahrung gezeigt hat — nicht einfach von selbst entstehen. Im Gegenteil: Solche Strategien der »unmittelbaren Demokratie« verlangen ähnliche Fähigkeiten, wie sie auch Berufspolitiker benötigen:

a) Die Fähigkeit, mit einfachen Rechtstexten umzugehen, um in einer konkreten Situation den Rechtsspielraum im Sinne der eigenen Interessen wahrnehmen zu können;

b) die Fähigkeit, inhaltlich und methodisch eine Diskussion zu strukturieren, Diskussionsergebnisse zu protokollieren, Diskussionen zu leiten;

c) die Fähigkeit, unter Beachtung gruppendynamischer Erkenntnisse andere für den eigenen Handlungszweck zu gewinnen und Koalitionen zu bilden, sowie andererseits die Fähigkeit, die eigenen Interessen von anderen kontrolliert vertreten zu lassen;

d) die Fähigkeit, überlegte Freund-Feind-Unterscheidungen zu treffen und die Zahl der möglichen Gegner der eigenen Interessen so gering wie möglich zu halten;

e) die Fähigkeit, politische Urteile und Forderungen wirksam zu artikulieren und zu formulieren (z. B. in Form von Kurzreferaten, Flugblättern usw.).

f) Auch diese Fähigkeiten lassen sich nicht als bloße Techniken lernen, vielmehr werden sie nur dann plausibel, wenn sie auf Einsichten in menschliches Verhalten überhaupt beruhen und wenn solche Einsichten auch emotional erfahrbar werden. Nötig sind also elementare *gruppendynamische Kenntnisse* sowie Kenntnisse über *psychologische Grundbegriffe* (z. B. Projektion; Aggression; Frustration; Verdrängung).

Die meisten neueren Lernzieltheorien heben darauf ab, ein bestimmtes *Verhalten* in bestimmten, antizipierten Realsituationen als Lernziel zu definieren. Solche Überlegungen, denen wir hier Rechnung zu tragen versuchen, vermögen in der Tat den Begriff des »politischen Bewußtseins« bis zu einem gewissen Grade zu präzisieren. Werden sie jedoch verabsolutiert, so gefährden sie auch einen angemessenen Begriff des politischen Bewußtseins, indem sie dessen utopische Momente eliminieren, die — aus objektiven oder subjektiven Gründen — gerade nicht in konkrete Handlungssituationen aufgehen. Die oft berufene Differenz zwischen Bewußtsein und Verhalten signalisiert nämlich nicht nur die »praxis-ferne« Qualität dieses Bewußtseins, sondern auch dessen Kraft, reale Handlungssituationen auf die Dauer zu verändern. Gäbe es diese Differenz nicht und wird im Rahmen der genannten Lerntheorien nur der zum jeweils gewünschten Verhalten drängende Anteil des Bewußtseins belohnt, so gäbe es weder Kriterien für die *Setzung* von Verhaltensweisen noch auch *Fortschritte* hinsichtlich dieser Verhaltensweisen selbst. Dafür ein Beispiel: Es ist überaus nützlich, Hauptschülern als künftigen Arbeitern klarzumachen, welche Rechte sie z. B. als Lehrlinge haben und wie sie diese optimal ausschöpfen können. Die Lernziele dafür können im Rahmen des Musters »Situationsanalyse — wünschbares Verhalten — Kontrolle des tatsächlichen Verhaltens« hinreichend formuliert werden. Ein Bewußtsein darüber jedoch, ob die formulierten Verhaltensziele im Interesse desjenigen liegen, der sich nach ihnen richten soll, oder in welcher Richtung ein Rechtsfortschritt zu erfolgen hätte, kann auf diese Weise höchstens zufällig entstehen, bzw. entsprechend korrigiert werden.

Zusammenfassung

Wir waren ausgegangen von dem aus einer historisch-dynamischen Interpretation des Grundgesetzes abgeleiteten übergeordneten Lernziel »Mitbestimmung« und hatten versucht, dieses Lernziel in fünf Teilziele aufzugliedern. Ganz allgemein ließe sich also sagen, daß ein politischer Unterricht auf die Dauer dann optimal ist, wenn er diese fünf Teilziele auch tatsächlich realisiert. Umgekehrt heißt das aber auch, daß jedes dieser Teilziele seinen Zweck verfehlen muß, wenn es von den anderen isoliert wird: Die Analyse politischer Konflikte *allein* stellt noch kein richtiges systematisches politisches Bewußtsein her und garantiert auch noch kein angemessenes politisches Verhalten in Konfliktsituationen; das systematische Training des »gesamtgesellschaftlichen Bewußtseins« *allein* garantiert noch keine richtige Analyse eines bestimmten Konfliktfalles und ebensowenig ein angemessenes politisches Verhalten; historisches Bewußtsein *allein* kann zur Abstinenz von aktuellen politischen Kontroversen und zu politischer Passivität führen; das Training von Informationsermittlung *allein* nutzt so lange wenig, wie nicht klar wird, wozu man die Informationen eigentlich benutzen will; und das Training politischer Verhaltensformen *allein* würde nur blinde Aktivität fördern, die für ganz verschiedene Zwecke in Anspruch genommen werden kann — und keineswegs nur für den der fortschreitenden Demokratisierung. Nur wenn man also diese fünf Teilziele in einem Zusammenhang sieht, können sie als Operationalisierungen des übergeordneten Lernziels »Mitbestimmung« verstanden werden.

Nun sind diese Lernziele zwar gleich *wichtig*, aber keineswegs gleich*wertig*. Unsere These ist vielmehr, daß es beim politischen Unterricht im Kern auf die Bearbeitung des politischen *Bewußtseins* als eines gesamtgesellschaftlich-historischen ankommt und darauf, dieses Bewußtsein für politisches Handeln in konkreten Situationen nutzbar zu machen. *Emotional-affektive* und *gruppendynamische* Probleme interessieren hier nur insofern, als sie die Bearbeitung des Bewußtseins zu verhindern oder einzuschränken vermögen, und die Ergebnisse der »politischen Psychologie«, die solche Aspekte untersucht, können hier wichtige Beiträge sein (vgl. Politische Erziehung ... 1966; Jacobsen 1968). Aus diesem Grunde. enthalten mit voller Absicht auch die mehr »technisch« orientierten Teilziele bewußtseinsbildende Elemente. Überhaupt unterscheiden sich die Teilziele nicht dadurch voneinander, daß die einen mehr den kognitiven, die anderen mehr den emotional-affektiven oder verhaltenstechnischen Bereich ansprechen. Vielmehr geht es bei allen um die *Bearbeitung des Bewußtseins unter verschiedenen Aspekten,* und die Aufteilung der Lernziele erwächst eher aus einer intellektuellen Notlage, weil nur so die erforderlichen Präzisierungen und Differenzierungen darstellbar werden. Gleichwohl bleibt aber die Frage offen, ob das, was mit »Bearbeitung des Bewußtseins« gemeint ist, sich nicht noch weiter präzisieren läßt.

Aktionswissen und Kategorien der Konflikt-Analyse

Wenn das Bewußtsein einen politischen Konflikt bearbeiten soll, muß es seine Informationen und Interpretationsmuster in eigentümlicher Weise darauf hin organisieren. Es gibt keinen direkten, ungebrochenen Weg vom *allgemeinen* Bewußtsein zu seiner *konkreten* Anwendung. Nur wer nicht politisch handeln will oder sein Handeln nicht rationaler Kontrolle zu übergeben wünscht, beläßt es bei allgemeinen Theorien, wie sie etwa unserem Teilziel II entsprechen. Das Problem ist jedoch, wie man theoretisch überzeugend das Bewußtsein derart instrumentalisieren kann, daß es einerseits sein Potential für die Bearbeitung eines Konfliktes wirklich einzusetzen vermag, andererseits aber die dabei gewonnenen Erfahrungen auch wieder zurückholen kann. Wir wollen diese Tätigkeit des Bewußtseins die *Mobilisierung von Aktionswissen* nennen. »Irgendwie« geschieht das täglich, unser Ziel ist jedoch, dieses Verfahren rational durchschaubar zu machen.

In der Selbsterfahrung bzw. Selbstbeobachtung stellt sich die Mobilisierung von Aktionswissen zunächst so dar, daß wir an einen Konflikt irgendwelche Impulse richten, in denen Erkenntnisse, Wünsche, Hoffnungen und sonstige Gefühle vermischt sind. Man könnte sagen: Wir *befragen* diesen Konflikt daraufhin, was er für uns bedeuten könnte, und wir antizipieren dabei zumindest in unserer Phantasie auch mögliche, den Motiven unseres Fragens entsprechende Entscheidungen: Wie würden wir diesen Konflikt lösen, wenn wir die Macht dazu hätten? Und warum so und nicht anders? Eben diese *Entscheidungssituation* soll nun weiter thematisiert werden, wobei noch einmal daran erinnert sein soll, daß wir diese Entscheidungssituation angesichts konkreter Konflikte für den Kern dessen halten, dem der politische Unterricht mit *allen* seinen Lernzielen letzten Endes zu dienen hat.

Einen Konflikt politisch zu analysieren heißt, *politische Fragen* an ihn zu stellen. Solche Fragen aber haben ihrerseits bereits eine inhaltliche Implikation, bevor sie gestellt werden. Methodologisch ausgedrückt: Um eine Frage *als politische* klassifizieren zu können, muß ich sie vorher als solche begründet haben. Wenn dies gelingt, heißt das, daß den Fragen *politische Kategorien* zugrunde liegen.

Bevor aber nun von diesen Kategorien gesprochen wird, muß ein mögliches Mißverständnis ausgeräumt werden: Es handelt sich hier um *politische* Fragen, nicht um *wissenschaftliche*, d. h. um solche, hinter denen nicht nur der Wunsch nach Erkenntnis steht, sondern auch ein »erkenntnisleitendes Interesse« (Habermas), also eine Art von Werturteil. Nach dem heute vorherrschenden Wissenschaftsbegriff würde man von einer *wissenschaftlichen* Frage erwarten, daß sie ohne Beimischung eines Werturteils nur auf Erkenntnis zielt. Nun könnte man diesem Problem dadurch ausweichen, daß man jede der folgenden Kategorien noch einmal in eine »normative« und »analytische« unterteilt, also erst nach den Tatsachen, und dann nach der Bewertung dieser Tatsachen fragt. Aber erstens ist nicht recht ersichtlich, was eine solche Trennung wirklich erbringen würde, und zweitens ist die Trennung von Analyse und Bewertung für unseren Gegenstand kein konstituierendes Moment der Wissenschaft. Entscheidend ist vielmehr nicht nur, daß Behauptungen empirisch verifiziert und falsifiziert werden können, sondern auch, daß *Argumentationen* rational diskutiert werden können. Nun zu den einzelnen politischen Kategorien.

1. Konflikt: Wir betrachten Politik unter dem Aspekt der Widersprüche bzw. der Auseinandersetzung zwischen Menschen und Gruppen. Auf den ersten Blick mag es eine tautologische Aussage sein, wenn wir einen Konflikt unter der Kategorie des Konfliktes betrachten wollen. Aber es ist durchaus möglich, einen objektiv vorhandenen Widerspruch bzw. Konflikt zu verleugnen und die Sachverhalte zu harmonisieren und also auch entsprechend nach ihnen zu fragen. Das Bemühen nämlich, den Konfliktcharakter eines Sachverhaltes möglichst zu verschleiern, ist selbst schon eine Form des interessegeleiteten politischen Verhaltens. So läßt sich z. B. nachweisen, daß die Arbeitgeber im allgemeinen einen objektiven, »latenten« Widerspruch zwischen sich und ihren Arbeitern verneinen und statt dessen zu pragmatischer Interpretation von Konflikten neigen. Das hängt damit zusammen, daß im Falle der Annahme eines *prinzipiellen* Widerspruchs ihre Argumentation in der Auseinandersetzung auch entsprechend schwieriger würde.
Aufgabe dieser Kategorie ist also, den tatsächlichen Konfliktcharakter von Konflikten und Widersprüchen aufzu-

decken und so genau wie möglich material zu beschreiben. Dabei ist die schon erwähnte Unterscheidung von »latenten« und »manifesten« Konflikten zu beachten. Es kann z. B. sein, daß ein innerbetrieblicher Konflikt lediglich auf »menschliches Versagen«, etwa auf einen autoritären Führungsstil oder auf vermeidbare Fehler der Arbeitsorganisation zurückzuführen ist; es kann aber auch sein, daß dieser Konflikt nur einen latenten manifest macht, etwa im Sinne des Widerspruchs von Kapital und Arbeit. Die erstere Art von Konflikten ist leichter zu lösen, im zweiten Falle dürfte es eine allseits befriedigende Lösung kaum geben, sondern allenfalls eine »bessere« Regelung als bisher. Von welcher Art der vorliegende Konflikt nun wirklich ist, kann nicht allein von dieser Kategorie her entschieden werden, vielmehr müssen andere, z. B. »Geschichtlichkeit« hinzukommen. Epochale latente Konflikte lassen sich nur im Kontext historischer Reflexion ermitteln.

2. *Konkretheit:* Politische Entscheidungssituationen sind jedoch immer *konkreter, einmaliger* Art. Die allgemeine Konfliktanalyse muß also ergänzt werden durch eine Analyse der konkret gegebenen Handlungsmöglichkeiten. Dabei können gerade Einzelheiten von erheblicher Bedeutung sein. Selbst wenn es sich beim vorliegenden Konflikt um einen latenten handeln sollte, einen z. B., der seit dem Entstehen der kapitalistischen Gesellschaft eine Rolle spielt, so kann die Kenntnis früherer Zusammenhänge bzw. Teillösungen noch nichts Hinreichendes über die *jetzt* vorliegenden Möglichkeiten aussagen. Das gilt ebenso für die *Folgen* einer politischen Entscheidung. Die Kategorie der Konkretheit hat es vielleicht am schwersten von allen hier vorgeschlagenen, weil sie die intellektuelle und praktische Disziplinierung am Detail verlangt.

Der ereignisgeschichtlich orientierte Geschichtsunterricht vermag die Anwendung dieser Kategorie besonders gut zu trainieren, zumal in der Regel dort auch das *Ergebnis* konkreter Entscheidungen bekannt ist, was die Überprüfung der Entscheidung erheblich erleichtert. Jedoch ist eben

162

aus diesem Grunde die ungelöste Gegenwartssituation nicht ersetzbar durch die Analysen des Geschichtsunterrichts. Gerade das Risiko von »Erfolg« oder »Mißerfolg« unterscheidet politische Gegenwartsentscheidungen von historischen »Fällen«.

3. *Macht:* Politische Handlungssituationen sind immer auch durch konkrete Macht-Konstellationen definiert. Macht erhält den Status quo einer Gesellschaft, Gegen-Macht verändert sie. Die Kategorie der Macht sollte weitgefaßt verstanden werden: als Inbegriff aller tatsächlichen Möglichkeiten, andere zu einem bestimmten gewünschten Verhalten zu veranlassen. Es gibt die Macht staatlicher Institutionen, ökonomische Macht, die Macht des Streiks, der öffentlichen Meinung, des spontanen kollektiven Widerstandes an der Basis usw. Im politikwissenschaftlich-systematischen Sinne handelt es sich hier zwar um höchst unterschiedliche Formen der Macht, die im Rahmen unterschiedlicher Teildisziplinen abzuhandeln wären, unter dem Aspekt des politischen Handelns jedoch werden diese Unterschiede relativ belanglos, hier gilt in erster Linie das Kriterium der *Wirksamkeit* einer politischen Machtform.
Diese Kategorie fragt in erster Linie nach den durch Macht möglichen *Realisierungschancen* bestimmter Interessenpositionen angesichts eines Konfliktes und wird dabei unter anderem entdecken, daß die einzelnen Interessenpositionen sowohl hinsichtlich des Macht-Umfangs wie hinsichtlich der Macht-Formen keineswegs gleich sind. Über ökonomische Macht z. B. verfügen relativ wenige, die Mehrheit verfügt dagegen nur über das Machtmittel der gemeinsamen Arbeitsverweigerung; und nicht unbedeutende Minderheiten, z. B. Wohlfahrtsempfänger und Obdachlose, verfügen von sich aus praktisch über keinerlei Macht für die Durchsetzung ihrer Interessen — selbst das Wahlrecht verschafft ihnen praktisch keine Chancen. Diese Kategorie fragt aber nicht nur nach der realen *Machtverteilung* angesichts einer konkreten Entscheidung, sondern auch nach der Möglichkeit der *Macht-Vermehrung*, woran insbeson-

dere benachteiligte Gruppen interessiert sein müssen. Gerade in den letzten Jahren wurden dafür neue Möglichkeiten durchgespielt: die Demonstration, die gewaltlose Verweigerung, die Verfremdung gegnerischer Macht-Rituale etwa in Gerichtssälen und anderes mehr.

4. *Recht:* Alle politischen Entscheidungen bewegen sich jedoch nicht nur im Rahmen bestimmter Machtstrukturen, sondern auch im Rahmen rechtlich markierter Zusammenhänge. Das bedeutet zunächst einmal eine Einschränkung an sich möglicher Formen der Machtgewinnung und Machtanwendung, zugleich aber eben auch eine Art von Machtgarantie. Denn nicht selten zielt politisches Handeln gerade darauf, versprochenes Recht einzulösen bzw. beschränktes Recht wiederherzustellen.

Andererseits fragt diese Kategorie aber auch nach den Möglichkeiten und Bedürfnissen des Rechts*fortschritts;* denn Rechtslagen haben historisch betrachtet immer auch den Charakter politischer Vereinbarungen — unbeschadet der rechtsphilosophischen Frage nach der Herkunft und Bedeutung der Rechts*prinzipien*. Rechtssetzungen sind in der Regel das Ergebnis politischer Auseinandersetzungen und Widersprüche und nicht nur, wie oft glauben gemacht wird, ein Instrument der »herrschenden Klassen« zur Unterdrückung der anderen Klassen. Zwar sind die rechtlich zugelassenen Chancen auch heute noch, vor allem im ökonomischen Bereich, zum Teil höchst ungleich verteilt, andererseits kann es jedoch keinen Zweifel daran geben, daß der historische Fortschritt an Demokratisierung und Emanzipation geradezu konstitutiv auf dem Wege rechtlicher Entscheidungen erfolgt ist, so daß die Identifizierung von »demokratischem« Staat und »Rechtsstaat« keineswegs eine leere Formel ist. Im Gegenteil dient das Rechtssystem *im ganzen* gerade auch denjenigen Gruppen und Klassen, die im Falle der Rechts-Unsicherheit sofort der größeren Macht der anderen ausgeliefert wären. Daraus folgt, daß die Kategorie des Rechts angesichts eines bestimmten Konfliktes nicht nur nach den notwendigen

Rechtsfortschritten fragen muß, sondern ebenso auch nach der *Erhaltung des bestehenden Rechtes.*

5. Interesse: Die Kategorie des subjektiven Interesses vermag bei derartigen Entscheidungen, ob nämlich z. B. in einem konkreten Falle Rechtsfortschritt angestrebt werden soll oder nicht, eine wichtige Hilfe zu geben. Gemeint sind hier im Sinne von Adorno die »unmittelbaren« Interessen (1960, S. 14), also die materiellen wie immateriellen persönlichen Wünsche und Bedürfnisse, deren Erfüllung irgendwie an politisch-gesellschaftliche Voraussetzungen gebunden und nicht allein im Rahmen der privaten Lebensführung zu erreichen ist. Nicht gemeint ist hier der marxistische Begriff des »wahren« Interesses bzw. Bedürfnisses, etwa im Sinne von Oskar Negt, der nicht auf das Individuum, sondern auf die menschliche Gattung bezogen ist.

Nun ist im politischen Unterricht allenthalben von Interessen die Rede, vor allem in der Formel von den Interessenverbänden. Es ist aber ein Unterschied, ob solche Interessen lediglich als eine Art verobjektiviertes Gegenüber den Kindern und Jugendlichen vorgestellt werden, als hätten sie selber zu ihnen keinen Bezug, oder ob die Jugendlichen von der politischen Pädagogik dazu ermuntert werden, ihre eigenen Interessen zu ermitteln und sich nach den Chancen der Verwirklichung umzusehen. Es kann keinen Zweifel daran geben, daß politische Mitbestimmung und Verantwortung nur dort sinnvoll übernommen werden kann, wo dem ein subjektives Interesse zugrunde liegt. Interessen sind gleichsam die subjektive Seite von Politik; und wenn man die Grundrechte des Grundgesetzes nicht abstrakt, sondern in ihrer historischen Entstehung interpretiert — als einen gewissen Abschluß der Klassenkämpfe und der Emanzipation —, dann versteht sich politische Mitbestimmung vornehmlich als das Recht, die je individuellen Interessen ins politische Spiel zu bringen.

Nun wird oft eingewendet, Kinder und Jugendliche hätten angesichts ihrer noch nicht festgelegten sozialen Stellung auch keine oder jeweils keine gravierenden politischen Interessen zu vertreten; der politische Unterricht habe also nur propädeutischen Charakter. Das trifft schon deshalb nicht zu, weil die gesellschaftlichen Institutionen wie Schule und Lehrbetrieb selber notwendigerweise einen Interessenwiderspruch produzieren. Kinder, die keinen Kindergartenplatz finden, Fürsorgezöglinge, die die objektiv mögliche pädagogische Hilfe nicht erhalten, Schüler, die durch das vorhandene Schulsystem benachteiligt werden, Lehrlinge, die ausgebeutet werden: sie alle haben politische Interessen, die sich möglicherweise sogar von denen ihrer Eltern oder auch der Gewerkschaften teilweise unterscheiden. Zudem repräsentieren sich in weitem Maße in den Interessen von Kindern und Jugendlichen die politischen, ökonomischen und sozialen Interessen der Familien bzw. ihrer sozialen Schicht — wie wohl überhaupt solche Interessen zwar je individuell artikuliert werden, aber jeweils auf soziale Beziehungen zurückverweisen. Nicht, daß Jugendliche keine politischen Interessen hätten, ist das didaktische Problem, sondern daß sie meist noch nicht gelernt haben, solche Interessen zu erkennen und zu artikulieren. Wie sehr scheinbar private Konflikte des Alltags auf objektive Widersprüche zurückzuführen sind, zeigt schon die eigene Lebenserfahrung. Wie schwer es andererseits ist, aus dem Wust der von außen unermüdlich angesonnenen Interessen das, was man nun wirklich will und wünscht, wieder herauszufiltern, ist ebenfalls eine allgemeine Erfahrung.

6. *Solidarität:* Diese Kategorie zielt auf einen durchgehenden Tatbestand des Politischen. Jede politisch-gesellschaftliche Aktion nützt bestimmten Gruppen und benachteiligt gleichzeitig andere. Andererseits kann der einzelne nicht allein seine Interessen und Wünsche realisieren. Er bedarf dazu der Hilfe einer oder mehrerer Gruppen.
Da der Begriff »Solidarität« am meisten von allen hier verwendeten Kategorien emotional beladen ist, sind bei seiner Verwendung auch Mißverständnisse möglich. In der deutschen Arbeiterbewegung bezeichnete er die schicksal-

hafte Verbundenheit derjenigen, die von den kapitalistischen Produktionsverhältnissen ausgebeutet und unterdrückt waren. Die Notwendigkeit, gleichsam unter allen Umständen — auch bei Meinungsverschiedenheiten und Konflikten — zusammenzuhalten gegen den Klassengegner, weil nur so die Beseitigung der gemeinsamen Not erreichbar war, hat verständlicherweise solidarisches Verhalten mit einem hohen moralischen Anspruch ausgestattet. Unsolidarisches Verhalten war nicht nur politisch falsch, sondern auch moralisch verwerflich.

Diese hohe Emotionalität und Moralität kann heute nicht mehr einfach zur Bedingung gemacht werden. Die Einsicht, daß die individuellen Interessen politisch nur dann wirksam werden können, wenn sie so umfassend wie möglich als kollektive organisiert werden können, verlangt zwar auch ein gewisses Maß an wechselseitiger Loyalität zwischen diesen Individuen und ihren Organisationen, aber doch auch ein bestimmtes Maß an rationaler Distanz: die Gruppen, Verbände und Organisationen haben die Aufgabe von politischen Willensbildungs- und Aktions-Instrumenten angenommen. Das bedeutet grundsätzlich, daß die Solidarität nicht mehr ein für allemal festgelegt ist, sondern sich teilweise auf mehrere, konkurrierende Gruppen erstrecken kann, so daß der Entzug der Solidarität — etwa gegenüber einer politischen Partei bei der Wahl — selbst ein wichtiger Aspekt des politischen Handelns sein kann.

Andererseits ergibt sich aus der faktischen gesellschaftlichen Ungleichheit, daß Solidaritäten sich nicht völlig beliebig ergeben können. So wäre es für einen Arbeiter absurd, sich mit dem politischen Handeln einer Arbeitgebervereinigung zu solidarisieren. Zwar wären zeitweilig begrenzte Bündnisse denkbar, etwa zur Überwindung einer wirtschaftlichen Krise. Aber im ganzen schreibt ihm der gesellschaftliche Standort eine kontinuierliche Solidarität mit den Gewerkschaften vor. Und ein politischer Unterricht, der hier sich auf einen bloß formalen Pluralismus zurückzieht, handelt in Wahrheit gegen die Interessen der Arbeiter bzw. ihrer Kinder. Bei der Solidarität gegenüber politischen Parteien sieht die Sache inzwischen anders aus. Seitdem es keine allgemein akzeptierte Arbeiterpartei mehr gibt, legt der gesellschaftliche Standort auch nicht mehr eine prinzipielle Loyalität zu einer bestimmten Partei nahe.

Das alles bedeutet aber nichts anderes, als daß nicht nur das subjektive Interesse, sondern auch die ihm angemessene kollektive Vertretung bzw. Organisation im konkreten Falle nicht vorgegeben ist, sondern erarbeitet und ermittelt werden muß.

7. *Mitbestimmung:* Die Mitbestimmung ist ein Fundamentalprinzip unseres Grundgesetzes, weshalb wir sie früher schon als oberstes Lernziel für den politischen Unterricht setzten. Als didaktische Kategorie soll sie einerseits die konkret vorliegenden Möglichkeiten der Mitbestimmung ermitteln, die auf verschiedenen gesellschaftlichen Ebenen liegen: angefangen von der politischen Wahl über die Benutzung eines gesellschaftlichen Interessenverbandes bis hin zu »Bürger-Aktionen« an der Basis. Andererseits vermag diese Kategorie auch zu zeigen, an welchen Punkten Möglichkeiten der Mitbestimmung gar nicht oder nicht hinreichend vorhanden sind. So wurde gerade in den letzten Jahren angesichts der Lehrlingsproteste entdeckt, daß es für die Interessenvertretung von Lehrlingen keine angemessene Regelung gibt. Ähnlich verhielt es sich in Schulen und Hochschulen. Ferner vermag diese Kategorie, auf eine bestimmte Situation angewendet, auch zwischen realistischen und illusionären Handlungsmöglichkeiten zu unterscheiden.

8. *Funktionszusammenhang:* Diese Kategorie sucht der Tatsache Rechnung zu tragen, daß unter modernen politisch-soziologischen Bedingungen alle politischen Einzelaktionen und Situationen auf zahlreiche andere einwirken, daß es also in der arbeitsteiligen Gesellschaft keine isolierten politisch-gesellschaftlichen Erscheinungen mehr gibt. In dieser Kategorie kommt sachlich wie ethisch das Ganze des politischen Zusammenlebens in den Blick. Sie enthält

zudem die Forderung, die Verantwortung für Folgen zu übernehmen, die durch eine politische Maßnahme oder Unterlassung im Rahmen des Ganzen hervorgerufen werden. Mit dieser Kategorie kommt auch der Begriff des Gemeinwohls in den Blick. Allerdings wird »Gemeinwohl« hier als Produkt eines ständig zu überprüfenden politischen Prozesses verstanden. »Das Gemeinwohl als die richtige Ordnung des Zusammenlebens verwirklicht sich im ständigen Dialog von Meinungen, Interessen und Ideen« (H. Schneider 1962, S. 214).

Die wissenschaftlichen Möglichkeiten, die Art und Weise des Zusammenhangs der politischen Erscheinungen materiell zu konkretisieren, nehmen zu. Je mehr die Gesellschaft auf diese Weise in der Lage ist, Wirkungen und Folgen von Maßnahmen oder Unterlassungen im Ganzen des menschlichen Zusammenlebens mit hinreichender Genauigkeit vorauszusehen, um so mehr kann das politische Bewußtsein auch diese Wirkungen und Folgen in seine Verantwortung übernehmen.

Die *Zeitperspektive* dieser Kategorie ist die Zukunft; sie bezieht sich auf Wirkungen, die *nach* einer Entscheidung eintreten können und die möglicherweise die mit dieser Entscheidung intendierten Ziele rückwirkend wieder gefährden könen.

Die *Raumperspektive* dieser Kategorie ist grundsätzlich global, sie erstreckt sich — je nach Art des vorliegenden Konfliktes — auch auf weltgesellschaftliche Zusammenhänge.

9. *Ideologie:* Diese Kategorie unterwirft Begründungen für das politische Handeln bzw. für eine gesellschaftliche Situation einer rationalen Kontrolle. Alles politische Handeln wird schon deshalb immer mit Begründungen versehen, weil Menschen dafür gewonnen werden müssen. In der »pluralistischen« Gesellschaft gehen solche Ordnungsvorstellungen in der Regel von bestimmten sozialen Gruppen aus, erstrecken sich aber auf die Gesamtheit der Gesellschaft. Die Doppelbödigkeit des Ideologiebegriffs — Ver-

deckung des partikularen Interesses und Theorie für die Ordnung des Ganzen — müßte sich in der Relation zur Kategorie der Solidarität ergeben. Es kommt für die politische Beurteilung auf beide Seiten an: Keine politische Aktion erfolgt letztlich ohne ein Mindestmaß an übergreifenden Ordnungsvorstellungen; jede politische Aktion aber droht gerade diese Theorien zum Vorwand für partikulare Interessen zu machen. Mit der Kategorie der Ideologie bedient sich der Bürger der Erkenntnisse der Ideologiekritik, um seine Interessen wie auch seine erfolgreiche Interessenvertretung jeweils neu ermitteln zu können.

10. Geschichtlichkeit: Die Bedeutung dieser Kategorie ist schon bei der Lernzielbestimmung ausführlicher begründet worden. Sie fragt nach dem Geschichtlichen, insofern es einen Konflikt mitbestimmt oder geradezu mitbegründet. Diese Frage öffnet eigentlich erst den Horizont für das Aktuelle. Dabei geht es nicht um einen Geschichtsunterricht aus Anlaß eines politischen Konfliktes, sondern um die Bereitstellung des historisch Gewußten unter einem spezifischen Aspekt, der allein niemals einen Geschichtsunterricht begründen könnte. Keine wesentliche politisch-gesellschaftliche Streitfrage unserer Tage ist begreifbar ohne diesen historischen Aspekt. Der Verzicht auf ihn müßte also von vornherein den Sinn des politischen Unterrichts in Frage stellen. Wenn wir politische Urteile ohne Bewußtsein von der historischen Kontinuität fällen, dann werden diese Urteile auch bald ihre demokratischen Perspektiven verlieren. Strenggenommen muß die Kategorie der Geschichtlichkeit auf alle übrigen Kategorien selbst wiederum angewandt werden. Eine ideologische Begründung etwa für eine politische Maßnahme ist überhaupt wohl nur durch einen Rückgriff auf ihren historischen Entstehungszusammenhang angemessen zu verstehen. Aber uns geht es hier zunächst ganz vordergründig um die Kontinuität des Faktischen und des Bewußtseins. In welcher Weise die geschichtliche Erfahrung politisch bedeutsam ist, hängt wesentlich davon ab, wie sie im Bewußtsein der Zeitgenossen verankert ist. Wenn z. B. die Erinnerung daran, wie in der jüngsten Vergangenheit demokratische Ansätze in Diktatur umschlugen, verlorengeht, geht auch die Möglichkeit weitgehend verloren, diktatorische Tendenzen in der Gegenwart frühzeitig zu erkennen. Gewiß werden solche Tendenzen nicht immer in gleicher Form in Erscheinung treten, aber sie lassen sich leichter erkennen und ihre Konsequenzen werden stärker bewußt, wenn die Erinnerung an ähnliche Entwicklungen in der Vergangenheit lebendig erhalten bleibt.

Die hier gemeinte Kategorie deckt jedoch nicht alles, was früher im Rahmen des Lernziels »historisches Bewußtsein« entwickelt wurde. Dieses ist vielmehr in gewisser Weise Voraussetzung dafür, daß diese Kategorie überhaupt sinnvoll angewendet werden kann. Unter der *politischen* Kategorie der Geschichtlichkeit kann immer nur von einer politischen Verlegenheit der Gegenwart her in die Geschichte zurückgefragt werden. Die Antworten aber, die die Geschichte bzw. das historische Bewußtsein im Einzelfall darauf bereithält, hängen unter anderem davon ab, ob das historische Bewußtsein der Fragenden das, was jeweils gebraucht wird, übersteigt oder nicht. Wenn also auf der Ebene der historischen Vorstellungen nur das zu finden ist, was für die Aktualität der Gegenwart Bedeutung hat, dann gerät das historische Wissen gerade in die Versuchung, als Legitimation für aktuelle Entscheidungen mißbraucht zu werden. Unter dem Aspekt des historischen Bewußtseins ist also nicht nur wichtig, was bestimmte historische Erscheinungen und Erfahrungen für die Gegenwart bedeuten, sondern auch, was die Gegenwart vor dem Anspruch bereits vorliegender historischer Erfahrungen bedeutet.

11. Menschenwürde: Die Kategorie der Menschenwürde ergibt sich aus den Maximen der Grundrechte und prüft politische Aktionen und Situationen daraufhin, in welcher Weise sie auf die davon betroffenen Menschen einwirken. In ihr kann man die einzelnen Grundrechte wohl zusammenfassen, so daß wir sie hier nicht als einzelne Kategorien aufführen müssen. Der Unterricht muß aber vermeiden, die Normen der Grundrechte abstrakt vorzuführen. Nicht nur sind sie auf diese Weise dem Jugendlichen nicht einsichtig und begreiflich zu machen, vielmehr geht auch ihre politische Bedeutung verloren, wenn man sie nicht als Maßstab konkreter Politik versteht. Sie legitimieren erst in zweiter Linie demokratische Formalitäten, in erster Linie und substantiell beziehen sie sich auf das konkrete Dasein konkreter Menschen. Auch politische Unterlassungen können demnach gegen die Menschenwürde verstoßen.

Aktionswissen und Lernziele

Bevor die didaktische Funktion dieser Kategorien weiterverfolgt wird, muß noch einmal Klarheit über ihren Zweck hergestellt werden und darüber, was sie *nicht* leisten können und sollen. Die beste Lernzielbestimmung nützt bekanntlich wenig, solange nicht auch die Frage ihrer praktischen Vermittlung geklärt ist. Unsere Ausgangsüberlegung war, daß das Bewußtsein sich in bestimmter Weise auf Konflikte und Auseinandersetzungen hin strukturieren müsse und daß dies eigens gelernt werden müsse. Wir haben weiter vorgeschlagen, dies durch die Anwendung der eben begründeten Kategorien zu tun. Nun setzt dies aber schon rein logisch voraus, daß das Potential des Bewußtseins größer sein muß, als seine konkrete Anwendung erforderlich macht, sonst würde sich ja der Konflikt im Bewußtsein bloß abbilden. Unsere Kategorien werden aber aus den Konflikten nicht »abgelesen«, sondern an sie mit einer bestimmten Begründung *herangetragen*, d. h. also, sie erwachsen selbst aus einem *systematischen* theoretischen Verständnis, das der aporetischen Orientierung an Konflikten vorausgeht. Dieser Tatsache, daß nämlich *aporetisches* und *systematisches* Bewußtsein sich immer schon ge-

genseitig voraussetzen, suchte unsere Aufgliederung der Lernziele Rechnung zu tragen. Die Frage ist nun, ob die eben entwickelten Kategorien diese Lernziele wieder zu integrieren vermögen. Oder anders ausgedrückt: Mobilisiert das Aktionswissen *alle* vorhin erörterten Teilziele?

Theoretisch läßt sich diese Frage bejahen; denn die systematischen Partien des Orientierungswissens z. B. (Teilziel II) müssen in Gang gesetzt werden, sobald die Kategorien angewendet werden. Das historische Bewußtsein (Teilziel III) wird zumindest durch die Kategorie »Geschichtlichkeit« angesprochen. Auch die Techniken der Informationsermittlung (Teilziel IV) werden — wenn auch jeweils in unterschiedlichem Maße — bei allen Kategorien benötigt. Und die Techniken des politischen Verhaltens (Teilziel V) schließlich sind notwendig im Zusammenhang der Kategorien »Mitbestimmung« und »Solidarität« gefragt.

Allerdings gilt auch die Umkehrung: Indem diese Kategorien auf einen politischen Konflikt angewendet werden, machen sie auch durch die Aufdeckung von *systematischen* Kenntnis- und Verhaltensdefiziten diese Lernziele plausibel und motivieren vielleicht sogar dafür.

Allerdings gibt dieser theoretische Zusammenhang von Aktionswissen und den einzelnen Teilzielen noch kein methodisches Konzept für die Unterrichtsorganisation her. Es dürfte schwerfallen, etwa von der Bearbeitung eines bestimmten politischen Konfliktes her *alle* Teilziele hinreichend zu erschließen. Die Fülle der dabei *gleichzeitig* auftretenden Aspekte und Perspektiven würde die Unterrichtskommunikation verwirren und zu allgemeiner Frustration führen. Doch über die methodischen Konsequenzen später mehr.

Wenn also akzeptiert werden kann, daß das Aktionswissen die verschiedenen Teilziele des politischen Unterrichts zu integrieren vermag, so darf nicht übersehen werden, daß diese Integration nicht unter einem bloß *politischen* Aspekt erfolgt, sondern unter einem politisch-*didaktischen*, d. h. *unter dem Aspekt eines lernenden (und handelnden) Individuums*. Eben dies wird vor allem von Soziologen und Politologen gelegentlich falsch eingeschätzt, weil ihnen diese Perspektive fachlich fremd ist, so daß die irrige Auffassung entsteht, diese didaktische Theorie sei als solche bereits eine *politische* Theorie. Im Unterschied jedoch zu politischen und gesellschaftlichen Theorien ist es Aufgabe einer didaktischen Theorie, die fraglichen Sachverhalte unter einem subjektiven Aspekt zu konstruieren, eben unter dem Aspekt eines lernenden Individuums; denn Lernsubjekte sind faktisch nur Individuen, nicht etwa Gruppen oder Klassen. Die Rede davon, daß Gruppen oder »die Arbeiterklasse« lernen, ist nur im übertragenen Sinne sinnvoll. Präziser müßte es heißen, daß Gruppen, Klassen oder Kollektive das Lernen von Individuen erleichtern (und natürlich auch erschweren) können, etwa indem sie zu neuen Lernleistungen ermuntern und neue Lerninhalte sozial kommunizierbar machen und schützen.

Damit hängt eine weitere Implikation zusammen. Unser didaktisches Modell ist nicht nur keine politische Theorie, die als solche zu lernen wäre, sie ist vielmehr auch notwendigerweise keine inhaltlich endgültig bestimmte Theorie über »richtiges« Bewußtsein. Selbstverständlich enthält sie gewisse inhaltliche Vorentscheidungen darüber, was zum »richtigeren« Bewußtsein gehören müßte, etwa die inhaltlichen Implikationen der Kategorien selbst oder der formulierten Lernziele. Im großen und ganzen jedoch enthält unsere Theorie nur *Verfahrenshinweise* darüber, wie man zu einem »richtigeren« Bewußtsein kommen könnte, sowie darüber, was »richtigeres« Bewußtsein im Kontext der eigenen Interessen heißen könnte. Es ist vorauszusehen, daß dies als »formalistisch« kritisiert werden wird. Aber nur auf Indoktrination angelegter politischer Unterricht könnte die Inhaltlichkeit des »richtigen« Bewußtseins vollends didaktisch antizipieren; dann aber wäre die didaktische Theorie überhaupt überflüssig, nötig wäre nur noch als Sozialtechnik verstandene Unterrichtsmethodik. Vielleicht gäbe es Möglichkeiten, die inhaltlichen Vorentscheidungen noch zu erweitern, ohne das eben erläuterte Prinzip zu verletzen; aber ich sehe sie vorläufig nicht und finde auch in der vorliegenden Literatur keine plausiblen Hinweise dafür.

Exkurs über Geschichtsunterricht: Unter der Voraussetzung, daß diese Kategorien *im ganzen* als im pragmatischen Sinne hinreichend für solche Analysen angesehen werden können, deren Ziel die weitere Realisierung des Grundgesetzes und allgemeiner Mitbestimmung ist, geben sie auch die wichtigsten Leitgesichtspunkte für einen unter Teilziel III genannten ereignisgeschichtlichen Geschichtsunterricht ab. Dessen Aufgabe sollte ja sein, den historischen Prozeß der Demokratisierung sowie der Widerstände dagegen an bestimmten »Schlüsselereignissen« aufzuklären. Mit Ausnahme der Kategorie des subjektiven »Interesses«, die allenfalls auf wenige handelnde Persönlichkeiten zurückprojiziert werden könnte, soweit die Quellenlage das gestattet, würden alle anderen sich auch als Kategorien eines so verstandenen Geschichtsunterrichts eignen. Auf diese Weise könnte das bisher ungelöste Problem bearbeitet werden, wie die Forderung nach einem in diesem Sinne »demokratischen« Geschichtsverständnis nun auch didaktisch realisiert werden kann. Dann wären unsere politisch-didaktischen Kategorien zugleich auch diejenigen Unterrichtsperspektiven, die die nötige Kontinuität innerhalb des ereignisgeschichtlich orientierten Geschichtsunterrichts stiften könnten. Wird der Geschichtsunterricht so realisiert, und stellt man sich weiter vor, daß das einzelne politische Bewußtsein kontinuierlich die jeweilige politische Aktualität mit diesen Kategorien bearbeitet, so würde das Kategorien-Ensemble auf die Dauer nicht nur zu einem analytischen Instrument, sondern auch zu einem mehr oder weniger systematischen Strukturmodell des historisch-politischen Einzelbewußtseins überhaupt, das die zunächst aus Gründen der Lernorganisation noch getrennten Ebenen des politischen Wissens und Verhaltens dann von daher subjektiv-einheitlich integrieren kann. Jedenfalls erweist sich hier noch einmal, daß das Kategorien-Ensemble mit Recht das Kernstück unseres didaktischen Modells ist.

Die Kategorien können nur dann sinnvoll für den politischen Unterricht sein, wenn sie drei Bedingungen erfüllen.

1. Sie müssen *alle* in jedem politischen Konflikt enthalten sein bzw. — als Fragen an ihn gestellt — zu sinnvollen Antworten führen. Es muß also zutreffen, daß in jeder aktuellen Auseinandersetzung von politischem Gewicht sich darüber hinausgehende *Konflikte* repräsentieren; daß ein solcher Konflikt dennoch nicht allgemein, sondern konkret entschieden wird (*Konkretheit*); daß in jeder Auseinandersetzung wenigstens mittelbar das *Interesse* eines jeden Bürgers getroffen wird; daß der Bürger Möglichkeiten der *Mitbestimmung* hat; daß er nur in *Solidarität* mit einer Gruppe oder Klasse diese Mitbestimmung wahrnehmen kann; daß jede politische Entscheidung ausgesprochen oder unausgesprochen mit einem auf das politische Ganze zielenden Begründungszusammenhang versehen ist, der zugleich das partikulare Interesse artikuliert (*Ideologie*); daß jede politische Entscheidung in der Kontinuität eines faktischen und ideologischen Zusammenhangs steht (*Geschichtlichkeit*); daß sie in einem positiven *Rechtszusammenhang* steht; daß sie, obwohl immer partikular im politischen Geschehen angesetzt, immer auch andere Teile des *Funktionszusammenhangs* und damit das ganze System verändert; daß sie immer konkrete Daseinsbedingungen von Menschen verändert (*Menschenwürde*); daß alle politischen Beziehungen solche der *Macht* sind.

2. Die zweite Voraussetzung ist, daß die in diesen Kategorien enthaltenen normativen Implikationen mit denen des Grundgesetzes übereinstimmen und *insofern* als Konsensus der ganzen Gesellschaft angesehen werden können. Es ist diesen Kategorien ja eigentümlich, daß sie die politische Wirklichkeit nicht nur analytisch befragen, um Sachverhalte zu ermitteln, sondern daß zugleich diese Sachverhalte mit einem Wertakzent versehen werden, der letzt-

lich Grund der Fragestellung ist. Diese normativen Implikationen lassen sich etwa folgendermaßen skizzieren: Es ist zulässig, die aus der gesellschaftlichen Ungleichheit resultierenden Konflikte im Sinne der eigenen Interessen zu behandeln (*Konflikt*); es ist zulässig, den Spielraum einer politischen Situation optimal für die eigenen Interessen auszunutzen (*Konkretheit*); es ist zulässig, individuelle Wünsche zu haben und diese politisch durchsetzen zu wollen (*Interesse*); es ist zulässig, vorhandene Mitbestimmungsmöglichkeiten wahrzunehmen und bessere zu fordern (*Mitbestimmung*); es ist zulässig, das individuelle Interesse mit dem einer Gruppe, Klasse oder Organisation zu verbinden (*Solidarität*); es ist zulässig, die eigenen Hoffnungen, Wünsche und Interessen nicht nur als partikulare, sondern auch als auf das Gemeinwohl bezogene Ideen zu formulieren und entsprechende andere abzuwehren (*Ideologie*); es ist zulässig, Erfahrungen aus dem historischen Zusammenhang aufzuspeichern und damit in der politischen Aktualität politisch zu operieren (*Geschichtlichkeit*); es ist zulässig, den Rechtsspielraum auszunützen für die Verfolgung der eigenen Interessen und um einen Fortschritt der eigenen Rechtsposition zu kämpfen (*Rechtlichkeit*); es zu zulässig, legitimierte *Macht* anzuwenden und nach weiteren Durchsetzungsmöglichkeiten Ausschau zu halten; es ist zulässig, daß Menschen in einem höchstmöglichen Maß Subjekt ihrer Lebensbedingungen und frei von Angst, Ausbeutung und Unterdrückung sein wollen (*Menschenwürde*); es ist zulässig, das eigene Interesse im Rahmen des gesamtgesellschaftlichen *Funktionszusammenhangs* zu definieren und zu relativieren.

3. Die unterrichtliche Voraussetzung unserer Kategorien ist, daß sie sich angesichts des konkreten Unterrichtsgegenstandes in sinnvolle *Leitfragen* umwandeln lassen, die in ihrer allgemeinsten Form etwa folgendermaßen formuliert werden können: Worin besteht der *Konflikt*? Worum geht es im einzelnen bei dieser Auseinandersetzung (*Konkretheit*)? Welchen Vorteil habe ich von einer Situation oder Aktion (*Interesse*)? Wie kann ich angesichts einer Situation

oder Aktion meinen Einfluß geltend machen (*Mitbestimmung*)? Welcher Gruppe oder Klasse nützt eine politische Situation oder Aktion (*Solidarität*)? Welche Ideen liegen einer Situation oder Aktion zugrunde (*Ideologie*)? Welche geschichtlichen Auseinandersetzungen kommen in einer Situation oder Aktion zum Ausdruck (*Geschichtlichkeit*)? Welcher Zwang kann zur Aufrechterhaltung einer Situation und zur Durchsetzung einer Aktion angewandt werden (*Macht*)? Welche rechtlichen Möglichkeiten bestehen bei einer politischen Situation oder Aktion (*Recht*)? Wie wirkt eine Situation oder Aktion auf andere Situationen oder Aktionen ein (*Funktionszusammenhang*)? Wie wirkt eine Situation oder Aktion auf die davon unmittelbar oder mittelbar betroffenen Menschen (*Menschenwürde*)?

Selbst wenn diese Bedingungen als erfüllt gelten können, bleibt die Frage, ob der Kategorienzusammenhang hinreichend vollständig ist. Dabei muß allerdings gesehen werden, daß die Kategorien einem praktischen Zwecke dienen, nämlich ein Verfahren für die Verbesserung des Bewußtseins zu ermöglichen. Eine Vermehrung der Kategorien würde den politischen Unterricht leicht unpraktikabel machen, während ihre Reduktion die Sachverhalte allzusehr verengen müßte. Ob also eine Interpretation eines politischen Sachverhaltes als angemessen gelten kann, hängt von der Anzahl der angewendeten Kategorien ab. Keine einzige von ihnen garantiert für sich genommen ein angemessenes Verständnis. Ihre Funktionen erfüllen sie nur *im ganzen*. Die Kategorien lassen sich auch nicht weiter in einen systematischen Zusammenhang bringen. Auch die Reihenfolge, in der wir sie erläutert haben, ist beliebig, weshalb wir sie auch mehrmals änderten. Sie lassen sich nicht voneinander ableiten, sie sind insofern gegeneinander autonom. Welche im konkreten Falle eine dominante Bedeutung hat, kann nicht vorweg durch eine logische Analyse entschieden werden. Grundsätzlich stehen sie nur im Zusammenhang der Interdependenz. Daß sie keinen eindeutigen systematischen Zusammenhang zueinander haben können, erklärt sich daraus, daß sie eben nicht das Abbild einer *politischen* Theorie sind, sondern Elemente einer *didaktischen Konstruktion*. Nur wenn beides identisch sein könnte, gäbe es auch einen systematischen Zusammenhang der Kategorien.

Die Umwandlung der Kategorien in Grundeinsichten

Wenn die in unseren Kategorien beschlossenen Sachverhalte und Bewertungen allen politischen Auseinandersetzungen immanent sind, dann lassen sie sich auch als politische Grundeinsichten, als *Ergebnis* eines politischen Unterrichts formulieren. Damit kommen wir auf den kritisierten Ansatz von Fischer / Herrmann / Mahrenholz zurück, übernehmen sogar einige ihrer Grundeinsichten, glauben sie aber überzeugender im Gesamtzusammenhang begründet zu haben. Solche Grundeinsichten lassen sich für Jugendliche etwa folgendermaßen formulieren, wobei zu bedenken ist, daß diese Formulierungen in der Unterrichtspraxis sowohl den Altersklassen angepaßt wie auch im einzelnen je nach der Art des zu behandelnden Gegenstandes ausführlicher dargestellt werden müssen.

1. Politik geht heute zurück auf die fundamentale Tatsache der sozio-ökonomischen Ungleichheit in einer Gesellschaft. Diese Ungleichheit führt zu Konflikten, die die eigentliche Triebfeder des politischen Prozesses sind und die daher vornehmlich Gegenstand des politischen Engagements sind. Ein Engagement in Konflikten eröffnet die Möglichkeit, das Maß an Ungleichheit zu verringern (*Konflikt*).
2. Politische Entscheidungen sind konkrete und einmalige Entscheidungen. Keine politische Situation ist mit einer anderen voll identisch, mag sie ihr auch noch so ähnlich sehen. Deshalb muß man sich auch im einzelnen informieren, was jeweils zur Debatte steht (*Konkretheit*).
3. Politik hat es im wesentlichen mit der Gewährung oder Nicht-Gewährung von Interessen zu tun. Die Klarstellung,

welche Interessen jemand hat, gehört zu den wichtigsten politischen Entscheidungen, die jeder einzelne für sich treffen muß. Nur wenn jemand seine eigenen materiellen, kulturellen und sozialen Interessen erkannt hat, kann er sinnvoll politische Verantwortung übernehmen oder an andere übertragen (*Interesse*).

4. Daß jeder Mensch in allen politischen und gesellschaftlichen Bereichen Möglichkeiten vorfindet, seine Interessen soweit wie möglich zu verwirklichen, ist ein normatives Postulat des Grundgesetzes. Deshalb ist es immer wichtig zu wissen, wo es solche Möglichkeiten gibt und wo sie vielleicht erst noch geschaffen bzw. erweitert werden müssen (*Mitbestimmung*).

5. Jede politische Situation und jede politische Aktion bringt einigen Gruppen oder Klassen Vorteile, anderen gleichzeitig Nachteile. Betroffen sind davon also letztlich alle Bürger eines Staates, unter Umständen auch Bürger anderer Staaten. Die Behauptung, politisches Handeln könne gerecht gegen alle Betroffenen sein, ist ein politischer Trick. Der einzelne kann nur mit Hilfe anderer Menschen, die die gleichen Interessen vertreten wie er selbst, seine Wünsche in der politischen Wirklichkeit durchsetzen (*Solidarität*).

6. Politischem Handeln liegt immer eine Vorstellung darüber zugrunde, wie das Zusammenleben der Menschen geordnet sein soll. Ohne eine solche Vorstellung könnte es keinen Maßstab für politisches Handeln geben. Diese Vorstellungen dienen andererseits aber auch dazu, dem notwendigen Egoismus des politischen Handelns den Mantel des Allgemeinwohls umzuhängen. Politisches Urteil wird beide Seiten immer sorgsam unterscheiden müssen (*Ideologie*).

7. Alle wichtigen Streitfragen und Interessengegensätze unserer Tage sind älter als wir selbst, sind geschichtlich bedingt. Gerade ihre Verschärfungen können aus früheren Erfahrungen der Väter erwachsen. Oft sind sie nur dann verständlich, wenn man diese Erfahrungen kennt (*Geschichtlichkeit*).

8. Jedes politische Handeln hat eine Kettenreaktion von Ergebnissen zur Folge: Es wirkt sich im Ganzen der menschlichen Gesellschaft aus, obwohl es vielleicht nur auf eine engumgrenzte Einzelfrage gerichtet war. Die Wirkung, die eine politische Aktion erzielt, kann als Ursache zurückwirken und so die ursprüngliche Absicht zerstören. Die Wirkung kann Folgen haben, die man nicht wollte. Trotzdem müssen sie mit verantwortet werden. Gerade diese Kettenreaktion politischer Maßnahmen macht es immer mehr erforderlich, politische Probleme durch langfristige Planungen zu lösen, in denen auch die gewünschten und unerwünschten Nebenwirkungen sorgfältig kalkuliert werden (*Funktionszusammenhang*).

9. Alles politische Handeln muß sich auf seine Rechtlichkeit hin befragen lassen. Auch in scheinbaren Kleinigkeiten ist es wichtig, daß Rechtsgrundsätze eingehalten werden. Rechtliche Regelungen haben friedenstiftende Wirkung: Man muß sich auf sie verlassen können. Andererseits schaffen Rechtsregelungen wegen der gesellschaftlichen Ungleichheit auch rechtliche Ungleichheiten. Deshalb sind Rechtsfortschritte nötig (*Recht*).

10. Über dem Recht, das sich vor allem in den Grenzen ausdrückt, steht das Grundrechtsprinzip der Menschenwürde. Maßstab für alles politische Handeln soll also das Schicksal des einzelnen Menschen sein (*Menschenwürde*).

11. Jedes politische Handeln hat es mit Macht zu tun, d. h., es muß mit der Möglichkeit rechnen können, für eine politische Entscheidung Gehorsam von anderen Menschen zu erhalten. Ohne Macht kann kein politisches System aufrechterhalten werden, ohne Macht ist aber auch eine Besserung der politischen Verhältnisse nicht zu erreichen (*Macht*).

Der didaktische Aufbau des politischen Unterrichts

Aufgrund der bisherigen Überlegungen können wir nun *in idealtypischer Weise* einen didaktischen Aufbau des politischen Unterrichts konstruieren.

1. Ein politischer Konflikt, der entsprechendes Interesse findet, wird als Einstieg erörtert. Dabei kommt es vor allem darauf an, durch die Kenntnisse und Meinungen der am Unterricht Beteiligten schon einen ersten Eindruck von der Vielschichtigkeit des Problems zu gewinnen.

2. Anwendung der in Leitfragen umgewandelten Kategorien auf den Gegenstand = Mobilisierung des Ausgangsbewußtseins zum Aktionswissen.

3. Zusammenhängende, systematische Darstellung des von den verschiedenen Leitfragen her erworbenen Wissens = Neustrukturierung und Differenzierung des Ausgangsbewußtseins im Hinblick auf die Korrektur gesamtgesellschaftlicher Vorstellungen.

4. Rückgang auf den Einstieg: Vertiefte Beurteilung aufgrund des neuerworbenen Wissens = Wiederholung dieses Wissens unter neuem Aspekt.

5. Umwandlung der Leitfragen in Grundeinsichten = neue Bezugspunkte für das gesamtgesellschaftliche Bewußtsein.

6. Rückgang auf den Einstieg: Willens- und Urteilsbildung aufgrund der materialen Kenntnisse und formalen Einsichten.

7. Gegebenenfalls Ermittlung der realen Handlungs- und Mitbestimmungsmöglichkeiten und deren praktische Organisation.

Dieses idealtypische Modell ist weniger als Stufenmodell für den politischen Unterricht gedacht, sondern mehr als Orientierungshilfe für den Leser, damit er sich die bisher erörterten didaktischen Dimensionen in Form einer zeitlichen Reihenfolge vorstellen kann; denn für den Unterricht selbst kommt es ja entscheidend darauf an, die *systematische Gleichzeitigkeit* der Gesichtspunkte in eine plausible *zeitliche Reihenfolge* umsetzen zu können. Dieses Problem muß jedoch ausführlich in der »Methodik« behandelt werden.

Bisher haben wir von Konflikten im objektiven Sinne gesprochen, wie sie etwa zum Gegenstand parlamentarischer
Auseinandersetzungen werden können. Als Beispiele könnten gelten der Vietnam-Krieg, der Kampf um die Ostver-
träge, um die Änderung des § 218, um die innerbetriebliche Mitbestimmung usw. Von derlei objektiven Konflikten sind alle Bürger unserer Gesellschaft zwar in einem
objektiven Sinne auch persönlich betroffen, gleichwohl
kann aber das subjektive Ausmaß einer solchen Betroffenheit mit höchst unterschiedlicher Intensität erlebt werden.
Es gehört ja zu den durchgängigen Erfahrungen der politischen Bildung, daß selbst naheliegende objektive Betroffenheiten subjektiv auf Gleichgültigkeit stoßen. So hatte
etwa über lange Zeit die von den Gewerkschaften vertretene innerbetriebliche Mitbestimmung nicht nur verständlicherweise bei den Unternehmern, sondern auch bei
vielen Arbeitern geringe Resonanz, und ebensowenig subjektives Interesse fand in der politischen Bildungsarbeit
mit Lehrlingen die Thematisierung ihrer Ausbeutung im
Produktionsbereich — von dem allgemeinen Desinteresse
der Bevölkerung gegenüber wichtigen politischen Problemen ganz zu schweigen. Es müßte im Detail untersucht
werden, worin dieses Auseinanderklaffen von objektiver
und subjektiver Betroffenheit begründet ist und vor allem,
warum sich dies in verhältnismäßig kurzer Zeit ändert.
Sicher ist jedoch, daß Pädagogik in einer aktuellen Situation dies kaum ändern kann; sie kann zwar latent oder
manifest vorhandene Betroffenheiten aufgreifen und bearbeiten, aber sie kann sie nicht herstellen.
Deshalb kann der politische Unterricht auch nicht einfach
davon ausgehen, daß die objektiven Konflikte als solche
auch unbedingt jene Betroffenheit auslösen, die für die in
unserem didaktischen Modell bisher entwickelte Konzeption nötig wäre. Das gilt insbesondere für Kinder und
Jugendliche. Würde der politische Unterricht hinsichtlich

der Stoff- und Themenauswahl ausschließlich auf der Bearbeitung der objektiven Konflikte bestehen, so könnte dies zur Folge haben, daß an den wirklichen Betroffenheiten der Jugendlichen vorbei unterrichtet wird.

Im Zuge der antiautoritären Schüler- und Studentenbewegung und unterstützt durch die Verbreitung psychoanalytischer und gruppendynamischer Erkenntnisse hat sich eine gewisse Gegen-Bewegung Geltung verschafft. Sie besteht darauf, die *unmittelbar* erfahrenen Probleme und Konflikte nicht mehr als bloß privat-subjektive zu verstehen, sondern als Widerspiegelungen objektiver gesellschaftlicher Konflikte und Widersprüche in den einzelnen Individuen. Wenn jemand Autoritäts-Konflikte mit seinen Eltern und Lehrern hat, von sexuellen Ängsten und Frustrationen gequält wird oder unter Arbeitsstörungen oder Kontakthemmungen leidet, so ist dies demnach nur die private Besonderheit eines allgemeinen objektiven gesellschaftlichen Konflikts oder Widerspruchs, der als solcher gar nicht sich vergegenständlicht und auch nicht ausdrücklich etwa zum Gegenstand parlamentarischer Debatte und Entscheidung wird. Der Schluß liegt nahe, die kollektive Selbstthematisierung dieser subjektiven Konflikterfahrungen und daraus resultierende Befreiungsstrategien (politische Aktionen) zum eigentlichen Gegenstand des politischen Unterrichts zu machen.

Auf den ersten Blick scheint dies in der Tat ein optimaler Ausgangspunkt für den politischen Unterricht zu sein: Eine hohe Motivierung ist zu erwarten, und die von uns mehrfach angesprochene Durchsetzung gerade individueller Lebensinteressen im politischen Raum böte sich hier geradezu in idealer Weise an.

Jedoch wäre dafür unser Kategorien-Modell nicht mehr brauchbar. Kategorien wie Macht, Recht, Funktionszusammenhang, Geschichtlichkeit lassen sich nicht, ohne bis zur Unkenntlichkeit umgeformt zu werden, auf subjektive Konflikte anwenden. Würden vielmehr diese subjektiven Konflikte zum ausschließlichen Thema des politischen Unterrichts, so ließen sich allenfalls die Kategorien »Interesse«

und »Solidarität« noch sinnvoll anwenden; eine solche Reduktion aber, so hatten wir vorher gesagt, sei ein Beweis dafür, daß es sich tatsächlich nicht um einen politischen Gegenstand handele.

Diese These, daß subjektive Konflikte der genannten Art *als solche* keine hinreichenden *politischen* Gegenstände sein können, wird bestätigt durch die folgenden Überlegungen. Zunächst einmal hat gerade die antiautoritäre Bewegung gezeigt, daß es sich bei den fraglichen Problemen und Konflikten zwar nicht nur um individuelle, aber doch um gesellschaftlich-partikulare gehandelt hat; es waren typische Konflikte der *bürgerlich-mittelständischen* Jugend, kaum jedoch auch solche der Arbeiterjugend. Wenn sie also politisch aufgeklärt und bearbeitet werden sollen, so bedarf es dazu eines diesen Konflikten äußerlichen Gegenstandes, der etwa die klassen- oder schichtspezifische Funktion dieser Konfliktlage erkennen läßt. Denn die Frage muß doch lauten: Wenn es zutrifft, daß persönliche Konflikte einen politischen Ursachenzusammenhang haben, wie ist es dann möglich, zu diesem Zusammenhang vorzudringen? Wenn dieser Schritt jedoch nicht gelingt, dann verbleibt die »Selbstthematisierung« in einem selbstgenügsamen Circulus vitiosus, an dessen Ende dann nicht politisches Bewußtsein, sondern eher Albernheiten stehen: etwa Ladendiebstähle, um auf diese Weise den angelernten Respekt vor Eigentum in sich zu zerstören; oder die prinzipielle Verweigerung von intellektueller Arbeit, um auf diese Weise das gesellschaftliche Leistungsprinzip zu vernichten usw. Mit anderen Worten: Offensichtlich ist eine zu starke persönliche Fixierung auf ein bestimmtes Problem keine geeignete Motivationslage mehr für dessen intellektuelle politische Bearbeitung; in einem solchen Fall müssen vielmehr Möglichkeiten geschaffen werden, sich zugleich auch von dieser persönlichen Fixierung distanzieren zu können. Zumindest also müssen die persönlichen Konflikte *von vornherein* in einen Bezug zu objektiven gesellschaftlichen Konflikten gebracht werden; jene können durch diese modifiziert werden, aber der gesellschaftliche Konflikt ist nicht einfach die Verlängerung des persönlichen und von diesem induktiv anzusteuern. Wird das übersehen, so akkumuliert sich das ohnehin falsche Bewußtsein nur mit blinden Affekten.

Nicht nur *sachlich* sind die objektiven Konflikte mehr und anderes als die bloße Kehrseite subjektiver Wahrnehmungen und Empfindungen; auch *didaktisch-methodisch* spricht vielmehr alles dafür, daß subjektive Fixierungen nur an objektiven Gegenständen wirklich abgearbeitet werden können. Damit bleibt die Priorität der in unserem Kategorien-Schema gemeinten Konflikte weiterhin gültig. Das bedeutet aber nun nicht, daß die subjektiven Konflikte — auch in ihrer extremen Fixiertheit — überhaupt kein pädagogisches Thema zu sein hätten; in einem anderen Zusammenhang habe ich der außerschulischen Jugendarbeit gerade unter diesem Aspekt eine wichtige Bedeutung beigemessen (Giesecke 1971); denn daß es einen Zusammenhang zwischen subjektiven und objektiven Konflikten gibt, kann ja ernsthaft nicht bestritten werden. Solange jedoch dieser Zusammenhang noch nicht hinreichend klar wissenschaftlich beschrieben ist, kommt es darauf an, ihn im Rahmen unseres Kategorienmodells jeweils konkret für die unterrichtliche Bearbeitung zu erschließen. Daher geht es jetzt noch einmal um die Kategorie »Interesse«.

Traditionell gehört zu jeder didaktischen Reflexion, die objektive Struktur der Sachverhalte mit den Interessenlagen der Kinder bzw. Jugendlichen so in einen Zusammenhang zu bringen, daß sie sich »wechselseitig erschließen« können (Klafki). Dabei geht man gemeinhin davon aus, daß die Interessenlagen der Kinder und Jugendlichen durch entwicklungspsychologische Erkenntnisse je nach Altersklasse so hinreichend zu klären sind, daß sie vorweg als mehr oder weniger feste Größe ins didaktische Kalkül übernommen werden können. So nahm man etwa an, daß die *Personalisierung* abstrakter Zusammenhänge zu den charakteristischen Merkmalen der Vorpubertät gehöre, und daß ein Unterricht nur Interesse finden könne, wenn er sich diese eigentümliche »Fragehaltung« zu eigen mache.

Nun ist ohne Zweifel richtig, daß 6jährige einen anderen Zugang zum Politischen haben als etwa 15jährige, daß sie also etwas Unterschiedliches jeweils daran interessiert. Gleichwohl aber ist es heute nicht mehr möglich, solche altersspezifischen Interessenzusammenhänge weiterhin präzise gegeneinander abzugrenzen. Da nämlich solche Interessen nicht nur eine Funktion der biologischen Reifung, sondern sehr viel mehr eine Funktion sozio-kultureller Einflüsse sind, muß sich mit diesen auch die Interessen-Entwicklung ändern. Politische Interessen sind nicht nur altersspezifisch, sondern auch beim selben Alter höchst unterschiedlich im Vergleich von Mittelschicht und Unterschicht oder von Stadt und Land. Seitdem fast alle Kinder Zugang zu den politischen Informationen des Fernsehens haben, hat sich auch der Interessen-Zugang für Politik notwendigerweise verändert. Aufgrund solcher allgemeiner gesellschaftlicher Entwicklungen erscheint es immer weniger möglich, altersspezifische Interessenlagen aus einem mehr oder weniger endogenen biologisch-psychischen Prozeß der individuellen Lebensgeschichte zu deduzieren. Aus diesem Grunde fehlt in unserem didaktischen Modell auch eine Variation nach Altersstufen.

Andererseits jedoch ist damit die Frage nicht beantwortet, wie sich unser didaktisches Modell altersspezifisch modifizieren ließe. Dafür ist vielleicht folgende Strategie plausibel, die Ernst August Roloff (1972) vertreten hat und die sich auf folgende Formel bringen läßt: *Der politische Unterricht wird dadurch den verschiedenen Altersklassen gerecht, daß er die Etappen des Heranwachsens selbst politisch thematisiert, also gleichsam den Prozeß der Sozialisation durch politische Aufklärung begleitet.* Roloff hat dieses Prinzip am Beispiel der Schule und der Berufswahl erläutert und auf die These gebracht, daß der wichtigste politische Gegenstand eines Schülers die Schule selbst sei. In der Tat markiert der Schulbeginn für das Kind einen ersten wichtigen Eintritt in das gesellschaftliche Leben, was Adorno zu der Bemerkung veranlaßte, mit dem Schuleintritt begegne dem Kind zum ersten Mal gesellschaftliche

Entfremdung. Das Recht der freien Berufswahl sowie die Rechtsstellung des Jugendlichen im Betrieb wären zu gegebener Zeit weitere Themen im Rahmen des Sozialisationsprozesses. In jüngeren Jahren wären die Verwendung des Taschengeldes im Konsumbereich, die Begegnung mit den Massenmedien, die »Kinderfeindlichkeit« der Gesellschaft (fehlende Spielplätze, Verhalten von Erwachsenen gegenüber Kindern usw.) weitere Anknüpfungspunkte. Geht man also davon aus, daß der Prozeß der Sozialisation schon sehr bald nach der Geburt sich im Rahmen politisch-gesellschaftlicher Realitäten, Spannungen und Konflikte vollzieht, und geht man weiter davon aus, daß dies von den Kindern jeweils neue Formen auch der individuellen Konfliktbewältigung verlangt, so liegt es auch nahe, den politischen Unterricht diese Konflikte begleitend aufklären zu lassen. Ein solches am Leitfaden der jeweiligen Sozialisation entwickeltes Konzept des politischen Unterrichts wäre sehr viel plausibler als die Annahme altersspezifischer Lerninteressen im Rahmen der überlieferten Entwicklungspsychologie. Allerdings wird ihre Verwirklichung nicht einfach sein. Denn einmal wissen wir über den Prozeß und die Inhaltlichkeit solcher Sozialisations-Konflikte noch viel zu wenig. Zum anderen hätte ein solcher Ansatz eine Neuformulierung des »pädagogischen Bezugs« insbesondere in der Schule zur Voraussetzung; denn vom Schuleintritt an müßten sich die Lehrer etwa auch zur Relativierung des schulischen Anspruchs verstehen, unter den die Kinder nicht einfach subsumiert werden sollen. Schule wäre dann nicht nur die Fortsetzung der bisherigen politischen Sozialisation mit anderen Mitteln, sondern wesentlich auch deren Bewußtmachung und Korrektur. Für einen solchen an der Kontinuität der Sozialisationskonflikte orientierten politischen Unterricht, der heute erst in Andeutungen erkennbar wird, müßten jedoch folgende Grundsätze von vornherein beachtet werden:

1. Von Anfang an müßten auch hier die politisch-didaktischen Kategorien — wenn auch in altersgemäßer For-

mulierung — die didaktische Grundlage bilden. Mit anderen Worten: Für die *politische* Aufklärung der Sozialisationskonflikte müssen *politische* Fragen gestellt werden. Nur so kann eine biographische Kontinuität hinsichtlich der politischen Fragehaltung entstehen. *Daß* z. B. immer wieder die Frage danach gestellt wird, wem ein Zustand nützt oder schadet, und daß diese Frage (unter anderen) so zu einem Leitmotiv der politischen Reflexion überhaupt wird, ist wichtiger als die jeweils altersspezifische Begrenzung der möglichen Antworten, die vermutlich auch sehr bald »vergessen« werden. Werden solche objektiven Kategorien nicht frühzeitig ins Spiel gebracht, so droht erneut eine »kindertümelnde« Eingrenzung des kindlichen politischen Horizonts, der an sich unter Umständen durchaus bereits überschreitbar wäre.

2. Auch hier gilt, daß die persönliche Fixierung auf bestimmte Konflikte zum Zwecke der Bearbeitung im Bewußtsein »verfremdet« werden muß. Das muß für jüngere Jahrgänge nicht unbedingt der »objektive« politische Konflikt sein, weil der in der Regel noch nicht mit den eigenen Problemen in Zusammenhang gebracht werden kann. An die Stelle eines »objektiven« kann auch ein (literarisch oder filmisch) »verobjektivierter« Konflikt treten, der die nötige persönliche Distanz ermöglicht. Wichtig ist nur, daß von Anfang an die Dimension objektiv-subjektiv — wie fragmentarisch auch immer — erfahrbar wird, und zwar so, daß das Objektive nicht als etwas den eigenen Bedürfnissen Fremdes oder gar Feindseliges erscheint, sondern als ihr dialektischer Zwilling.

3. Im Unterschied zu älteren Jahrgängen ist für jüngere die Erhaltung und Stärkung des sozialen Kontextes von besonderer Wichtigkeit. Politische Aufklärung — oder gar daraus resultierende Aktionen — dürfen diesen sozialen Kontext nicht in Frage stellen und verunsichern. Klärt man etwa proletarische Kinder über die ökonomischen Determinanten ihrer Lage so auf, daß sie in einen Gegensatz zu ihren Eltern geraten, so macht sie das nicht bewußter, sondern nur dissozial. Je jünger Kinder sind, um so weni-

ger kann ernsthaft gegen die Determinanten des Herkunfts-
milieus aufgeklärt werden, sondern nur im Rahmen des
in ihm zugelassenen Spielraums. Zu erdrückend sind einfach die Beweise der Kinderpsychologie und Kindertherapie
pie dafür, daß die Übereinstimmung mit dem Herkunfts-
milieu von geradezu existentieller Bedeutung für das Kind
ist. Erst im Jugendalter ist eine größere Distanz zum Her-
kunftsmilieu grundsätzlich möglich.
4. Der politische Unterricht in der Kindheit wird sich daher nicht nur an den Sozialisations*konflikten* orientieren
können, sondern sich vor allem auch der Erschließung der
jeweils neu erreichten Erkenntnis- und Handlungsspielräume zuwenden müssen — durchaus im Sinne einer »positivistischen« Erklärung von gesellschaftlichen Funktions-
zusammenhängen, auf die das kindliche Interesse stößt.
Das »Wissenwollen, wie und warum es so ist«, sollte nicht
durch verfrühte Problematisierungen frustriert werden.
5. Wichtiger als die stoffliche Seite ist in den frühen Altersklassen das Training wünschenswerter Verhaltensweisen.
Selbständiges Arbeiten; Solidarisierungen zum Geltend-
machen von Interessen; Eintreten und Hilfe für die Schwächeren; Begründungen für Anordnungen fordern; Strategien für Konfliktlösungen lernen: solche Verhaltensmodi
schaffen wichtige Dispositionen auch für die späteren Tran-
szendierungen der in ihnen enthaltenen politisch-pädagogischen Zielsetzungen.

Kategorien und Parteilichkeit

Inzwischen ist eine Überlegung aus dem Blick geraten, die
zu Anfang des Zweiten Teils eine wichtige Rolle spielte:
die notwendige Parteilichkeit des politischen Unterrichts.
Wir hatten gesagt, daß die Grundlage für alle Zielbestim-
mungen der politischen Bildung zwar das — historisch-
dynamisch interpretierte — Grundgesetz ist, daß aber die
verschiedenen Klassen und Gruppen einen höchst unter-

schiedlichen Zugang zu den im Grundgesetz versprochenen Chancen haben. Unsere Folgerung daraus war, daß deshalb der politische Unterricht auch nicht unparteilich sein kann, sondern die interessengeleiteten Perspektiven der sozio-ökonomisch Benachteiligten eigentlich unterstützen, zumindest aber ermöglichen muß. Ferner war klargeworden, daß »Parteilichkeit« mehr meint als nur die immer schon geforderte »Meinungsfreiheit« des Schülers. »Meinungsfreiheit« — so wichtig sie war und ist — impliziert die Vorstellung, es gebe zu politischen Tatbeständen und Konflikten verschiedene Meinungen, die alle — sofern sie verfassungskonform sind — gleichberechtigt sind und von denen der Schüler *eine,* je nach politischem Thema nicht unbedingt dieselbe, sich zu seinem Urteil machen solle. In dieser Vorstellung erscheinen, wie Habermas, Teschner und Becker mit Recht kritisierten, politische und gesellschaftliche Interessenunterschiede als bloße Unterschiede des Bewußtseins über sie, und die »Meinungen« werden losgelöst von der realen, insbesondere der ökonomischen gesellschaftlichen Basis.

Der ungehinderte Austausch von Meinungen über politische Sachverhalte ist eine notwendige *Voraussetzung* für Parteilichkeit, aber nicht dasselbe. Unter dem Aspekt der aus der sozio-ökonomischen Ausgangssituation entstehenden Parteilichkeit des Interessenzugangs zur Gesellschaft und damit auch zu den einzelnen Bestimmungen des Grundgesetzes sind Meinungen über politische Sachverhalte ja nicht beliebig auswechselbar, vielmehr sind *bestimmte* Meinungen für *bestimmte* politische Interessen weitgehend determiniert. Aus diesem Grunde kann der politische Unterricht gar nicht erwarten, daß die Schüler allen denkbaren politischen Meinungen sich in grundsätzlich gleichem Maße öffnen.

Unser Kategorien-Modell verlangt das auch gar nicht, obwohl es in seiner formalen Allgemeinheit grundsätzlich für *alle* partikularen Interessen gilt. Es ist sogar ausdrücklich zu dem Zwecke entworfen, ein didaktisches Modell für *alle* in der Schule vertretenen sozialen Klassen und Gruppen zu sein. Das ist deshalb notwendig, weil ja in unserem staatlich monopolisierten Schul- und Hochschulsystem — unbeschadet sozialer Differenzierungen in den einzelnen Schularten — sich grundsätzlich *alle* sozialen Klassen und Schichten in ein und derselben Schule befinden. Im Unterschied zur außerschulischen Jugendarbeit und zur Erwachsenenbildung (vgl. O. Negt), wo sich spezifische didaktische Konzepte für spezifische gesellschaftliche Interessen anwenden lassen, muß deshalb die Schule auf einem *einheitlichen* didaktischen Konzept bestehen, das sich dann aber auch für die spezifischen gesellschaftlichen Interessen differenzieren lassen muß. Darin kommt die Tatsache zum Ausdruck, daß die Bestimmungen des Grundgesetzes eben für alle Bürger dieses Staates gelten. Unser Kategorien-Modell ermöglicht also nicht nur eine einheitliche Grundlage für den politischen Unterricht, sondern zugleich auch die Bearbeitung der in ein und derselben Schulklasse vorhandenen Klassen- und Schichtunterschiede.

Die parteiliche Differenzierung des Kategorien-Ensembles erfolgt nun in erster Linie im Rahmen seiner konkreten inhaltlichen Anwendung. Wenn der Lehrer die Gegensätze nicht überspielt, werden z. B. Beamtenkinder die Kategorien »Interesse« und »Solidarität« anders inhaltlich bestimmen als Arbeiterkinder. Ähnliche Unterschiede wird es bei der Benutzung der Kategorien »Ideologie« und »Funktionszusammenhang« geben, und erst recht bei der Frage, wie denn nun ein Konflikt entschieden werden soll. Die Gründe für solche unterschiedlichen Interpretationen müssen selbstverständlich bewußt gemacht werden.

Nun kann es allerdings sein, daß diese Chance, durch die Anwendung der *gleichen* Kategorien die *unterschiedlichen* Interessenzugänge deutlich zu machen, gar nicht genutzt wird, daß im Gegenteil mit Hilfe der Kategorien weiterhin bzw. erneut ein »über« den gesellschaftlichen Realinteressen stehender »allgemeiner« politischer Unterricht betrieben wird, wie ihn Teschner und Becker in ihren Lehreruntersuchungen kritisiert haben. Wenn etwa ein Lehrer die theoretischen Hintergründe dieser Kategorien nicht versteht, wenn er vielmehr die aus ihnen abgeleiteten Leitfragen vordergründig-naiv als solche des »gesunden Menschenverstandes« benutzt, unfähig z. B., sie im Unterrichtsgespräch differenziert, aber doch unter Wahrung ihrer Substanz durchzuhalten, dann ist nicht nur dieses didaktische Modell, sondern jedes denkbare andere auch zum Scheitern verurteilt. Kein didaktisches Modell ist Ersatz für das systematische theoretische Studieren derjenigen Sachverhalte, die unterrichtet werden sollen. So setzt unser Modell voraus, daß der Lehrer die wichtigsten Klassen- und Schichttheorien und die Grundsätze der Ideologiekritik kennt und bei der Anwendung der Kategorien im politischen Unterricht auch zweckmäßig ins Spiel zu bringen weiß. *Fehlt* diese theoretische Basis, so kann sein Unterricht z. B. auch kaum Anreiz dazu geben, die unmittelbare Vordergründigkeit von sogenannten »Interessen« zu transzendieren.

Exkurs über »Klassenbewußtsein«

O. Negt hat — wie andere neo-marxistische Theoretiker — für die Bildungsarbeit mit erwachsenen Arbeitern das Bildungsziel des »Klassenbewußtseins« gefordert, d. h. das Bewußtsein von der »Arbeiterexistenz als sozialem Gesamtphänomen« und der Möglichkeit ihrer Aufhebung; »Emanzipation« sei demnach die Aufhebung der Arbeiterexistenz, die nur gelingen könne durch die Aufhebung des kapitalistischen Kapitalverwertungsmechanismus. Was für die erwachsenen Arbeiter gilt, muß zumindest sinngemäß auch für deren Kinder in den Schulen gelten, obwohl — wie schon mehrfach betont wurde — die institutionellen Determinanten für die außerschulische Erwachsenenbildung andere sind als für das allgemeine Schulwesen. Aber wenn die auf Klassenbewußtsein zielende Bildungskonzeption grundsätzlich richtig ist, dann muß zumindest auch geklärt werden, in welchem *Umfang* und *mit welchen Modalitäten* sie für den Schulunterricht Geltung haben kann.

Da ist zunächst die Forderung, die gesellschaftliche Gesamtexistenz des Arbeiterkindes als eines künftigen Arbeiters aufzuklären, unmittelbar plausibel. Man könnte höchstens fragen, ob nicht die *Kindheit* des Arbeiterkindes eigentümliche Modifikationen der Arbeiterexistenz enthält, die dabei zu berücksichtigen wären (wenn man etwa an die Forschungen zur Arbeiter-Sozialisation denkt). Aber das, was Makarenko die »Perspektive« genannt hat — das Hereinholen künftiger Lebensbedingungen und Lebenschancen in die aktuelle pädagogische Situation —, sollte ohnehin zu den didaktischen Dimensionen des Schulunterrichts gehören. Die »Perspektive« des Arbeiterkindes in der Schule ist im allgemeinen die der künftigen Arbeiterexistenz — im Unterschied zu anderen Schulkindern, deren Perspektive im Vergleich dazu »rosiger« aussieht. Gerade der Vergleich solch unterschiedlicher Perspektiven in ein und derselben Schulklasse vermag die notwendige Parteilichkeit des politischen Unterrichts für die Schüler anschaulich zu illustrieren. Zur Erschließung dieser unterschiedlichen Perspektiven vermögen unsere didaktischen Kategorien bis zu einem gewissen Grade beizutragen: Wer im biographischen Kontext von Kindheit an immer wieder die Frage nach der realen Macht, nach dem Recht, nach den eigenen Interessen und der ihnen angemessenen Solidarität stellt, wird — ohne daß da indoktriniert werden müßte — immer wieder in eine gleiche Richtung weisende Antworten finden: daß es immer wieder dieselben anderen sind, die mehr Macht und bessere Rechtschancen haben, und daß das eigene Interesse immer wieder auf die gleiche Solidarität, etwa mit den Arbeiterorganisationen, verwiesen ist. Auf diese Weise vermag über Jahre des Sozialisationsprozesses vielleicht ein Bewußtsein entstehen, das die »Arbeiterexistenz als Gesamtphänomen« in sich enthält und das durch eine kontinuierliche Fragehaltung an die Umwelt entstanden ist.

Anders verhält es sich jedoch mit jener *bestimmten* Inhaltlichkeit des Klassenbewußtseins, der marxistisch-sozialistischen, auf die Negt letzten Endes abhebt. *Diese* könnte auf die beschriebene Art *möglicherweise*, aber *nicht unbedingt* entstehen. Vielmehr wäre denkbar — und aus vielen Gründen auch wahrscheinlich —, daß die »Arbeiterexistenz als Ganzes« in davon abweichender Weise zum Bewußtsein wird. Das liegt an der schon früher erwähnten Schwierigkeit, daß Gesamtinterpretationen der Arbeiterexistenz wie die marxistische nicht induktiv angesteuert werden, auch nicht — wie Negt meint — »exemplarisch« erschlossen werden können, sondern *unmittelbar* intendiert werden müssen. Nur dann etwa, wenn die — wenn auch elementarisierten — Aussagen der Marxschen politischen Ökonomie im *Zusammenhang* den bisherigen Erfahrungen des Individuums als Gesamtinterpretation angeboten werden, sind sie auch »richtig« lernbar. Das heißt mit anderen Worten: Es gibt zur marxistischen Interpretation der Klassenlage der Arbeiter keinen anderen Zugang als den, die einschlägigen Texte zu lesen und zu verstehen. Auch der Hinweis einiger Kritiker von Negt (vgl. seine Einleitung) darauf, daß das Klassenbewußtsein letzten Endes sowieso nicht intentional »lehrbar« sei, sondern nur im Klassenkampf selbst entstehen könne, verschiebt das Problem nur; denn auch von den Erfahrungen des Klassenkampfes aus läßt sich marxistisches Bewußtsein nicht induzieren — selbst dann nicht, wenn dafür ähnlich wie bei unserem Modell Kategorien vorstrukturiert würden. Vielmehr können Kampferfahrungen nur dann im Rahmen einer solchen Theorie interpretiert werden, wenn diese dialektisch-unabhängig davon dem Bewußtsein immer schon vorher zur Verfügung steht.

Die Schlußfolgerung muß deshalb lauten: Entweder ist Klassenbewußtsein etwas inhaltlich klar Definiertes (also etwas Orthodoxes), dessen inhaltliche Bestimmung nicht den subjektiven Aneignungsprozessen überlassen werden darf; dann ist didaktische Reflexion überhaupt überflüssig, dann kommt es nur darauf an, die »reine Lehre« vorzutragen, in der Hoffnung, daß sie auch so akzeptiert wird. Oder aber das Klassenbewußtsein gilt inhaltlich als für die Zukunft offen, als Produkt realer Auseinandersetzungen und deren Reflexion, also als Arbeitsergebnis des Bewußtseins (und zwar des je individuellen Bewußtseins; denn in Parteien und Gewerkschaften *organisiertes* Bewußtsein »lernt« nicht, sondern verändert sich nur aufgrund von Machtänderungen, kann also auch insofern nicht Gegenstand didaktischer Reflexion sein); dann geht es darum, für den Prozeß der politischen Reflexion solche Kategorien zu entwickeln, die ein Bewußtsein von der »Arbeiterexistenz als Ganzes« aufzubauen — und entsprechende Gesamtinterpretationen wie die marxistische auch zu hinterfragen! — vermögen.

Wäre die Differenz zwischen dem am weitesten fortgeschrittenen Bewußtsein von der Gesellschaft und dem tatsächlichen der großen Mehrheit durch irgendwelche Akte der persönlichen Entscheidung einfach überwindbar und aufzuheben, so stellte die politische Bildung überhaupt kein Problem mehr dar. Klassenbewußtsein in dem von Negt gemeinten Sinne kann also gar nicht unmittelbar Ziel der politischen Bildung sein; die politischen Lernziele, und zwar die Globalziele sowohl wie die daraus abgeleiteten Feinziele, können höchstens so formuliert sein, daß sie auf lange Sicht die Bildung von Klassenbewußtsein nicht zusätzlich zum ohnehin wirksamen Vergesellschaftungs-Prozeß noch verhindern oder erschweren.

Folgerungen für die Methodik des politischen Unterrichts

Wie überall im Verhältnis von Didaktik und Methodik, so ist auch hier das didaktische Modell nicht einfach in die Unterrichtspraxis übersetzbar: Es ist kein Konzept für die je konkrete Unterrichtsgestaltung, sondern nur ein theoretischer Gesamthorizont, der erst gute methodische Einfälle hervorrufen kann. Den methodischen Problemen des politischen Unterrichts ist ein eigener Band gewidmet. Gleichwohl lassen sich hier schon einige prinzipielle Konsequenzen ziehen, da unser didaktisches Modell die Bevorzugung bestimmter Methoden und Unterrichtsformen nahelegt.

1. Unser didaktisches Modell legt eine gewisse Präferenz für Unterrichts*projekte* nahe, die sich an wichtige, auch den Jugendlichen interessierende politische Kontroversen anschließen. Im Rahmen eines solchen Projektes könnten alle Lernziele zu ihrem Recht kommen, ohne daß sie aus systematischen Gründen allzusehr voneinander isoliert würden. Da man in der Schule nur einige wenige Projekte innerhalb eines Jahres durchführen könnte, behielte man die Chance, dafür auch die wichtigsten politischen Kontroversen zugrunde zu legen.

Da — vor allem im Zusammenhang der Hochschulreform — eine gewisse modische Vorliebe für Projekte entstanden ist, muß jedoch gleich hinzugefügt werden, daß es sich hier um die vermutlich komplizierteste Unterrichtsform überhaupt handelt. Genaugenommen sind Projekte nämlich eine gut zu organisierende *Kombination* verschiedener Methoden und Unterrichtsformen. Je nach dem Stand des jeweiligen Lernprozesses müssen Gruppenarbeit und Frontalunterricht, problemorientierte Analysen und systematische Lehrgänge, arbeitsteilige und integrierende Formen der Kommunikation einander abwechseln. Nur dann kann die konkrete Konfliktanalyse so betrieben werden, daß alle Lernziele zu ihrem Recht kommen; und nur so kann verhindert werden, daß hinter dem Anspruch von Projekten nur der Wunsch nach unmittelbarer, »totaler« Kommunikation und die Abwehr gegen intellektuelle Arbeitsteilung sich verbergen.

Eine weitere Schwierigkeit ergibt sich daraus, daß zwar in einem theoretischen Sinne — da alles mit allem irgendwie zusammenhängt — eine Konfliktanalyse für nahezu unbegrenzte Lernprozesse verwendet werden kann, daß dem aber andererseits psychologische Grenzen gezogen sind. Werden z. B., wie schon betont wurde, Konfliktanalysen allzusehr und allzulange mit systematischen Unterrichtspartien belastet, die sich gar über Wochen erstrecken, so erlahmt irgendwann das Interesse für den Konflikt selbst; er gerät aus dem Blick. Man wird also so verfahren müssen, daß man die zu analysierenden Konflikte auch danach aussucht, daß *auf die Dauer* die verschiedenen Lernziele angemessen berücksichtigt werden, nicht unbedingt bei ein und demselben Projekt. Allerdings darf nicht übersehen werden, daß die herkömmliche Schulorganisation mit ihrem Schulstunden-Rhythmus dem Projekt-Verfahren nicht unerhebliche Schwierigkeiten macht. Das methodische Leitprinzip der Schulorganisation ist nach wie vor der Lehrgang, nicht das Projekt.

2. Innerhalb eines an Konflikten orientierten Projektes und im Rahmen der systematischen Lernziele hätten Lehrgänge zwar immer noch einen Sinn, aber im ganzen kann man die politischen Stoffe nicht mehr von Jahrgang zu Jahrgang schichten. Würde Politik lediglich in der schulischen Weise des Lehrgangs gelehrt, so müßte das in den Schülern die Vorstellung erwecken, als ob sich ihnen im Laufe der Jahre die politische Welt systematisch erschließe und ihnen damit fertig »zuhanden« werde. Damit aber würde die politische Welt vorfabriziert, es würde ein Zusammenhang gestiftet, der nur deshalb existiert, weil er so und nicht anders hergestellt wurde. Auf diese Weise würde der Unterricht eine Art zweiter Wirklichkeit schaffen; es kann aber nicht gleichgültig bleiben, inwieweit diese ihrem Original wirklich entspricht.

3. In unserem didaktischen Modell kommt dem *Einstieg*, also dem Beginn eines Lernprozesses, eine besondere Bedeutung zu. Man kann nämlich eine politische Kontroverse nur so zum Gegenstand des Unterrichts machen, daß sie vorher dafür präpariert wird. Man kann zwar von den Meinungen einer Schulklasse, von einem Referat, von einem Fernsehfilm, von einem Leitartikel oder von einer Dokumentation ausgehen — also von Bearbeitungen eines politischen Ereignisses —, aber niemals von diesem Ereignis als solchem. »Einstieg« ist also eine Bearbeitung eines politischen Konfliktes zum Zwecke der Organisation von Lern-

prozessen. Mit dieser Definition grenzen wir den Einstieg vom »Aufhänger« einerseits und von der »Illustration« andererseits ab.

Der »Aufhänger« täuscht die Lernenden: Man will etwas Bestimmtes lehren, weiß aber, daß die Jugendlichen daran nicht interessiert sind. Also greift man zu einem Stoff, der mit dem, was man unterrichten will, zwar nicht viel zu tun hat, aber das Interesse der Jugendlichen trifft (etwa nach dem Motto: »Film zieht immer . . .«). Wenn der Aufhänger dann das Interesse gebührend mobilisiert hat, geht man zum »Eigentlichen« über, in der Hoffnung, daß das mobilisierte Interesse diesen Übergang mitvollziehe. Auf diese Weise nimmt der Pädagoge weder das Interesse der Jugendlichen ernst noch die Sache, der das Interesse gilt. Die Aufdeckung einer solchen Täuschung kann die pädagogische Kommunikation erheblich gefährden.

Die »Illustration« hingegen dient innerhalb eines Unterrichtsganges der Veranschaulichung komplizierter Sachverhalte und Gedankengänge. Ein aktueller politischer Konflikt kann zur Illustration einer systematischen Überlegung dienen, ohne daß er selbst dabei das eigentliche Thema ist. Im Unterschied zum täuschenden »Aufhänger« ist eine solche Illustrierung grundsätzlich legitim.

Wenn es zutrifft, daß ein politischer Konflikt niemals als solcher, sondern erst in einer bestimmten Bearbeitung einen Unterrichtsprozeß initiieren kann, dann folgt daraus, daß es niemals nur einen einzigen Einstieg für einen bestimmten politischen Konflikt gibt. Schon die Herstellung eines optimalen Einstiegs gehört zu den wichtigsten didaktisch-methodischen Aufgaben des Lehrers. Entschließt er sich für eine kulturelle Objektivation, z. B. für einen Spielfilm, so muß er außer den politischen auch die immanenten filmischen Kategorien berücksichtigen. Versäumt er das, so degradiert er seinen Film von vornherein zum »Aufhänger«. Bei einem guten Einstieg treffen möglichst viele der folgenden Kriterien zusammen:

a) Er muß vom Gehalt und von der sprachlichen und ästhetischen Form her so gut sein, daß es sich von der Sache her lohnt, sich mit ihm zu beschäftigen. Banale Texte, formal schlechte Filme sind immer auch schlechte Einstiege. Sie üben nur einen vordergründigen Reiz aus, bald aber sinkt das Interesse in sich zusammen, und man muß in neue Einstiege flüchten. Lohnende Einstiege sind also entweder Konflikte, von deren Lösung etwas abhängt, oder aber ästhetisch anspruchsvolle Produkte. Banalität ist nur dann zulässig, wenn das, was sie wiedergibt, auch der Wirklichkeit entspricht. (Die Banalität rechtsradikaler Aussagen z. B. ist eben nicht »besser« darstellbar.)

b) Der Einstieg muß spontan interessieren, sonst wird auch meistens für seine Ausdeutung kein Interesse zu gewinnen sein.

c) Er muß überschaubar sein; er darf nicht so umfangreich sein, daß er nicht mehr als Ganzes im Blick bzw. in der Vorstellung behalten werden kann. Wenn der Unterrichtsgang komplizierter wird, muß der Rückgang auf den Einstieg immer wieder den Zusammenhang herstellen, dem Komplizierten seinen Ort zuweisen können.

d) Er muß unvollständig, »imperfekt« sein, nur dann bietet er genug Anreiz, ihn so vollständig wie möglich zu machen. Eine gute graphische Darstellung ist meist ein schlechter Einstieg, weil die Suche nach dem Zusammenhang mit einer gewissen Perfektion vorweggenommen wird. Sie wäre als Illustration erst im Verlaufe des Unterrichtsganges nützlich. Die Unvollständigkeit des Einstiegs ist kein pädagogischer Trick, sondern der Sache angemessen: Politische Informationen erreichen uns immer diffus und unvollständig. Wenn wir im politischen Unterricht vernünftige Bewußtseinsbildung üben wollen, dann muß man diese Normalsituation auch zum Ausgangspunkt machen.

e) Der Einstieg muß verfremden; wenn er im Vergleich zu dem, was man sowieso schon denkt, meint und fühlt, nichts Ungewöhnliches und Neues enthält, kann er nur schwerlich auch zu neuen Erfahrungen führen und kaum zum Lernen motivieren.

f) Ein Einstieg, der verfremdet, ruft immer auch vorgefaßte Meinungen und Urteile, vielleicht sogar regelrechte

Vorurteile hervor. Einstieg ist also niemals nur die Sache, sondern auch das Bündel an Vorurteilen und Affekten, das er hervorlockt. Wenn es also der methodische Weg des politischen Unterrichts ist, den Einstieg zu entfalten, auszufüllen und zu erklären, so gilt das auch für seine subjektiven Momente: auch sie sind Stoff des weiteren Unterrichts.

Politische Bildung und unmittelbare politische Praxis

In den letzten Kapiteln hat uns die Frage nach den Einzelheiten der politischen Bewußtseinsbildung beschäftigt, und zwar losgelöst von der weiteren Frage nach der politisch-praktischen Relevanz dieser Überlegungen. Ihr müssen wir uns nun noch einmal zuwenden.

Bei der Entwicklung der einzelnen Teilziele der politischen Bildung hatten wir zwei politische Handlungstypen unterschieden: den mittelbaren und den unmittelbaren. Als *mittelbare* wurden solche Aktionen bezeichnet, die wie die Beteiligung an politischen Wahlen im Rahmen der Institutionen unseres repräsentativen politischen Systems erfolgen; als *unmittelbare* wurden solche definiert, die sich auf die Mitwirkung an der gesellschaftlichen Basis, also z. B. in Betrieben, Schulen und Hochschulen erstrecken. Die Frage ist nun, ob sich für diese unmittelbaren politischen Handlungsspielräume an der Basis nicht noch genauere strategische Hinweise geben lassen, die so plausibel sind, daß sie in die politischen Lernprozesse mit einbezogen werden können. Gelingt dies nämlich nicht, so droht, wie die letzten Jahre mannigfach gezeigt haben, die Gefahr eines blinden Aktionismus, der sich zu allem Überfluß auch noch mit »fortschrittlichen« oder gar »revolutionären« Redensarten drapieren kann. Wenn wir in diesem Buch mehrfach betont haben, daß politischer Fortschritt im Sinne zunehmender Emanzipation und Mitbestimmung aller vom jeweiligen historischen Standort aus erfolgen muß, so muß sich dies auch aus der Perspektive der an der gesellschaftlichen Basis Handelnden und Lebenden konkretisieren lassen.

Wir versuchen, hier mit Hilfe des soziologischen Rollen-Modells ein Stück weiterzukommen. Das Rollen-Modell hat zumindest für eine erste Betrachtung zwei deutliche Vorteile. Einmal vermag es die Chancen und Grenzen der realen Handlungsmöglichkeiten — und damit auch die Reichweite des dafür nötigen Lernens — anschaulich zu beschreiben. Zum anderen aber ist eine politische Bildung, die reale Möglichkeiten der Emanzipation entdecken und realisieren will, gezwungen, an die realen Rollen-Spielräume anzuknüpfen unter Verzicht auf damit nicht mehr vermittelbare sogenannte »revolutionäre« Utopien. Nicht anti-kapitalistische Affekte nutzen z. B. den Arbeitern, sondern eher die Optimalisierung und Erweiterung des gewerkschaftlichen Rollenhandelns.

Unsere These lautet: Will man gutgemeinte, aber illusorische »idealistische« Postulate vermeiden, deren eilfertige Aufrufe von der unerschütterten Innerlichkeit bis zur putschistischen Revoluzzerei reichen können, so können durch politisches Lernen motivierte politische Strategien nur in der Form *historisch-dynamisierter Rollenerweiterungen* ausgedrückt werden. Der jeweils vorliegende politische Handlungsspielraum der Individuen und Kollektive läßt sich demnach als das Ensemble ihres gesellschaftlich zugelassenen Rollenhandelns bestimmen. Deren Inhaltlichkeit ist aber auch dann historisch determiniert und insofern veränderbar, wenn man mit der funktionalen Theorie davon ausgeht, daß gesellschaftliches »Gleichgewicht« das bewußte oder unbewußte Ziel solcher Rollenmechanismen ist; denn »Gleichgewicht« läßt sich auf ganz verschiedene Weise und deshalb auch mit ganz verschiedenen Rollenvorschriften herstellen. Die »sozialistische Gesellschaft« z. B. ist auch eine modifizierte Form solcher Gleichgewichts-Vorstellungen. Demnach wäre die im Namen der Emanzipation anzustrebende Erweiterung der Mitbestimmung durch eine Transzendierung der jeweils vorliegenden Rollen-Vorschriften anzustreben — aber nur in einem solchen Maße, daß das Individuum nicht »rollen-los« wird, und nur in einer solchen inhaltlichen Richtung, die einen Zuwachs an Mitbestimmung auch wirklich erbringen kann. Diese prinzipielle Überlegung läßt sich in folgender Weise weiter differenzieren:

1. Welche Rollenerwartungen stellen die einzelnen gesellschaftlichen Institutionen (Familie, Schule, Arbeitsplatz, Freizeit, Massenkommunikation, Bezugsgruppen) tatsächlich an die Individuen? Diese Frage, die an jede einzelne der voneinander unterscheidbaren Rollen zu stellen wäre, ist schon deshalb wichtig, weil geprüft werden muß, ob und in welchem Maße das in unseren Lernzielen entwickelte politische Verhalten überhaupt realisiert werden kann. Schließlich war gerade die Erfahrung, daß das in der Schule gepriesene demokratische Verhalten, sobald es in ihr selbst oder in anderen gesellschaftlichen Institutionen realisiert werden sollte, weniger honoriert als vielmehr bestraft wurde, ein wichtiges Motiv für die Protestbewegung der letzten Jahre. Wenn sich dieser Widerspruch durch genauere Analysen bestätigen sollte, so kann es nicht darum gehen, die Lernziele einfach der Realität anzupassen, sondern nur darum, die Möglichkeiten ihrer politischen Realisierung genauer zu bestimmen. Nicht nur aus grundsätzlichen, sondern auch aus praktischen Erwägungen wäre eine kurzschlüssige »realitätsgerechte« Anpassung der Lernziele gar nicht wünschenswert; denn die vorfindbaren Rollenerwartungen sind ja nichts Naturwüchsiges und damit Unveränderliches, sondern historische Determinanten und unterliegen gerade in der Gegenwart starken Veränderungen. Seitdem z. B. die Familie sehr viel weniger eine Produktionsgemeinschaft als eine Konsumgemeinschaft ist; seitdem die Tradierung von Privateigentum (an Produktionsmitteln) immer weniger ihre Hauptfunktion ist; seitdem auch jene feudalistisch-patriarchalische Binnenstruktur immer mehr zerbricht, die Horkheimer in »Autorität und Familie« (1936) noch für den Beginn unseres Jahrhunderts

als typisch erkannte, und die doch schon damals — ein Fossil aus vorkapitalistischen Zeiten — ihren historischen Höhepunkt überschritten hatte: seitdem erhält die Familie auch objektiv neue Chancen, nicht mehr nur als »gesellschaftliche Agentur« die übrigen Rollendeterminanten blind zu reproduzieren, sondern — etwa auf der Grundlage steigender Freizeit- und Konsuminteressen — in eine kritische Distanz zu ihnen zu treten. Wenn diese Tendenzanalyse — die allerdings noch schichtenspezifisch zu differenzieren wäre — zutrifft, dann könnte möglicherweise künftig von den Familien her kritisches politisches Verhalten, das gegenwärtig noch allzu leicht zur familiären Entfremdung führt, in ganz anderer Weise unterstützt werden. Die Familie könnte also möglicherweise in Zukunft der für Rollen-Innovationen notwendige soziale Stützpunkt, die »Bezugs-Gruppe«, sein, der heute noch weitgehend außerfamiliären Sub-Kulturen vorbehalten ist.

2. Stimmen diese vorfindbaren Rollenerwartungen in wesentlichen Punkten überein oder unterscheiden sie sich, so, daß eine Zunahme an Emanzipation gleichbedeutend wäre mit einer unterschiedlichen Identifizierung mit unterschiedlichen Rollen? Das bekannteste Beispiel für diese Frage ist die Trennung von Arbeits- und Freizeitrolle. Inwieweit ist die Möglichkeit, wichtige Interessen und Bedürfnisse — auch politische — in die Freizeit zu verlagern und der Arbeitsrolle zu entziehen, ein Fortschritt an Emanzipation und inwieweit ein Rückschritt? Ob — wie z. B. O. Negt meint — die Emanzipation des Arbeiters von seiner Arbeiterexistenz nur durch die totale Mitbestimmung über Arbeitsplatz und Betrieb zu erreichen ist oder nicht umgekehrt auch dadurch, daß von den in der Freizeit sich aufbauenden, immer bewußter werdenden Bedürfnissen nach einem »guten Leben« entsprechende Impulse auch auf *mittelbar*-politischem Wege auf die Berufsrolle zurückwirken und so die Forderung nach »Aufhebung der Arbeiterexistenz« lancieren können, muß genau geprüft werden (z. B. Sicherung des Arbeitsplatzes ohne Rücksicht auf die marktwirtschaftliche Unternehmenslage; optimale Lohn-

forderungen; Verbesserung der sozialpolitischen Leistungen bei Krankheit, Unfall usw.; Herabsetzung des Arbeitstempos, usw.). Mit anderen Worten: Wird auf die Dauer kritisches Potential von einer Rolle auf die andere transferierbar, etwa so, daß der Druck der in einer bestimmten Rolle (z. B. der Konsumrolle) akkumulierten Bedürfnisse von einem bestimmten Punkt an auf eine andere (z. B. die Berufsrolle) überspringt — die bereits erreichte Erwartung jener an diese übertragend?

Gerade in dieser Frage trägt ein großer Teil des neo-marxistischen *un*-dialektischen Materialismus eher reaktionäre Züge. Die blindwütige, totale und undialektische Denunziation des Freizeit- und Konsumbereiches hat den Blick dafür verstellt, daß auf die Dauer die »revolutionären« Impulse für die große Mehrheit aus dem Freizeit- und Konsumsektor kommen könnten, nämlich aus den dort erlebten neuen »Qualitäten des Lebens«, aus deren Erhaltung und Steigerung eine ganz andere Wucht des politischen Engagements erwachsen könnte als aus der abstrakten Forderung nach kollektiver Übernahme der kapitalistischen Produktionsmittel — die ja möglicherweise auf die Dauer in diesem Prozeß zur massenhaften Forderung werden könnte. Politische Pädagogik hätte also in der gegenwärtigen Situation die dialektisch-fortschrittlichen Momente des Freizeit- und Konsumsystems zu ermitteln und zu unterstützen. Dazu gehört für die große Mehrheit heute immer noch eine verbesserte Teilnahme an den materiellen Ressourcen sowie eine Verbesserung der für sie relevanten öffentlichen Dienstleistungen.

3. In welcher Weise und in welchem Maße ermöglichen und begrenzen die einzelnen vorfindbaren Rollenerwartungen die verschiedenen politischen Lernziele? Die Arbeitsrolle z. B. verlangt auch heute im allgemeinen kein historisches und systematisches Bewußtsein, keine Techniken der Informationsermittlung und des politischen Verhaltens, von »Konflikt-Wissen« ganz zu schweigen. Aber seit Jahrzehnten steht neben dieser an der puren Produktions-Effizienz orientierten Rolle die andere der gewerkschaftlichen

Interessenvertretung. Bisher sind im allgemeinen beide Rollen sorgfältig getrennt geblieben, die eine konnte der anderen wenig anhaben. Der Kampf um »innerbetriebliche Mitbestimmung« zielt tendenziell darauf, die Gettoisierung der gewerkschaftlichen Rolle zu überwinden, sie mit der Arbeitsrolle zu verschmelzen. Erst in dieser Verschmelzung wäre »Arbeit« etwas, was eines politischen Bewußtseins im Sinne unserer Lernziele bedürfte. Einstweilen käme es also darauf an, die Arbeitsrolle im Zusammenhang mit der gewerkschaftlichen Rolle zu sehen, für deren Optimalisierung alle politischen Lernziele jedoch von großer Bedeutung sind.

4. In welcher Weise und in welchem Maße lassen sich die vorfindbaren Rollen *erweitern*? Anpassung an die vorgefundenen gesellschaftlichen Rollen gehört zu den Notwendigkeiten einer jeden politischen Sozialisation. Indem jedoch das Bewußtsein durch Lernen die vorgefundenen Rollen zu transzendieren vermag, vermag es auch neue Rollenaspekte und Rolleninhalte zu antizipieren und in bescheidenem Maße auch zu realisieren. In den Erfahrungen der Individuen vermag sich das, was abstrakt »gesellschaftlicher Fortschritt« genannt wird, vermutlich nur in den erfahrbaren Rollen-Erweiterungen zu konkretisieren. Umgekehrt muß Fortschritt an Emanzipation sich auch im Hinblick auf Rollen-Erweiterungen operationalisieren lassen: Was muß an der Arbeits-, Freizeit- usw. -Rolle im Namen der Emanzipation *anders* werden, und unter welchen Bedingungen kann das geschehen?

5. Welche Bedeutung haben in diesem Zusammenhang die unterschiedlichen *pädagogischen* Institutionen, also diejenigen, die eigens zum Zwecke des geplanten Lehrens und Lernens eingerichtet wurden? Auch sie stellen ja bestimmte Rollen-Erwartungen, z. B. an Schüler, Lehrlinge, Studenten usw., aber die politische Sozialisation eines Menschen geschieht ja nur zum Teil in ihnen. Zu bestimmen und möglichst zu erweitern wäre das Maß an Autonomie der Rollen in pädagogischen Feldern, d. h. das Maß ihrer Innovationsmöglichkeiten im Verhältnis zu den anderen

gesellschaftlichen Rollen. Während nämlich Rollenverhalten im allgemeinen blind und naturwüchsig, weil undurchschaut, sich einpegelt, könnten in pädagogischen Institutionen die Wirkungen aller übrigen Rollen bewußt werden und wenigstens experimentell innoviert werden.

Aber auch zwischen den einzelnen pädagogischen Rollen in den einzelnen pädagogischen Feldern muß noch einmal unterschieden werden, etwa zwischen Schule und außerschulischer Jugendarbeit bzw. Erwachsenenbildung, für die jeweils unterschiedliche gesellschaftliche Bedingungen gelten. In der auf freiwilliger Teilnahme basierenden Jugendarbeit sind andere Rollendifferenzierungen möglich als etwa in der Pflichtschule.

Politische Bildung als Korrektur der politischen Sozialisation

Die letzte Überlegung lenkt den Blick darauf, daß unser didaktisches Modell nicht nur für den Gebrauch in Schulen entworfen wurde. Vielmehr geht es von der Erkenntnis aus, daß die tatsächlichen politischen Lernprozesse eines Menschen, wann immer sie auf planmäßige politische Bildungsangebote treffen, sich bereits in einer bestimmten Inhaltlichkeit als Resultat einer politischen Sozialisation präsentieren. An ihnen sind bewußte pädagogische Maßnahmen immer nur zu einem ganz geringen Teil beteiligt. Die Chance pädagogischer Maßnahmen besteht also niemals darin, das optimale Endprodukt eines Sozialisationsprozesses perfekt zu entwerfen und selbst realisieren zu können; sie besteht vielmehr in der Chance des Umstrukturierens, des Korrigierens. Vieles von dem z. B., was in unseren Lernzielen ausgedrückt ist, wird »sowieso« gelernt, sozusagen durch das Leben selbst. Die pädagogischen Institutionen müssen sich daher fragen, wo ihre spezifischen Chancen im Kontext aller Sozialisationsinstanzen liegen. Isolierte Informationen z. B. sind heute in Fülle jedermann zugänglich, so daß er sich ihnen kaum entziehen kann. Insofern geht ein Unterricht, der in diesem Punkte »vom Nullpunkt an« verfährt, so als könne er allein in die politische Welt einführen, an dem bereits erreichten Informationsstand der Schüler vorbei. Methodische intellektuelle Bearbeitung von alten und neuen Informationen jedoch ist etwas, was auch heute noch nicht »von selbst« geschieht, sondern in eigens dafür eingerichteten, eben »pädagogischen« Institutionen erfolgen muß. Ein anderes Beispiel aus dem Bereich des politischen Verhaltens zeigt das noch deutlicher: In einem allgemeinen sozialisationstheoretischen Sinne ist es zweifellos richtig, daß das menschliche Verhalten sich von Geburt an den gesellschaftlichen Normen und Erwartungen anpassen muß. Da das aber — abgesehen von den Fällen dissozialer oder krimineller Entwicklungen — im allgemeinen »von selbst« geschieht, müssen pädagogische Institutionen das nicht unbedingt noch verstärken; ihre Aufgabe läge vielmehr ganz überwiegend darin, solche Anpassungsvorgänge wieder zu relativieren und im Sinne von »Kritik« und »Widerstand« wieder aufzubrechen. Wenn die Schule also ihren Schwerpunkt so legt, dann handelt sie nicht »utopisch« oder »weltfremd« oder »einseitig kritisch«, sondern sie bestimmt damit nur ihre relative Position im Kontext der übrigen Sozialisationswirkungen und im Hinblick auf das Globalziel zunehmender Emanzipation und Mitbestimmung.

Das Problem ist dabei nur, daß wir bisher weder hinreichende empirische Forschungen noch nennenswerte Theoriebildungen zum Phänomen der politischen Sozialisation im allgemeinen und zu den einzelnen Sozialisationsfaktoren im besonderen haben. Es käme hier nicht nur darauf an, neue Forschungen zu initiieren, sondern vor allem auch darauf, das unter anderen Aspekten produzierte und vorhandene sozialwissenschaftliche Forschungsmaterial unter den Gesichtspunkten einer »politischen Sozialisation« — d. h. unter den Aspekten der politisch-gesellschaftlichen Gesamtexistenz in biographischer Dimension — neu zu interpretieren.

DRITTER TEIL
POLITISCHE DIDAKTIK ALS PÄDAGOGISCHE THEORIE DER POLITIK

Zum Abschluß sollen noch einmal einige theoretische Fragen im Zusammenhang diskutiert werden, die bisher zum Teil zwar schon berührt worden waren, aber aus kompositorischen Gründen nicht ausführlich und systematisch behandelt werden konnten. Sie gehören zwar nicht zu den Überlegungen einer politischen Didaktik im engeren Sinne, sondern führen darüber hinaus; aber insofern eine spezifische Aufgabe der Erziehungswissenschaft wie die hier vorliegende immer auch prinzipielle Aspekte der Erziehungswissenschaft zum Thema hat, mag die nun folgende grundsätzliche Diskussion als berechtigt angesehen werden. Sie konzentriert sich vor allem auf zwei Fragenkomplexe:

Erstens: Welche Funktion hat die politische Didaktik im Rahmen der anderen Fach- bzw. Aufgaben-Didaktiken? Ist politische Didaktik nur ein anderer Terminus für »allgemeine Didaktik«, so daß andere didaktische Aufgaben aus ihr abgeleitet werden könnten?
Zweitens: Welche Stellung hat die politische Didaktik in Beziehung zur politischen (gesamtgesellschaftlichen) Theorie einerseits und zur Methodik des konkreten Schulehaltens andererseits? Ist es überhaupt nötig, zwischen politischer Theorie und Methodik eine Didaktik als Zwischeninstanz einzuschieben, oder würde es genügen, die pädagogischen Überlegungen unmittelbar zu konzentrieren auf die Fragen der unterrichtspraktischen (methodischen) Umsetzungen der politischen Theorie? Beginnen wir zunächst mit diesem Komplex!

Politische Theorie, Didaktik und Methodik

Wir hatten bei der Lernzieldiskussion als politische Theorie eine solche bezeichnet, die versucht, die Totalität der gesellschaftlichen Beziehungen in historischer Dimension aufzuhellen. Daß es dabei konkurrierende Theorien geben kann, ist ebenso selbstverständlich, wie daß solche Theorien niemals »ein für allemal« fertig vorliegen, sondern im historischen Prozeß auch dann ständig neu bearbeitet werden müssen, wenn das »erkenntnisleitende Interesse« (z. B. an einer Emanzipation benachteiligter Gruppen und Klassen) über Generationen hinweg gleichbleibt. Wir haben weiter betont, daß politische Theorie in irgendeiner Form (in der Regel in einer vorwissenschaftlichen) notwendigerweise seit den frühen Sozialisationsprozessen zum Bestandteil des individuellen Bewußtseins gehört und deshalb auch als solche in der politischen Bildung bearbeitet werden muß. Im Unterschied jedoch zum gesamtgesellschaftlichen Bewußtsein, das nicht unbedingt auf einer wissenschaftlichen Theorie basieren muß, soll der Begriff politische Theorie im folgenden nur im engeren Sinne einer wissenschaftlich fundierten und reflektierten Theorie gebraucht werden.

Schon die bloße Konfrontation eines vorwissenschaftlichen gesamtgesellschaftlichen Bewußtseins mit einer ausformulierten politischen Theorie (z. B. einer marxistischen) hat didaktischen Sinn: Sie stellt das empirisch vorhandene Bewußtsein in Frage, erklärt es als falsch und macht Gründe (z. B. ökonomische) für diese Falschheit geltend. Nun könnte man sagen, die Probleme der politischen Bildung seien in dem Augenblick gelöst, wo möglichst alle Menschen bereit und fähig sind, die Sätze der jeweils am weitesten fortgeschrittenen politischen Theorie zu ihren eigenen zu machen. Schon die Lebenserfahrung zeigt jedoch, daß das nicht erwartet werden kann: weil das empirisch feststellbare politische Bewußtsein eine Funktion des historisch-sozialen Standortes ist und deshalb diesem gegenüber nicht beliebig verändert werden kann; weil die intellektuellen Fähigkeiten, die Motivationen, die emotionalen Ausgangslagen und die aktuellen Interessen individuell unterschiedlich sind; weil diese Persönlichkeitsvarianten sich je nach biographischem Datum, also je nach dem Stand der lebensgeschichtlichen Entwicklung, modifizieren usw. Unter der Voraussetzung also, daß »richtiges« politisches Bewußtsein — repräsentiert in der jeweils am weitesten fortgeschrittenen politischen Theorie — vom jeweils empirisch vorfindbaren »falschen« aus angesteuert werden soll, thematisiert didaktische Theorie eben diesen Vermittlungsprozeß. Zu diesem Vermittlungsprozeß vermag die politische Theorie selbst nur allgemeine, nicht hinreichend genaue Hinweise zu geben. Nur sie allein kann zwar die obersten Bildungsziele inhaltlich bestimmen (z. B. Emanzipation oder Mitbestimmung), aber sie kann die Bedingungen ihrer Realisierbarkeit eigentlich nur noch *negativ* angeben: etwa durch Hinweis auf die Grenze des ökonomisch zugelassenen Spielraums. Insofern die politische Theorie der bestehenden Praxis als ihre bessere Idee gegenübertritt, vermag sie jene zwar zu kritisieren, nicht jedoch auch den Prozeß ihrer Verbesserung hinreichend genau zu inszenieren; die Negation einer bestehenden Praxis durch Kritik ergibt für die Etablierung einer neuen höchstens allgemeine Hinweise. Die politische Theorie vermag nicht einmal die von ihr gesetzten obersten Lernziele auch in Teilziele zu operationalisieren, weil sie — und das ist der Grund für die Grenze ihrer theoretischen Reichweite — dazu den ihr eigentümlichen allgemein-historischen Charakter ihrer Aussagen mit individuellen oder zumindest individualisierbaren lebensgeschichtlichen Dimensionen kombinieren müßte. Anders ausgedrückt: *Allgemeine* Aussagen über richtiges oder falsches Bewußtsein müßten auf *individuelle* Ausgangssituationen und Lernprozesse hin umgesetzt werden können. Ein und derselbe Kopf kann zwar beide Arbeiten verrichten — und insofern kann ein Politikwissenschaftler Didaktiker sein und umgekehrt —, aber es handelt sich dennoch um zwei ganz verschiedene Aussagestrukturen; denn die didaktische Umsetzung einer politischen Theorie ist nicht nur einfach ihre Variation, sondern schließt auch ihre *inhaltliche Veränderung* ein. Wenn man — wie wir es in diesem Buch versucht haben — politische Theorie aus der Perspektive von Lernprozessen bestimmter Gruppen von Menschen (z. B. Kinder, Unterschichtkinder usw.) umformuliert, dann ändert sich dabei nicht nur die *Form* der Aussage, sondern auch ihre *inhalt-*

liche Bedeutung, und zwar in dem Maße, wie die objektive politische Theorie eine Verbindung mit den je subjektiven Lerninteressen eingeht, die ihrerseits ja nur ein Ausdruck allgemeiner sozialer Interessen sind. Marx für Oberseminaristen ist etwas anderes als Marx für Arbeiter oder für Lehrlinge oder für Grundschüler, obwohl »Marx-Philologie« in allen Fällen das gleiche sein mag. Eben diese in der didaktischen Transformation notwendigerweise erfolgende *inhaltliche Veränderung* ist es, die eine von der politischen Theorie unterschiedene didaktische Theorie nötig macht, es sei denn, man wolle auf Lehr- und Lernbarkeit und damit auf Praxis überhaupt verzichten. Die Tatsache nun, daß eine jede didaktische Theorie notwendigerweise abweicht von der politischen Theorie, auf die sie sich bezieht, macht sie dieser sofort verdächtig: als pädagogisch motivierte Verunreinigung und Verfälschung. In der Tat lehrt ein auch nur flüchtiger Blick in die Schule allenthalben, was auf diese Weise aus politischen und anderen wissenschaftlichen Theorien werden kann, sobald sie die Schulpforte durchschritten haben. Der Verdacht ist also grundsätzlich berechtigt. Soll er jedoch nicht zum bloßen Ressentiment werden, muß er sich seinerseits in die Form der Theorie begeben, insofern diese didaktische Theorie einerseits die notwendigen inhaltlichen Veränderungen unter Kontrolle behält, andererseits aber auch die Inszenierung von Lehr- und Lernprozessen garantiert. In den letzten Jahren hat es nicht an »Entlarvungs-Literatur« gefehlt, die solche inhaltlichen Differenzen ebenso genüßlich wie ahnungslos »aufdeckte«; sie lebt davon, daß sie das Problem, um das es geht, einfach verleugnet.

Geht man davon aus, daß »Emanzipation« das erkenntnisleitende Interesse sowohl der politischen wie der didaktischen Theorie ist, so kann man sagen: Beide beschäftigen sich zwar in diesem Sinne mit derselben »Sache«, aber eben doch unter verschiedenen Aspekten. Und gerade dann, wenn man wie viele »linke« Theoretiker den Prozeß der Emanzipation als einen »materialistischen« versteht und nicht als einen »idealistischen«, der sich nach gutgemeinten ideellen Postulaten vollziehe, muß man einräumen, daß erst die dialektische Kombination von politischer *und* didaktischer Theorie *praktische* Strategien eröffnet. Auf unser didaktisches Modell bezogen heißt das: Die Frage ist nicht, ob unsere Definition des Politischen als Konflikt in jeder Hinsicht zureichend ist. Für eine politische Theorie, insbesondere für ihre philosophische Dimension, muß diese Frage vielmehr verneint werden. Die Frage kann jedoch nur lauten, ob unter didaktischem Aspekt, d. h. unter dem Aspekt des organisierten Lehrens und Lernens, diese Definition ergiebig ist und als eine in diesem Sinne operationale von der politischen Theorie und von den politischen Einzelwissenschaften toleriert werden kann. Die hier einzig angemessene Kritik könnte nur in dem Nachweis bestehen, daß dieses didaktische Modell wichtige Lernleistungen nicht erfaßt oder sie gar ausschließt, wobei deren Wichtigkeit ihrerseits nachgewiesen und begründet werden müßte.

Damit ist die Frage nach der theoretischen »Reichweite« einer politischen Didaktik gestellt. Daß sie kein Ersatz für politische Theoriebildung oder für sozialwissenschaftliche Studien sein kann, wurde bereits betont; dieses und manches andere muß sie vielmehr voraussetzen, und zwar sowohl im Hinblick auf das je einzelne Bewußtsein wie auch hinsichtlich der institutionellen intellektuellen Arbeitsteilung. Was die letztere angeht, so muß beachtet werden, daß »politische Theorie« eine *akademische* Disziplin ist, die von Personen für solche Personen betrieben wird, die zumindest für einen gewissen Zeitraum von der politischen und pädagogischen Realisierung und Bewährung ihrer Studien suspendiert sind. Dies ist Chance und Grenze zugleich. Chance, weil nur durch eine solche gesellschaftliche Distanz theoretische Überlegungen zu Ende gearbeitet werden können; Grenze, weil die soziale Ausgangssituation, als deren Prototyp das universitäre Oberseminar gelten kann, auch den *Inhalt* der Theorien notwendigerweise mitbestimmt. Daß z. B. marxistische Theoreme in den letzten Jahren in einer Form adaptiert wurden, die zwar zur radikalen Kritik der gesellschaftlichen Verhältnisse taugte, kaum jedoch auch zur Inszenierung praktischer Politik und Pädagogik, geht wesentlich darauf zurück, daß der Neo-Marxismus in Oberseminaren und nicht z. B. in Gewerkschaften oder Betriebsgruppen wiedererstand. Diese gesellschaftliche Distanz der wissenschaftlichen politischen Theorie wird inzwischen von einer ganzen Reihe von Hochschulangehörigen als Mangel empfunden, der unter Schlagworten wie »praxisnahes« oder »berufsnahes« Studium beseitigt werden soll. Unbeschadet der Frage jedoch, ob Studiengänge nicht tatsächlich praxisnäher sein können — und unbeschadet der weiteren Frage, was das eigentlich heißt —, muß grundsätzlich davor gewarnt werden, die politische Bedeutung der in relativer Distanz zur gesellschaftlichen Realität produzierten Theorie zu unterschätzen. Wichtig bleibt nämlich, daß praktische Theorien, z. B. didaktische, auf sie zurückgreifen können. Ohne die in bewußter Distanz zur gesellschaftlichen Praxis entwickelten theoretischen Arbeiten der »Frankfurter Schule« z. B. wäre — wie wir im ersten Teil am Beispiel des Habermas-Textes gezeigt haben — ein Fortschritt der politisch-didaktischen Diskussion gar nicht möglich gewesen.

Nun ist die didaktische Theorie zwar wie die politische auch eine akademische Disziplin, insofern sie im allgemeinen in Hochschulen produziert wird. Aber sie dient einem ganz bestimmten Zweck: Personen, deren Beruf das Lehren ist, einen rational kontrollierbaren und praxisrelevanten Vorstellungszusammenhang über die inhaltliche Problematik des Lehrens selbst zu vermitteln; Didaktik ist also eine spezifische *Berufs*wissenschaft. Daraus ergibt sich nicht nur die schon erwähnte inhaltliche Strukturdifferenz zur politischen Theorie, sondern auch eine weitere Begrenzung der Reichweite — nämlich hinsichtlich ihres Umfanges. Wenn man nämlich davon ausgehen darf, daß von einem bestimmten Umfang an (z. B. von einer bestimmten Zahl gedruckter Seiten an) ein theoretischer Entwurf nicht mehr »in den Kopf paßt«, so ist er unpraktisch und überflüssig. Für eine praktische Theorie ist immer auch ihr Umfang ein wichtiges Kriterium.

Eine andere Frage ist jedoch, ob es ebenfalls zwingend ist, Didaktik und Methodik weiter zu unterscheiden. Auf den ersten Blick müßte es eigentlich genügen, Methodik als Teil der Didaktik zu betrachten und beide als berufsspezifische Modifikationen der politischen Theorie einerseits und der Sozialisationstheorie andererseits zu bestimmen. Abgesehen von praktischen Erwägungen jedoch kommt bei der methodischen Reflexion neben der politischen Theorie und der Sozialisationstheorie noch mindestens ein weiteres theoretisches Moment ins Spiel: die Kommunikationen der miteinander Agierenden. Wenn man sich fragt, was im Unterricht der Schule oder in jedem anderen pädagogischen Feld wirklich geschieht, dann ist »Kommunikation« der allgemeinste deskriptive Begriff dafür. Die realen Prozesse, Ziele, Hindernisse, Schwierigkeiten, emotionalen Dimensionen usw. dieser Kommunikationen sind aber weder unter eine politische Theorie noch unter eine Sozialisationstheorie vollständig subsumierbar, obwohl beide zur Erklärung wichtige Gesichtspunkte liefern können. Aufgabe der Methodik ist also, die Ergebnisse der didaktischen Theorie in zeitliche Prozesse zu übersetzen: in Unterrichtsprozesse, die parallel zu biographischen Prozessen verlaufen.

Für eine relative Autonomie methodischer Reflexion spricht aber auch noch ein praktischer Grund. Sieht man nämlich auf den sozialen *Standort* der methodischen Reflexion, so handelt es sich hier um die Berufsrolle dessen, der Tag für Tag Unterrichts-Kommunikationen organisieren und steuern muß, und zwar ohne Rücksicht darauf, ob objektiv oder auch nur in seinem subjektiven Bewußtsein die theoretischen Vorentscheidungen hinreichend geklärt sind oder nicht. Er kann im Zweifelsfalle seinen Unterricht nicht einfach eine Zeitlang aussetzen. »Methodik« als Theoriezusammenhang wäre also dadurch zu definieren, daß sie — anders als die bisher behandelten Dimensionen — die Leitziele Emanzipation und Mitbestimmung *aus der Perspektive der alltäglichen Berufspraxis* thematisiert, und d. h.: *aus der Perspektive der alltäglichen Lehr- und Lern-*

kommunikationen. Geschieht dies nicht ausdrücklich, so schrumpft »Methodik« zu einem Set von Manipulationsregeln zusammen, deren Zielbedeutung unerkannt bleibt, und die vorher in der Ausbildung gelernten Reflexionen der »politischen Theorie« und der »didaktischen Theorie« gelten entweder als unpraktisch oder werden zur Renommiersprache, mit der die unvollkommene Praxis nicht verändert, sondern nur legitimiert wird; oder aber Methodik wird a priori verstanden als Unterrichts-Technologie, die für ihr vorgegebene Ziele die optimale Realisierung sucht. Es käme aber im Rahmen unserer Überlegungen gerade darauf an, die methodischen Reflexionen mit denen der politischen und didaktischen Theorie zu verschränken und umgekehrt die praktischen Erfahrungen an jene anderen Theorie-Modi gleichsam zurückzumelden; denn im Prozeß der methodischen Umsetzung jener anderen Theorie-Modi tritt möglicherweise die Erfahrung zutage, daß bestimmte Theoreme oder Anweisungen sich in der tatsächlichen Unterrichts-Kommunikation gar nicht realisieren lassen. Es kann z. B. ganz einfach so sein, daß das entworfene didaktische Modell sich als zu kompliziert erweist.

Je nach dem sozialen Handlungsstandort des jeweiligen Bewußtseins erweist es sich also als nötig, spezifische Modi der theoretischen Struktur geltend zu machen. Wie die Verschränkungen dieser Modi zueinander näher bestimmt werden müssen, konnte hier nur angedeutet werden; da es sich hier um ein theoretisches Grundproblem der Erziehungswissenschaft überhaupt handelt — nämlich um das alte Problem des Verhältnisses von Theorie und Praxis —, kann es hier nicht weiter systematisch abgehandelt werden.

Indem die politische Didaktik jedoch gerade die »Unbestimmtheitsrelation« zwischen politischer (gesamtgesellschaftlicher) Theorie und pädagogischer Praxis — nun verstanden als Zusammenhang der tatsächlichen Kommunikationen — thematisiert, kann sie nicht so vorgehen, daß sie der Praxis idealistische Alternativen vorhält in der Hoffnung, daß diese durch guten Willen oder durch die Techniken des Human-Engineering auch realisiert werden können. Vielmehr findet die politische Didaktik immer schon eine bestimmte, historisch entstandene »Erziehungswirklichkeit« vor, die sie zunächst einmal als solche aufzuklären und am Maßstab zunehmender Emanzipation und Mitbestimmung zu kritisieren hat. Sie geht also davon aus, daß in unserer Gesellschaft allenthalben politische Bildung und Erziehung geschieht, daß das, was da geschieht, zwar ideologisch begründet wird, aber gleichwohl umstritten ist und nicht mehr selbstverständlich auf Übereinstimmung beruht. Schon früher hatten wir betont, daß Didaktik in dem hier verwendeten Sinne nur die theoretische Konsequenz aus der historisch-politisch bedingten Verunsicherung der Lernziele, Bildungsziele und des Selbstverständnisses der professionell Lehrenden ist. Sie ist also selbst eine »Konflikt-Wissenschaft«, d. h., sie versucht die real und ideologisch fortschrittlichen Tendenzen der vorgegebenen Wirklichkeit herauszufinden und im Sinne zunehmender Emanzipation und Mitbestimmung weiterzutreiben. Im Ersten Teil dieses Buches haben wir am Beispiel repräsentativer Texte dieses Verfahren angewendet.

Es handelt sich vor allem um folgende Aspekte der Kritik:

1. *Kritik der politischen Entscheidung.* Jede vorgegebene Erziehungswirklichkeit beruht auf politischen Entscheidungen, z. B. hinsichtlich der Stundenzahlen für ein bestimmtes Fach oder hinsichtlich der Richtlinien und Lehrpläne. Die politische Didaktik muß also kritisch überprü-

fen, *was* da festgesetzt wird, *wer* das festsetzt, *mit welcher Legitimation* und *wie,* d. h. in welchem institutionellen und kommunikativen Rahmen, so etwas festgesetzt wird. Insofern es sich um politische Entscheidungen handelt, müssen sie in einer demokratischen Gesellschaft als solche deklariert, öffentlich, mit der Möglichkeit der Kontrolle und in einer klar institutionalisierten Form getroffen werden. Vor allem gegenüber manchen Verfahrensvorschlägen zur Curriculum-Konstruktion wäre darauf zu bestehen, daß der politische Entscheidungscharakter solcher Verfahren nicht verschleiert und damit der öffentlichen Diskussion entzogen wird.

Die hier in Frage stehenden politischen Entscheidungen sind grundsätzlich methodisch so zu überprüfen wie andere politische Entscheidungen auch. Ihre *Erforschung* kann zwar nur im Rahmen der dafür zuständigen Fachwissenschaften erfolgen, aber innerhalb der politischen Didaktik bekäme die *Interpretation* der Ergebnisse erst einen für die Aufhellung der Lehrinhalte bedeutsamen Stellenwert: Ohne Berücksichtigung des politischen Zusammenhanges können die jeweils vorliegenden Lehrinhalte überhaupt nicht verstanden werden. Aus diesem Grunde haben wir im Ersten Teil dieses Buches auch die politisch-pädagogische »Grundsatzdiskussion« so ausführlich verfolgt.

2. *Kritik der Lehrinstitutionen.* Politisches Lernen geschieht immer in irgendwelchen Lehrinstitutionen oder Lernsituationen, also in pädagogisch geplanten oder ungeplanten Institutionen der politischen Sozialisation. Man könnte deshalb diesen Aspekt auch »Kritik der politischen Sozialisation« nennen. Sie untersucht die Institutionen darauf hin, welche Chancen und Behinderungen sie jeweils für das politische Lernen enthalten. Den pädagogisch geplanten Lernfeldern zeigt sie, welche Lerngrenzen in ihren institutionellen und organisatorischen Bedingungen liegen. (Als Beispiel für eine solche Analyse vgl. meine »Jugendarbeit«, 1971.) Schließlich überprüft sie, was einzelne Schularten im Zusammenhang ihres Bildungsauftrages unter Mitbestimmung und Emanzipation verstehen.

In diesen Zusammenhang gehört auch die Kritik dessen, was die Lehrer in den einzelnen Schularten unter ihrer Aufgabe verstehen. Die im Ersten Teil unseres Buches referierten Lehreruntersuchungen hatten ja den grundsätzlichen Ideologieverdacht gegen die politische Weltvorstellung der Lehrer schon aufgeworfen.

3. *Kritik der anthropologischen Grundlagen.* Unter diesem Aspekt müssen die Vorstellungen über den jugendlichen Partner kontrolliert werden. Stimmt das, was über seine Fähigkeiten, Interessen und Möglichkeiten vermutet wird, mit den Erkenntnissen der Jugendforschung überein? Kann der Jugendliche das, was ihm in der politischen Bildung angesonnen wird, in seiner Umwelt auch praktizieren? Trifft es zu, daß bestimmte Unterrichtsmethoden im Unterschied zu anderen das Lernen erleichtern? Wird das Politische dort aufgesucht, wo es dem Jugendlichen selbst begegnet, nämlich vor allem in seinen täglichen Konflikten? Helfen die Lehrinhalte dem späteren Erwachsenen zur politischen Mitbestimmung?

Solange die Pädagogik ihre Erfahrungen mit Jugendlichen vorwiegend aus der Schule bezog, war sie immer einem geradezu beruflich bedingten Irrtum ausgeliefert. Er schien zu genügen, den Sinn, die Aufgabe, die Inhalte und Methoden des Lernens aus den Grundsätzen der Entwicklungspsychologie abzuleiten. Pädagogische Jugendkunde war vor allem entwicklungspsychologische Jugendkunde. Sowohl die jüngste sozialwissenschaftliche Jugendforschung wie auch Untersuchungen und praktische Erfahrungen in außerschulischen Bereichen wie in der freien Jugendarbeit oder im Tourismus haben gezeigt, daß gerade die sozio-kulturellen Bedingungen der Umwelt den entwicklungspsychologischen Merkmalen erst die konkrete Ausprägung geben. »Pubertät« etwa ist auch heute noch ein Luxus, den sich die wenigsten Jugendlichen leisten können. Insbesondere die »politische Existenz« des Kindes und Jugendlichen mußte neu entdeckt werden. Indem Kinder und Jugendliche heute einer bestimmten Familie mit einem bestimmten sozio-ökonomischen Status angehören, oder indem sie eine

Schule besuchen oder in einem Betrieb arbeiten, führen sie objektiv eine politische Existenz und stehen bereits durchaus im Ernst der politischen Auseinandersetzung. Die Konflikte der Umwelt muß man ihnen nicht mehr mühsam elementarisieren.

4. *Wissenschaftliche Kritik der Lehrinhalte.* Daß in Lernprozessen die jeweiligen fachwissenschaftlichen Aspekte nicht ungebrochen zum Thema werden können, wurde bereits mehrfach erwähnt und ist auch kaum noch umstritten. Das kann jedoch nicht heißen, daß die tatsächlichen Lehrinhalte einer fachwissenschaftlichen Kritik unzugänglich wären. Zwar kann die Didaktik, definiert als Theorie von der *Totalität* der zur Debatte stehenden pädagogischen Sachverhalte, nicht einfach einzelwissenschaftliche Perspektiven und Ergebnisse addieren; vielmehr hat sie die Veränderungen im Forschungs- und Diskussionsstand dieser Wissenschaften als Symptom und Ausdruck gesellschaftlicher Veränderungen selbst zu verstehen, gleichsam als deren ideologische Begleitung, und hier ebenfalls im Sinne ihrer Leitperspektiven Emanzipation und Mitbestimmung die fortschrittlichen von den rückschrittlichen Momenten zu trennen. Dies kann sie jedoch nur, wenn sie im Namen der jeweils fortschreitenden einzelwissenschaftlichen Erkenntnisse die daran gemessen »rückschrittliche« Praxis des Unterrichts kritisiert und für eine Übersetzung des Erkenntnisfortschritts in die Schule sorgt. Erst als z. B. die didaktischen »Demokratie-Diktatur-Modelle« und die »Totalitarismus-Modelle« von den politischen Wissenschaften kritisiert und revidiert wurden, konnten diese Korrekturen auch den didaktischen Konstruktionen als Kritik vorgehalten werden.

5. *Kritik des Vermittlungsprozesses.* Dieser kritische Aspekt gilt dem Unterrichtsprozeß, der Unterrichtskommunikation, im engeren Sinne. Gemäß den vorangegangenen Überlegungen zum Verhältnis von Didaktik und Methodik können wir diesen Aspekt auch »Kritik der Methodik« nennen. Weitere Überlegungen dazu müssen einem eigenen Band vorbehalten bleiben.

Die konstruktive Funktion der politischen Didaktik

Der Ausgangspunkt aller didaktischen Überlegungen ist also die Kritik, aus ihr nur können bessere Perspektiven entwickelt werden. Und nur ein Teil der kritischen Aufgaben konnte in diesem Buch geleistet werden. Vom Ansatz her versteht sich also die politische Didaktik als kritisches Gegenüber einer immer schon vorhandenen und vorgegebenen Erziehungswirklichkeit, die sie zwar durch kritische Aufklärung verbessern, nicht aber im ganzen faktisch oder auch nur im geistigen Entwurf eindeutig herstellen kann. In diesem kritischen Sinne schafft sie gleichsam unentwegt das schlechte Gewissen für eine verbesserungswürdige und verbesserungsfähige Praxis.

Geht sie jedoch zu konstruktiven Vorschlägen für die Verbesserung der Praxis über, so kann sie diese nur mit jeweils geringer Reichweite aus der dialektischen Analyse der bestehenden Wirklichkeit entwickeln; denn ihre Ortsbestimmung im Rahmen historisch-dynamischer Kontexte erlaubt es ihr nicht, der verbesserungswürdigen Gegenwart in idealistischer Antithetik die wünschenswerte Zukunft nur gegenüberzustellen. Konstruktive Vorschläge zur Verbesserung der Praxis können nur im Vergleich zur bestehenden vorgenommen werden und müssen sich auf erreichbare Maßnahmen und Strategien erstrecken. Derartige didaktische Konstruktionen können also immer nur als begründete *Vorschläge* verstanden werden, nicht etwa als eindeutige und unbestreitbare Ableitungen und Anweisungen. Immer muß man vielmehr mit der Möglichkeit rechnen, daß aus derselben kritischen Analyse auch andere didaktische Vorschläge erwachsen können. Die Berufung auf die kritische Analyse vermag den offenen Diskussionscharakter der Vorschläge nicht aufzuheben. So ist auch unsere eigene didaktische Konstruktion nur ein *möglicher*, keineswegs der *einzig* mögliche Vorschlag. Sein operativer, fragmentarischer Charakter erwächst notwendig aus dem ihm zugrunde liegenden Typus des historisch-dynamischen Denkens selbst. Dies ist auch der Grund dafür, daß didaktische Konstruktionen dieser Art von Zeit zu Zeit immer wieder neu überarbeitet werden müssen.

Politische Didaktik und allgemeine Didaktik

Die letzten Überlegungen legen die Vermutung nahe, daß politische Didaktik in unserer Vorstellung eine Neuformulierung dessen enthalte, was herkömmlich »allgemeine Didaktik« genannt wurde. Wolfgang Klafki (1959 und 1964), dem wir vor allem die neuentstandene theoretische Diskussion über die Didaktik verdanken, hat darauf hingewiesen, daß alle didaktischen Einzelentscheidungen so lange unvollständig reflektiert werden, wie man sie nicht auf das wünschenswerte Gesamtergebnis des Bildungs- und Erziehungsprozesses hin bedenkt. Für dieses wünschenswerte Gesamtergebnis steht bei ihm der Begriff der »Bildung«.

Wie wir schon bei der Erörterung der politischen Lernziele dargelegt haben, besteht die Schwierigkeit nun darin, diese »Endgröße« Bildung so konkret wie möglich zu operationalisieren und damit zu verhindern, daß Bildung nichts weiter ist als eine idealistische Sammlung von wünschbaren menschlichen Verhaltensweisen, die aber mit der gesellschaftlichen Realität nicht mehr zu vermitteln und insofern eben »idealistische« sind. Nun könnte man im Sinne unseres Ansatzes den formalen Begriff der Bildung so inhaltlich füllen, daß die politisch-didaktischen Leitvorstellungen der Emanzipation und Mitbestimmung — in jeweils realisierbarer Begrenzung — gleichsam die obersten Lernziele darstellen, aus denen alle anderen abzuleiten sind oder denen alle anderen unterzuordnen wären. Aber ein solcher Vorschlag wäre auch nur höchstens auf den ersten Blick plausibel.

Wenn man nämlich davon ausgeht, daß Emanzipation und Mitbestimmung die leitenden *politischen* Lernziele sind, die auch nur im Rahmen einer bestimmten politisch-historischen Theorie formuliert werden können, dann folgt daraus zwar, daß solche Lernziele »fächerübergreifenden« Charakter haben, daß sie also nicht nur die Lernziele eines bestimmten Unterrichtsfaches sind, sondern eine Zieldimension *aller* Unterrichtsfächer darstellen, die in einem *bestimmten* Fach nur mit Vorrang angestrebt und dort vor allem für die anderen Fächer thematisiert wird. Würde man sich jedoch in der geplanten Pädagogik *ausschließlich* auf die Ziele des politischen Unterrichts kaprizieren, so ginge der *Zweck* verloren, dem Emanzipation und Mitbestimmung letzten Endes dienen sollen. Die politischen Ziele der Emanzipation und Mitbestimmung werden ja nicht »als solche« angestrebt, als Selbstzweck, sondern sie sollen möglich machen, was ohne ihre Realisierung nicht oder nur erheblich eingeschränkt möglich wäre, z. B. die Optimalisierung menschlicher Bedürfnisse (etwa ästhetischer oder kommunikativer Bedürfnisse). Ästhetische Phänomene und Bedürfnisse z. B. sind aber nicht ohne Rest unter politische Kategorien subsumierbar; versucht man dies doch, so geht der Sinn politischer Emanzipation selbst verloren. Ästhetische Kategorien (Fragen) sind nicht identisch mit politischen, obwohl sie auch an politische Gegenstände gerichtet werden können wie umgekehrt politische Fragen an ästhetische Gegenstände (wobei die Frage, welche *Zusammenhänge* zwischen ästhetischen und politischen Kategorien bestehen, hier unerörtert bleiben soll).

Im Hinblick auf das Beispiel der ästhetischen Erziehung können wir also folgern: Zwar kann der Sinn ästhetischer Erziehung offenbar nur im Rahmen einer an zunehmender Emanzipation und Mitbestimmung orientierten politischen Erziehung ermittelt werden, aber gleichwohl ist die eine didaktische Aufgabe nicht unter die andere einfach zu subsumieren.

Die Frage stellt sich jedoch etwas anders, wenn man den Gesichtspunkt des sozio-ökonomischen Status bzw. der Klassenzugehörigkeit mit einbezieht. Wenn es auch *prinzipiell* nicht möglich ist, die übrigen didaktischen Aufgaben unter die politische Didaktik zu subsumieren, so schließt das die Setzung bestimmter *Schwerpunkte* nicht aus. Sieht man etwa auf den unterprivilegierten Status der Arbeiterkinder, dessen Abstand zu den Versprechungen des Grundgesetzes relativ groß ist, so muß daraus durchaus eine gewisse — auch quantitative — Bevorzugung des politischen Unterrichts in den Schulen abgeleitet werden; denn solange der unterprivilegierte Status nicht wenigstens relativ behoben ist, kommt in diesem Falle (und für diesen geschichtlichen Zeitpunkt) der politischen Bildung eine Vorrangstellung zu, wie sie in den Stundenverteilungen tatsächlich jedoch nicht annähernd in Erscheinung tritt. Vielmehr kommt in der unangemessenen quantitativen Geringfügigkeit des politischen Unterrichts nur die Tatsache zum Ausdruck, daß den für das Schulwesen zuständigen Institutionen an einer Steigerung der politischen Mitbestimmung dieser Bevölkerungsgruppen nicht gelegen ist. Aus diesem Grunde ist auch verständlich, daß von politisch engagierten Lehrern bestimmte Fächer (z. B. Kunstunterricht) in Richtung auf eine politische Didaktik »umfunktioniert« werden, obwohl dieser Ausweg auf die Dauer keine didaktisch überzeugende Lösung sein kann (vgl. z. B. Giffhorn 1971). Zu fordern wäre, daß für die Sekundarstufe II der Anteil des politischen Unterrichts auf die Dauer mindestens ein Fünftel der Gesamtstundenzahl beträgt, *ohne* Hinzurechnung der »Arbeitslehre«.

Die politisch-didaktischen Kategorien, die das didaktische Kernstück des politischen Unterrichts bilden, markieren also das Zentrum der didaktischen Überlegungen im politischen Unterricht selbst; sie können (und sollen) jedoch auch Leitgesichtspunkte für andere Fächer sein — in Ergänzung zu deren jeweils *spezifischen* didaktischen Kategorien. Denn wenn z. B. bei einem Fach wie »Arbeitslehre« die in den zur Debatte stehenden Sachverhalten beschlossenen politischen Momente *nicht* berücksichtigt werden, so werden damit auch Chancen politischer Emanzipation vorenthalten, was — wie in allen solchen Fällen — objektiv nur zu deren Gunsten geschehen kann, die von der

Unaufgeklärtheit der anderen ökonomisch und politisch profitieren.

In diesem Sinne ist die politische Didaktik eine »Aufgaben-Didaktik«; sie thematisiert einen Komplex von Lernaufgaben, der aus dem Sinn unserer politischen Verfassung erwächst und den Unterrichtsfächern — und den auf diese bezogenen Hochschulfächern — vorgegeben ist. Aus diesem Grunde gehört die politische Didaktik auch nicht als »Fachdidaktik« in das Fach Politik oder Soziologie, sondern in die allgemeine Erziehungswissenschaft.

Eine Identität von politischer Didaktik und allgemeiner Didaktik läßt sich also nicht plausibel begründen, wohl aber, daß der politischen Didaktik im Rahmen anderer didaktischer Aufgaben eine Vorrangstellung gebührt, weil erst ein möglichst »wichtiges« politisches Bewußtsein diejenigen gesellschaftlichen Verhältnisse schaffen kann, die den übrigen Lernaufgaben zu ihrem eigentlichen Sinn verhelfen. Aber vielleicht heißt das auch, daß die Frage nach einer allgemeinen Didaktik überhaupt zu einer falschen Frage geworden ist, daß es nicht zwingend ist — wie Klafki annimmt —, das wünschenswerte *Gesamtergebnis* des Sozialisationsprozesses immer im Blick zu haben. Soll nämlich ein solches Gesamtergebnis mehr sein als eine bloß formale Abstraktion, die keine Wirkung auf praktische Entscheidungen haben kann, so müßte sie ihrerseits wieder kontrovers sein — so wie die Gesellschaft selbst kontrovers ist. In einer Klassengesellschaft kann es ebensowenig in der Pädagogik wie in der Politik inhaltliche Endziele geben, die des Beifalls aller sicher sein können. Ebenso wie in der Politik kann es in der Pädagogik vielmehr nur konkurrierende Endzielvorstellungen geben, sowie der jeweiligen geschichtlichen Situation angemessene, mehr oder weniger ebenfalls konkurrierende kurzfristige Zielstrategien, die im Laufe der Zeit ständig überprüft und gegebenenfalls revidiert werden müssen. Es kommt nicht auf »Endziele« eines Sozialisationsprozesses an, sondern auf die Ermittlung der jeweils nächstmöglichen Teilziele im geschichtlichen und biographischen Prozeß.

Selbst im Hinblick auf gesellschaftlich partikulare Endziele gilt unser Einwand: Welchen Sinn kann es haben, heute z. B. das wünschenswerte Endergebnis der Sozialisation eines Arbeiterkindes sich auszumalen, wenn die gesellschaftliche Entwicklung bis zu seiner Volljährigkeit nicht ebenfalls antizipierbar ist? Plausibler erscheint es da schon, unsere Leitgesichtspunkte zunehmender Emanzipation und Mitbestimmung mit dem von der Curriculum-Theorie entwickelten Begriff der »Situationsanalyse« und unseren früheren Überlegungen zur »Rollen-Erweiterung« zu verbinden. Aufgabe der Zielanalyse wäre dann, charakteristische Situationen für Mitbestimmung zu ermitteln, die dort vorhandenen Mitbestimmungsmöglichkeiten zu analysieren und für deren Vergrößerung Rollen-Erweiterungen zu lernen. Dieses Verfahren wäre nicht nur praxisnäher, sondern auch schneller revidierbar. Im Rahmen historisch-dynamischer Konzepte wie des unseren, eines Konzeptes also, das vom Standpunkt des jeweils erreichten historischen Entwicklungsstandes aus argumentiert, hat die Frage nach einer »allgemeinen Didaktik« keinen zwingenden theoretischen Stellenwert mehr. Sie scheint vielmehr gebunden an eine »idealistische« Position, die mit der Antithetik von Sein und Sollen anstatt von einer materiellen Analyse historischer Prozesse ausgehend dialektisch operiert.

NACHTRAG

Probleme der politischen Bildung seit 1972: Politischer Konsens, Legitimation und Curriculum-Konstruktion

Dieser Nachtrag soll die wichtigsten Entwicklungen der politisch-didaktischen Diskussion seit Erscheinen der neuen Ausgabe dieses Buches (1972) nachzeichnen. Sinngemäß wäre dieser Nachtrag in den ersten Teil (im Anschluß an Seite 113) einzuschieben. Wichtige neue Impulse gingen von den Richtlinien für den politischen Unterricht in Hessen und Nordrhein-Westfalen aus, die nicht nur didaktisch und fachwissenschaftlich, sondern vor allem auch politisch-ideologisch mit zum Teil großer Leidenschaft diskutiert wurden. Zum erstenmal in der Geschichte der Bundesrepublik sind überhaupt Richtlinien für ein Unterrichtsfach in einem solchen Maße Gegenstand der öffentlichen Diskussion gewesen. Sieht man ab von den bei solchen Diskussionen nur schwer vermeidbaren Emotionalisierungen, Mißverständnissen und Polemiken, so wurden durch sie vor allem folgende Probleme teils neu, teils in verschärfter Form in den Mittelpunkt gerückt: das Problem des politischen Konsensus, das Problem der Legitimation und das Problem der Curriculum-Konstruktion.

1. Das Problem des politischen Konsensus

Wie kann man eine Konzeption für den politischen Unterricht finden, die von einer großen Mehrheit der Bevölkerung — z. B. von den großen politischen Parteien — akzeptiert wird? Wie ist dies insbesondere möglich angesichts der Tatsache, daß der politische Unterricht immer in irgendeiner Weise »parteilich« sein muß und daß es andererseits neben Mehrheiten immer auch Minderheiten gibt, die grundsätzlich — d. h. sofern sie sich im Rahmen des Grundgesetzes bewegen — das gleiche Recht wie die Mehrheit haben, das Recht, daß auch ihre politischen Interessen und Zukunftsperspektiven ernstgenommen werden? Wenn man davon ausgeht, daß ein solcher Konsens nötig ist, weil schon aus Verfassungsgründen nicht einfach die jeweils an der Macht befindliche politische Gruppe kraft ihrer Mehrheit über den politischen Unterricht befinden kann, dann stellt sich die Frage so: Gibt es eine Möglichkeit, so weit von den Interessenunterschieden und den Ungleichheiten und den damit verbundenen unterschiedlichen Zukunftsperspektiven der Bevölkerung zu abstrahieren, daß der politische Unterricht demgegenüber »neutral« und damit konsensfähig sein kann? Oder ist das Problem nur durch eine solche didaktische Konstruktion zu lösen, die auf einer gemeinsamen Basis, wie sie etwa das Grundgesetz abgibt, Parteilichkeiten nicht vorweg ausschließt, sondern gerade ihre Bearbeitung und Kenntnisnahme möglich macht?

Die Diskussion hat für die erste Möglichkeit keine Lösungen anbieten können, in dieser Form ist das Problem nicht lösbar. Lösbar ist es nur in der zweiten Version, also dadurch, daß die Parteilichkeiten selbst zum didaktisch-methodischen Problem des Unterrichts werden und auch schon bei der Formulierung von Richtlinien mit bedacht werden. Insofern kann ich die in diesem Buch vertretenen Vorschläge zur Lösung des Parteilichkeits-Problems nach wie vor aufrechterhalten (vgl. dazu meine Kontroverse mit Bernhard Sutor, in: Materialien zur politischen Bildung, Heft 4/1974).

2. Das Problem der Legitimation

Dieses Problem hängt mit dem des Konsensus unmittelbar zusammen: Wie und wodurch kann man eine Konzeption für den politischen Unterricht legitimieren, also unter Bezugnahme auf eine allgemein gebilligte Überzeugungsgrundlage rechtfertigen? Folgende Möglichkeiten sind denkbar:

a) *Legitimation durch die Entscheidung parlamentarischer Mehrheiten,* die ihrerseits wieder legitimiert wären durch das formale parlamentarische Verfahren, durch das sie zustandegekommen sind einerseits, und durch die Rücksicht auf die durch das Grundgesetz gesetzten Grenzen andererseits. Eine solche Legitimationsgrundlage würde jedoch nicht nur die schon erwähnte Frage nach dem Recht von überstimmten Minderheiten in einer staatlich monopolisierten Schule aufwerfen, sondern auch die weitere nach ihrer eigenen Rationalität, d. h. nach den *Gründen,* mit denen sie öffentliche Anerkennung erlangen kann. Welche Art von Gründen man jedoch immer angeben mag: sie müßten Maßstäbe haben — z. B. politische oder wissenschaftliche —, die außerhalb der politischen Entscheidung selbst liegen und ihrerseits wieder der Legitimationsdiskussion zu unterwerfen wären. Am einfachsten wäre die Sache, wenn man *historisch-pragmatisch* verfahren würde, d. h. so, daß man vorhandene Richtlinien aufgrund gewandelter Erkenntnisse und neuer politischer Überzeugungen und Machtverhältnisse *korrigieren,* also *anpassen* würde. Dies hatte schon Erich Weniger (1965) in seiner Lehrplantheorie vorgeschlagen, daß nämlich auf die Dauer gesellschaftlich mächtige Gruppen die Berücksichtigung ihrer Interessen und politischen Perspektiven im Lehrplan erzwingen würden. Ein solches Verfahren wäre immer ein *politischer Kompromiß*, würde z. B. Grundsätze der an Emanzipation orientierten »Konflikt-Didaktik« verbinden mit eher »konservativen«, z. B. an einer staatlichen Institutionenlehre orientierten. Ein solches Verfahren wird bei modernen Curriculum-Entwürfen jedoch dadurch erschwert, daß diese Entwürfe ja eine völlige *Neukonstruktion* aller mit dem politischen Unterricht zusammenhängender Probleme und Aspekte beabsichtigen — nach einem logischen Verfahren, bei dem politische Kompromisse der Sache nach eher Störfaktoren sind. Insofern kann man sagen, daß diese Curriculumentwürfe selbst erst das Konsens-Problem in voller Schärfe provoziert haben.

b) *Legitimation durch Wissenschaft*. Denkbar wäre, die Legitimationsfrage durch wissenschaftliche Analysen und Erkenntnisse zu lösen. Das ist jedoch nur in gewissen Grenzen möglich. Erstens versteht sich die gemeinsame Unterwerfung kontroverser Positionen unter wissenschaftliche Erkenntnisse und Ergebnisse nicht von selbst, sondern müßte auch erst einmal als Konsens angesehen werden. Zweitens setzt selbst dann noch die »Werturteilsproblematik« der Wissenschaft Grenzen. Ganz gleich, ob man — wie der Neo-Positivismus oder der kritische Rationalismus — Werturteile überhaupt aus wissenschaftlichen Aussagen heraushalten will oder ob man mit der »kritischen Theorie« Werturteile zumindest als »erkenntnisleitende Interessen« für unvermeidlich hält: in jedem Falle bleibt ein Spielraum für normative Entscheidungen und Setzungen übrig, der seinerseits wieder des Konsensus bedarf.

c) *Legitimation durch Offenlegung des Verfahrens*. Diese Überlegung spielte in den hessischen und nordrhein-westfälischen Richtlinien und in ihren Vorarbeiten eine zentrale Rolle. Die Überlegung war dabei, nicht auf Anhieb ein konsensfähiges Konzept zu produzieren, sondern seine Herstellung durch allgemeine öffentliche Diskussion im Sinne eines gemeinsamen Prozesses zu ermöglichen. Wenn es nämlich keine objektive Möglichkeit gibt, einen Konsens aus irgendwelchen politischen, wissenschaftlichen oder anderen Prämissen abzuleiten, dann — so ist die Überlegung — muß ein Konzept vorgelegt werden, das alle politischen, wissenschaftlichen, ideologischen, normativen, zielbestimmten usw. Absichten und Voraussetzungen offenlegt, um denen, die Änderung wünschen, einen Argumentationszusammenhang anzubieten, in dessen Rahmen sie ihre anderen Auffassungen einbringen und diskutieren und damit das ganze Curriculum auch verändern können. Aus diesem Grunde sind die beiden Richtlinien auch verhältnismäßig umfangreich geworden. Die Richtlinienautoren haben also — um es in einem Beispiel zu sagen — von den Kritikern der CDU/CSU erwartet, daß sie ihre Einwände in das vorgelegte Konzept »einfädeln« und auf diese Weise sich an der Herstellung eines Konsensus beteiligen würden.

Dies ist jedoch nicht oder nur ganz unzulänglich geschehen, obwohl es sich zumindest auf den ersten Blick hierbei um ein plausibles demokratisches Verfahren gehandelt hätte. Woran ist es gescheitert? Zunächst an der schon erwähnten leidenschaftlichen Emotionalisierung und an einem damit verbundenen tiefen Mißtrauen (die Aufforderung zur öffentlichen Diskussion und zur Mitwirkung an der Korrektur sei nicht ernstgemeint, die Sache sei vielmehr längst entschieden, usw.), wobei zu bedenken ist, daß ein solches Ansinnen zum erstenmal in dieser Weise an die Öffentlichkeit gerichtet wurde und diese in seiner Handhabung noch keine Übung besaß (vgl. Kogon 1974; Köhler 1973; Köhler/Reuter 1973).

Wichtiger jedoch ist ein anderes Problem, das auch dann bleiben wird, wenn die Öffentlichkeit in solchen Verfahren mehr Übung erhält: Dieses Ansinnen nimmt dem politischen Gegner — vor allem der parlamentarischen Opposition — ihren *politisch-taktischen Spielraum*. Das ist nicht nur vordergründig gemeint, etwa in dem Sinne, daß die Opposition verständlicherweise daran interessiert ist, ihre andere Position auch zur parteipolitischen Agitation zu nutzen. Vielmehr ist darüber hinaus die Frage, ob es überhaupt Aufgabe der Opposition ist, sich von vornherein in ein von der Regierung entworfenes Verfahren einbeziehen zu lassen, oder ob die Regierung nicht allein die Verantwortung für ein von ihr vorgelegtes Reformkonzept übernehmen muß.

Unstreitig jedoch — und das ist ein dritter Einwand — legt ein vorformuliertes curriculares Verfahren wie das von Nordrhein-Westfalen die Gegenargumentation in einem erheblichen Maße bereits fest und beschneidet damit schon den Argumentationsspielraum; es ist selbst schon konsensbedürftig oder, mit anderen Worten: Die Konsens- und Legitimationsproblematik stellt sich nicht erst *im Rahmen* des vorgeschlagenen Verfahrens, sondern schon bei seiner *Auswahl*. Man könnte nämlich von vornherein ein ganz anderes Verfahren wünschen, nämlich z. B. das von mir favorisierte *historisch-pragmatische*, und dann würde es auch inhaltlich — und nicht nur technisch — um ganz andere Fragen gehen.

Und schließlich ein letzter Einwand: Das curriculare Verfahren ist notwendigerweise so kompliziert, verlangt so viele spezielle

Kenntnisse und Erfahrungen, daß nur ein ganz kleiner Teil der Öffentlichkeit und auch der professionellen Politiker sich daran beteiligen kann.

d) *Legitimation durch Entscheidungskompetenz der Basis.* Da sich das Konsens- und Legitimationsproblem als so schwierig erweist, und zwar um so schwieriger, je mehr und präzisere Vorgaben durch Curricula und Richtlinien erfolgen, wäre es denkbar, die Entscheidungen darüber überhaupt ganz oder teilweise der pädagogischen Basis zu überlassen, also den Lehrern und Schülern im Rahmen des gemeinsamen Unterrichts. Der Staat würde sich dann in seinen Richtlinien beschränken auf allgemeine Grundsätze (Festlegung der wichtigsten Stoffe und Themen; der wichtigsten Kommunikationsprinzipien wie Toleranz usw.), während die konkreten Entscheidungen in der gemeinsamen Planung von Lehrern und Schülern erfolgen. Die Konsens- und Legitimationsproblematik würde also weitgehend an die Basis abgegeben. So ist in gewissem Umfange bei den alten Richtlinien der fünfziger und sechziger Jahre auch verfahren worden, und die neuen Richtlinien haben dieses Problem wieder aufgeworfen.

Auch eine solche Regelung wäre nicht ohne Probleme. Der Lehrer nämlich erhielte in dieser Konstruktion eine sehr starke Entscheidungsposition, und es ist die Frage, wodurch sie sich rechtfertigen ließe (z. B. durch seine wissenschaftliche und unterrichtsmethodische Fachkenntnis?). Die Unterrichtsergebnisse würden ferner je nach Lehrer, nach Region und auch nach »politischer Landschaft« variieren, und es ist die Frage, ob dies — auch im Hinblick auf andere Fächer — mit dem staatlichen Hoheitsanspruch auf die Schule und mit allen daraus resultierenden Konsequenzen noch vereinbar wäre.

Zweifellos wäre eine solche Regelung nicht denkbar ohne staatliche Richtlinien (vgl. die Gründe dafür auch auf Seite 132 ff.), aber die Frage wäre, was dann in solchen Richtlinien festgelegt sein müßte. Jedenfalls ist mit diesen Möglichkeiten das Problem der Legitimation und damit auch des Konsensus prinzipiell durchgespielt, und keine hat sich als hinreichend für eine Lösung erwiesen. Auf die Dauer wird man daher ohne pragmatische Kompromisse nicht auskommen können, was aber eben auch besagt, daß man auf in sich stimmige, perfekt durchgearbeitete didaktische Konstruktionen wird verzichten müssen; sinnvoll sind in jedem Falle nur solche didaktischen Konzepte, die »Pluralität« auch in ihrer eigenen theoretischen Struktur zulassen.

3. Probleme lernzielorientierter Curricula

Die bisherigen Überlegungen und die praktische Erfahrung haben schon gezeigt, daß die neuen lernzielorientierten Curriculum-Konstruktionen die politischen Probleme von Konsens und Legitimation nicht gelöst, sondern in mancher Hinsicht eher verschärft haben. Dies mag Grund genug sein, auch ihren didaktischen Nutzen etwas näher zu untersuchen.

Die traditionellen didaktischen Konzepte gingen davon aus, daß bestimmte Stoffe aus der politischen Wirklichkeit aufgrund allgemeiner politisch-pädagogischer Ziele (z. B. Mündigkeit; Emanzipation) auszuwählen seien und in bestimmter Weise (z. B. durch »Kategorien«) bearbeitet werden sollten. Wie unterschiedlich die einzelnen Konzeptionen auch sonst vorgingen, gemeinsam war ihnen die Vorstellung, daß »das Politische« dinglich-stofflich — wie elementar und reduziert immer — verstanden werden müsse zum Zweck der intellektuellen und praktischen Orientierung. Die curricularen Konzepte drehen diesen Zusammenhang praktisch um: Sie gehen aus von der Leitfrage: *Welches Verhalten ist aus welchen Gründen (Legitimation) in welchen politisch relevanten Lebenssituationen wünschenswert, und wie kann man welche Stoffe und Themen im Unterricht so behandeln, daß dieses Verhalten auch tatsächlich erreicht wird?*

Und damit hängt eine weitere Frage zusammen: Wie kann man das gewünschte Verhalten so operationalisieren, daß man sein Erreichen messen oder jedenfalls durch Beobachtung kontrollieren kann?

Von diesem Grundansatz her ergibt sich ein didaktisches Konzept, das sich von allen bisherigen fundamental unterscheidet: Ein bestimmtes Verhalten in bestimmten Situationen war von den traditionellen Konzepten nicht gefordert worden, diese beließen es vielmehr bei allgemeinen Zielsetzungen, die im konkreten Falle durchaus verschieden interpretiert werden konnten. In den Augen der Curriculum-Theoretiker war dies ein Mangel an Genauigkeit; es ist jedoch die Frage, ob das zutrifft; man könnte diese Zurückhaltung nämlich auch als einen Mangel an übergeordneten Vorschriften für den politischen Unterricht betrachten, durch den ein gewisser didaktischer und methodischer Freizügigkeitsspielraum an der Basis gewährleistet wurde.

Die prinzipiellen Probleme curricularer Lernzielkonstruktionen sind in der Curriculum-Diskussion inzwischen ausführlich behandelt worden, darauf kann hier nicht eingegangen werden. Vielmehr sollen nur einige Probleme erörtert werden, die insbesondere den politischen Unterricht betreffen. Zunächst ist es zweckmäßig, sich klarzumachen, aus welchen Gründen überhaupt curriculare, also an Lernzielen als Verhaltenszielen orientierte Entwürfe vorgelegt wurden und welche Erwartungen damit verbunden wurden. Verschiedene Gründe kommen hier zusammen:

a) Die Notwendigkeit, neue Richtlinien zu erlassen, schien — wie schon erwähnt — wegen der Legitimationsproblematik lernzielorientierte Konstrukte nahezulegen.

b) Ausgehend von den USA ist die Überzeugung von der Notwendigkeit curricularer Verfahren inzwischen auch bei uns zur »herrschenden Meinung« geworden, der sich zu entziehen selbst längst einer Rechtfertigung bedarf.

c) Auch bestimmte Wissenschaftsentwicklungen spielten eine Rolle: Während die traditionellen Richtlinien und Lehrpläne von geisteswissenschaftlich-hermeneutischen Grundlagen ausgehen, schlagen sich in den curricularen Konstruktionen die Vorstellungen der positivistisch-empirischen Wissenschaften nieder; das Verfahren der Operationalisierung von Lernzielen z. B. entspricht dem Verfahren der Operationalisierung von Forschungszielen; ähnliches gilt für das Prinzip des Messens: Zum Zwecke der empirischen Meßbarkeit muß menschliche Tätigkeit (also auch Lernen) als beobachtbare Verhaltensweise definiert werden.

d) Insofern kommen curriculare Verfahren auch dem Bedürfnis nach Verwissenschaftlichung pädagogischer Vollzüge, vor allem im Rahmen der Schule, entgegen. Dafür scheinen curriculare Strategien besonders geeignete Instrumente zu sein.

e) Dieses Bedürfnis wiederum entspricht bestimmten Interessenlagen, was insbesondere die öffentliche Wirkung solcher Strategien erklärt; denn man kann im allgemeinen davon ausgehen, daß neue wissenschaftliche Verfahren nicht von sich aus schon öffentlich interessant sind, sondern erst dann größere Aufmerksamkeit erlangen, wenn sie sich mit bestimmten Interessenlagen verbinden lassen. In diesem Zusammenhang sind die Spannungen und die damit verbundenen Statusprobleme zwischen Universität einerseits und pädagogischer Hochschule bzw. Fachhochschule andererseits, zwischen Fachwissenschaften und Fachdidaktik, zwischen »praxisorientierten« Gruppen (z. B. in der Lehrerbildung) einerseits und »theorieorientierten« Gruppen andererseits zu nennen. Curriculare Verfahren scheinen z. B. den bisher »praxisbezogenen« Ausbildungsstätten ein Feld eigenständiger Forschung gegenüber der Universität zu verschaffen.

f) Schließlich scheinen curriculare Konzepte im Unterschied zur traditionellen Didaktik eher eine Kontrolle des Unterrichts zu ermöglichen, insofern die als beobachtbares Verhalten definierten Lernziele eben durch solche Beobachtungen auch überprüft werden können.

g) Mit der Konstruktion von Curricula verband sich vielfach die Hoffnung, man könne auf diese Weise neben kognitiven auch soziale und emotionale Lernziele formulieren und realisieren. Zumindest bestimmte Gruppen verbanden damit die weitere Hoffnung, man könne so bestimmte *politische* Zielsetzungen, also in bestimmter Weise gerichtete *Aktivitäten,* erzeugen, z. B. anti-kapitalistisches, antikommunistisches, emanzipatorisches, kritisches usw. Verhalten.

Lernzielorientierte Curricula sind jedoch bisher nur in Ansätzen vorgelegt worden. Praktische Entwürfe, die den curriculumtheoretischen Ansprüchen voll genügen könnten, fehlen immer noch. Vielleicht ist dies schon ein Indiz dafür, daß sie gerade für das Fach Politik stringent auch gar nicht zu realisieren wären. Den bisher umfangreichsten und zugleich kompliziertesten Entwurf haben die Autoren der nordrhein-westfälischen Richtlinien in ihrem »Theorie-Band« (Schörken 1974) vorgelegt. Sie haben dabei Ansätze der Hermeneutik, der kritischen Theorie, der Systemtheorie und der empirischen Wissenschaften zu integrieren versucht. Aber gerade dieser differenzierte Ansatz zeigt auch besonders gut die grundsätzlichen Probleme, die sich dabei stellen (vgl. Giesecke 1974). Einige davon seien kurz erwähnt:

1. Es ist die Frage, wieweit die Lernziele allgemeinverbindlich festgelegt werden sollen; denn man kommt so oder so nicht darum herum, auch die normativen Probleme dabei mit zu entscheiden, also gerade diejenigen, die legitimerweise in einer pluralistischen Gesellschaft umstritten und mehrdeutig sind. In welchem Umfange und mit welcher Genauigkeit sollen die Lernziele bereits in den staatlichen Richtlinien vorgegeben sein, und welche Kompetenz sollen die Lehrer haben? Im Extremfall sind die Lehrer nur noch die »Ausführungsorgane« der detailliert festgelegten Richtlinien. Soweit sind die neuen Richtlinien in Nordrhein-Westfalen nicht gegangen, sie haben einen Rahmen gespannt, den die Lehrer im Unterricht ausfüllen sollen. Dennoch bleibt das Problem: Je genauer Lernziele vorgegeben werden, um so weniger Alternativen sind möglich.

2. Wie das Buch von Schörken zeigt, sind curriculare Konzepte ungemein aufwendig und eigentlich nur Fachleuten mitteilbar. Lohnt sich dieser Aufwand, wenn ein mehr oder weniger großer Spielraum zur Lernzielbestimmung für den Lehrer erhalten

bleibt und konsequent durchstrukturierte Curricula nicht machbar bzw. politisch nicht durchsetzbar sind? Liegt der Nutzen curricularer Verfahren dann nicht eher darin, daß die Lehrer sie handhaben können, um gemeinsam mit den Schülern die intellektuelle Arbeit rationaler organisieren zu können?

3. Wenn man von lernzielorientierten Curricula spricht, geht man immer davon aus, daß die Lernziele den politischen Sachverhalten bzw. den Aussagen über sie *vorgegeben* sein müssen. Dies ist aber nur eine Implikation des aus der empirischen Forschung abgeleiteten Denkmodells. Auch in der hermeneutischen Analysetechnik hat es nämlich immer schon Lernzielsequenzen gegeben, nur wurden sie nicht so genannt. Man kann z. B. die gedankliche Struktur eines Textes als eine Lernzielsequenz verstehen. Der Versuch, einen solchen Text zu »verstehen«, ist weitgehend identisch mit dem Bemühen, diese seine Lernzielstruktur zu erkennen. Zu einem guten Teil lassen sich solche Lernziele auch als Verhaltensforderungen fassen, z. B.: »Den Zusammenhang des Gedanken X mit dem Gedanken Y erklären können«. Insofern es sich bei dem Verständnis von Texten jedoch um Interpretation handelt, sind hier die Möglichkeiten *eindeutiger* (= meßbarer) Zuordnungen von Lernzielen und Verhaltensbeobachtungen begrenzt. Mit anderen Worten: Die Frage, ob ein Lernziel auch tatsächlich erreicht wurde, ist weitgehend selbst eine Interpretationsfrage (weshalb die Benotung von Texten, z. B. von Aufsätzen, auch besonders schwierig ist).
Man sieht also, daß nicht erst curriculare Verfahren »Lernziele« festgelegt haben, sie haben sie vielmehr nur den Texten, also den Mitteilungen über die politische Wirklichkeit, in einer bestimmten Systematik *gegenübergestellt*. Genau darin liegt aber das Problem: Indem man solche Konstruktionen vornimmt, konstruiert man damit auch eine eigentümliche politische Wirklichkeit, nämlich die Wirklichkeit eben solcher Lernzielsequenzen. Diese holen sich aus der politischen Wirklichkeit gleichsam das heraus, was in ihre Systematik paßt.

4. Solche Konstrukte verändern jedoch nicht nur die Wirklichkeitsstruktur, sondern auch die Art und Weise, über sie *nachzudenken*. In den üblichen, alltäglichen Diskussionen über politische Probleme orientieren sich die Menschen bewußt oder unbewußt an fundamentalen politischen Fragen, wie: Wem nützt eine Maßnahme? Welche Interessen stehen hier zur Debatte? Wer hat recht? Was kommt dabei heraus? Solche Fragen werden entweder durch vorgefaßte Muster beantwortet, sie können aber auch differenzierter, d. h. mit neuen Informationen oder mit wissenschaftlichen Erkenntnissen und Theorien beantwortet wer-

den. Aber in ihrem Kern bleiben diese Fragen die entscheidenden *politischen* Kategorien.
In curricularen Konstruktionen verschieben sich die Fragestellungen entscheidend, sie werden nicht mehr vom politisch-praktischen Interesse bestimmt, sondern von der ihnen innewohnenden eigentümlichen wissenschaftslogischen Systematik, die nun
wiederum die praktisch-politischen Fragestellungen bestimmt.
Man kann sogar von einer Art von »Entfremdung« des praktisch-politischen Denkens sprechen.
Das läßt sich an der sogenannten »Matrix« zeigen, wie sie Gösta
Thoma für politisch-didaktische Analysen entworfen hat (Thoma 1971) und wie sie Dieter Menne »instrumentalisiert« hat
(in: Schörken 1974, S. 153 ff.).

Gösta Thoma, Strukturgitter für den politischen Unterricht

Medien der Vergesell-schaftung	Definition ——— Kategorien	technisch »wertfrei« zweck-rational	praktisch »ideologisch«	emanzipa-torisch »kritisch«
Arbeit	Problema-tisierung	Leistung	Freizeit	Muße
	Intention	Produktion	Konsum	Bedürfnis-befriedigung
	Selektion	Verzicht	Sucht	Lust
Sprache	Problema-tisierung	Sprach-regelung	Jargon	Mündigkeit
	Intention	Information	Meinung	verbindliche Diskussion
	Selektion	Aufmerk-samkeit	Propaganda	freier Dialog
Herrschaft	Problema-tisierung	Umwelt-druck	Machtver-hältnisse	Emanzipation
	Intention	Selbst-erhaltung	Anpassung	Reflexion
	Selektion	Sachent-scheidung	Wahl	Kritik als Handeln

Aus: Blankertz, Herwig, Curriculumforschung. Strategien,
Strukturierung, Konstruktion, Essen 1971, S. 94

Das Strukturgitter geht aus von den drei »Medien der Verge-
sellschaftung«: »Arbeit«, »Sprache«, »Herrschaft«. Diese drei
Medien können wiederum auf drei Ebenen definiert werden:
»technisch, wertfrei, zweckrational; praktisch, ideologisch; eman-
zipatorisch, kritisch«. Ferner können die drei Medien noch einmal von drei weiteren Kategorien befragt werden, die aus der
Systemtheorie stammen: »Problematisierung«, »Intention«, »Selektion«. »Intention« bedeutet dabei »eine vorhandene Regelung, eine Institution, ein Gesetz, ein Prinzip auf den ihnen

innewohnenden ›Sinn‹ im Kontext eines politischen, wirtschaftlichen und sozialen Systems zu befragen. Die Kategorie ›Problematisierung‹ ergänzt die Kategorie ›Intention‹ insofern, als
sie es ermöglicht, ›für jedes, was ist, einen Problembezug zu finden, von dem aus es auf andere Möglichkeiten hin befragt werden kann‹; die Kategorie ›Selektion‹ tritt als Fragekategorie
auf, um deutlich zu machen, daß mit der Erfassung eines Sinns
oder einer Absicht (Intention) auf andere Möglichkeiten des
Sinnverstehens oder der Realisierung von Alternativen verzichtet werden muß« (Menne, in Schörken 1974, S. 154).
Ausdrücklich weist Thoma darauf hin, daß sich mit diesem
Strukturgitter keine Inhalte und Ziele für den Unterricht ableiten lassen. Vielmehr »ermöglicht (es) die Entwicklung von
Fragen und Rückfragen an die einschlägigen Wissenschaften, nicht
aber eigenständige Beantwortung« (Thoma, in: Schörken 1974,
S. 152). Diesen Effekt haben aber auch jene von dem üblichen
politisch-praktischen Denken ausgehenden Kategorien, wie sie
in diesem Buch vorgeschlagen wurden, und es bleibt die Frage,
wozu an deren Stelle (oder ihnen vorgelagert) derart kompli-
zierte Schemata nützlich sind.

5. Und noch etwas wird an dieser Matrix deutlich: die proble-
matischen *Ergebnisse,* die aus solchen Zuordnungen resultieren.
Im Grunde genommen handelt es sich hier nämlich — wie übrigens auch bei der Matrix von Hilligen (Hilligen 1975) — um
relativ unverbindliche, nicht aus logischen Operationen resultierende »Zuordnungs-Spiele« mit einem großen Spielraum für
beliebige und willkürliche Deutungen und Setzungen. Das zeigt
sich etwa an einer Äußerung Thomas zur Erläuterung der ersten
Zeile des Strukturgitters: »Wie die Unterwerfung unter den
Sachzwang der Leistungserstellung Verzicht fordert — nicht nur
in der technischen Bedeutung, daß mit dem Ergreifen einer wie
immer hergerichteten Alternative unter anderen diese losgelas-
sen werden müssen, sondern Lustverzicht —, so setzt sich dieser
Zwang im Konsum fort, welcher, lustlos betrieben und auf Surro-
gatbefriedigung statt auf die Befriedigung von Bedürfnissen angelegt, den nur scheinbar dem Verzicht entgegengesetzten Mecha-
nismus der Sucht in Gang hält. In Erinnerung an das mit Muße
einmal Gemeinte könnten wir — allerdings als negative Kategorie! — den Maßstab der Kritik festhalten« (Thoma, in: Schörken 1974, S. 150).
Offensichtlich sind in diesen Sätzen, die zur Begründung des
Strukturgitters dienen, einige schwerwiegende und nicht zureichend begründete Vorentscheidungen enthalten, die eigentlich
selbst Gegenstand der Untersuchung sein müßten. Ein ähnlicher
Eindruck ergibt sich bei den übrigen Korrelationen: sie könnten

alle mit guten Gründen auch anders lauten, und der Nutzen
dieser komplizierten Konstruktion bleibt uneinsichtig.

6. Es ist die Frage, ob und inwieweit »Verhalten« nicht nur
»Lernverhalten«, sondern auch praktisch-politisches Verhalten
sein soll und sein darf. Wie schon erwähnt, spielte bei manchen
Gruppen der Wunsch, ein bestimmtes politisches Verhalten an-
zuerziehen, eine große Rolle. Wie die politisch-ideologischen
Auseinandersetzungen gezeigt haben, ist jedoch fraglich, ob das
Aufgabe der Schule sein kann, ob die Schule überhaupt über die
kognitiven Aspekte hinausgehen kann. Diese Frage berührt das
eingangs gestellte Problem des politischen Konsensus noch einmal: Indem die Curricula bei den *Endprodukten* des Unterrichts ansetzen, nämlich bei den am Ende zu erreichenden Fern-
zielen als Verhaltenszielen, und indem sie die Tendenz haben,
diese Lernziele möglichst präzise (und damit unter Ausschluß
von Interpretationsspielräumen und Alternativen) zu bestimmen, greifen sie vor allem dann in die Rechte der Person ein und
drohen das Toleranzgebot zu verletzen, wenn es sich nicht nur
um kognitive Lernziele, sondern auch um solche des politisch-
praktischen Verhaltens handelt. Insofern stellt sich die Frage,
ob curriculare Verfahren für ein Fach mit so hohem normativen
Anteil wie Politik nicht von vornherein auf solche Unterrichtspartien beschränkt bleiben müssen, bei denen es sich ganz überwiegend um bloße Information handelt.

Abschließend kann man sagen, daß mit dem Entwurf curricularer Konzepte die denkbaren Möglichkeiten für die politische
Didaktik im Prinzip durchgespielt sind; prinzipiell andere Ansätze sind nicht in Sicht.

1. *Entweder* man geht — wie in diesem Buch vertreten — von
der Auffassung aus, daß politischer Unterricht eine Art von
»reflexiver politischer Teilnahme« an der Politik selbst sein
soll; dann geht es um grundlegende Informationen, systematisches Orientierungswissen und vor allem um die Fähigkeit, politische Auseinandersetzungen und Kontroversen verstehen und
kritisch beurteilen zu können. »Lehrmittel« ist dann in erster
Linie das, was die Politik selbst produziert, also die politische
Publizistik im weitesten Sinne. Auch die analytischen »Anfragen« an das politische Originalmaterial (»politisch-didaktische
Kategorien«) werden dann dem politischen Leben selbst entnommen, wissenschaftliche Kategorien und Informationen werden hinzugezogen als Instrumente und Ordnungsprinzipien sowie als Kriterien der Kritik und Kontrolle, haben per se aber
keine konstitutive Bedeutung. Richtlinien und Lehrpläne sind

in diesen Konzepten nur durch pragmatische Vereinbarungen möglich.

2. *Oder* es gibt eine Art von »eigenständiger« fachdidaktischer Zwischenkonstruktion wie bei den curricularen Konzepten oder auch in anderer Form bei Hilligen (1975). Dann wird der politischen Realität (und den Zeugnissen über sie) eine eigene systematische Konstruktion gegenübergestellt mit all den Konsens-, Legitimations- und Lernzielproblemen, die oben kurz skizziert wurden. Je nach Art der Konstruktion bleibt zudem die Frage, wieviel »Politisches« solche Fachdidaktiken — selbst wenn sie politisch umstritten sind — noch treffen.

3. *Oder* man plädiert für einen *sozialwissenschaftlichen* Unterricht, bei dem die Konstrukte, Theoreme, Problemstellungen usw. der Wissenschaften selbst das vorherrschende didaktische Prinzip sind. Einen solchen Vorschlag haben Elke Calliess und andere (1974) vorgelegt, der allerdings bisher wenig öffentliche Resonanz gefunden hat.

Meine Vermutung geht dahin, daß dieser dritte prinzipielle Ansatz — möglicherweise in Kombination mit dem ersten — in Zukunft eine größere Rolle spielen wird; gegenwärtig allerdings widerspricht er noch zu sehr der herrschenden »pädagogischen Ideologie« — vor allem auch an den Hochschulen selbst.

Das folgende Literaturverzeichnis enthält nur eine Auswahl. Die Literatur zum Thema ist inzwischen so angewachsen, daß eine vollständige Dokumentierung den Rahmen sprengen würde. Die Auswahl enthält einmal diejenigen Titel, auf die sich dieses Buch stützt bzw. mit denen es sich auseinandersetzt. Dazu gehört bis Mitte der sechziger Jahre auch eine Reihe von Aufsätzen, zumal bis dahin nur relativ wenige Monographien zu verzeichnen waren. Für die Zeit danach wurden — mit wenigen Ausnahmen — nur wichtige Monographien aufgenommen. Zu den Ausnahmen gehören vor allem einige Beiträge in der Beilage zur Wochenzeitung »Das Parlament«, die in einem inneren Diskussionszusammenhang zueinander stehen, sowie einige eigene Arbeiten, auf die ich mich im Vorwort beziehe. Abgesehen davon wurden für die Zeit nach 1976 nur Monographien aufgenommen, die im engeren Sinne zum Thema gehören.

Für die Zeitschriftentitel wurden folgende Abkürzungen verwendet:

AusPZ	=	Aus Politik und Zeitgeschichte. Beilage zur Wochenzeitung »Das Parlament«
ÄuK	=	Ästhetik und Kommunikation
b : e	=	betrifft: erziehung
DBF	=	Die Deutsche Berufs- und Fachschule
DDSch	=	Die deutsche Schule
dj	=	deutsche jugend
FFH	=	Frankfurter Hefte
GSE	=	Gesellschaft-Staat-Erziehung
GWU	=	Geschichte in Wissenschaft und Unterricht
NS	=	Neue Sammlung
PädR	=	Pädagogische Rundschau
VJHZG	=	Vierteljahreshefte für Zeitgeschichte
ZfPäd	=	Zeitschrift für Pädagogik

ACKERMANN, P. (Hg.): Politisches Lernen in der Grundschule, München 1973
— (Hg.), Politische Sozialisation, Opladen 1974
—, Politiklehrerausbildung, Bonn 1978
ADAM, U.-D.: Kontinuität, Konflikt, Wandel. Überlegungen zu einer Neuorientierung der Didaktik der Politik, in: AusPZ 29/1975
ADORNO, Th. W.: Was bedeutet: Aufarbeitung der Vergangenheit? in: GSE 1/1960, S. 3 ff. Nachdruck in: *Adorno*, Eingriffe, Frankfurt 1962
—, Zum Bildungsbegriff der Gegenwart, Frankfurt 1967
—, Erziehung nach Auschwitz, in: *ders.*, Stichworte, Frankfurt 1969
—, Marginalien zu Theorie und Praxis, in: Kritische Modelle 2, Frankfurt 1969 (a)

—, Erziehung zur Mündigkeit, Frankfurt 1970

AGNOLI, J. / BRÜCKNER, P., Die Transformation der Demokratie, Berlin 1968

ANDIEL, A.: Politische Bildung und private Macht, Stuttgart 1971

ANDREAE, H.: Zur Didaktik der Gemeinschaftskunde, Weinheim 1968

—, Über die Ideologisierung der politischen Bildung, in: AusPZ 10/1972

ASSEL, H. G.: Kritische Gedanken zu den Denkansätzen der politischen Bildung, in: AusPZ 31/1969

—, Ideologie und Ordnung als Probleme politischer Bildung, München 1970

—, Friedenspädagogik als Problem politischer Bildung, in: AusPZ 15/1970 (a)

—, Die Grundrechte — ewiges Fundament oder wandelbare Satzung? Zur Grundrechtsdiskussion in der politischen Bildung, in: AusPZ 1-2/1972

—, »Frieden in Freiheit«: Eine zentrale Kategorie politischer Pädagogik, in: AusPZ 15/1975

—, Demokratie, Ideologie, Frieden als Probleme politischer Bildung, Frankfurt 1979

AUST, S. u. a.: Beiträge zur politischen und sozialen Erziehung in der Grundschule, Essen 1973

BASSO, L.: Zur Theorie des politischen Konflikts, Frankfurt 1969

BECK, G.: Autorität im Vorschulalter. Eine soziologische Untersuchung zur politischen Sozialisation in der Familie, Weinheim 1973

— / HILLIGEN, W. (Hg.): Poltische Bildung ohne Fundament? Neuwied 1974

BECK, J. u. a.: Erziehung in der Klassengesellschaft, München 1970

BECKER, E. / HERKOMMER, S. / BERGMANN, J.: Erziehung zur Anpassung? Eine soziologische Untersuchung der politischen Bildung in den Schulen, Schwalbach 1967

BEHR, W.: Strukturprobleme der politischen Bildung, in: AusPZ 5/1973

BEHRMANN, G. C.: Soziales System und politische Sozialisation. Eine Kritik der neueren politischen Pädagogik, Stuttgart 1972

—, Geschichte und Politik. Didaktische Grundlegung eines kooperativen Unterrichts, Paderborn 1978

BELGRAD, J.: Didaktik des integrierten politischen Unterrichts, Weinheim 1977

BERGMANN, J.: Konsensus und Konflikt, in: Das Argument, H. 42, Febr. 1967, S. 41 ff.

BERGSTRAESSER, A.: Politik in Wissenschaft und Bildung, Freiburg 1961

BERNSTEIN, B.: Studien zur sprachlichen Sozialisation, Düsseldorf 1972

BESSON, W.: Politische Bildung im Zeitalter der Gruppengesellschaft, in: GSE 7/1958, S. 302 ff.

—, Zur gegenwärtigen Krise der deutschen Geschichtswissenschaft, in: GSE 3/1963, S. 156 ff.

BEUTLER, K.: Die konservative Pädagogik und ihr Verhältnis zur

Politik, in: Blätter für deutsche und internationale Politik 5/1966, S. 301 ff.

BLANKERTZ, H.: Theorien und Modelle der Didaktik, München 1969, 6. Aufl. 1972

BODENSIECK, H.: Zur Aufgabe der Gegenwartskunde in unserer Zeit, in: GSE 1958, S. 310 ff.

BORCHERDING, K.: Wege und Ziele politischer Bildung in Deutschland. Eine Materialsammlung zur Entwicklung der politischen Bildung in den Schulen 1871-1965, München 1965

BORINSKI, F.: Der Weg zum Mitbürger, Düsseldorf/Köln 1954

BOSSE, H. / HAMBURGER, F.: Friedenspädagogik und Dritte Welt. Voraussetzungen einer Didaktik des Konflikts, Stuttgart 1973

BOULBOULLE, H.: Aktualisierung politischer Bildung, in: AusPZ 41/1971

BOVENTER, H.: Emanzipation durch Entwicklung? in: AusPZ 13/1975

BROCK, A. u. a.: Arbeiterbildung, Reinbek 1978

BRÜCKNER, P.: Zur Sozialpsychologie des Kapitalismus. Sozialpsychologie der antiautoritären Bewegung I, Frankfurt 1972

BUCHHEIM, M.: Aufgaben und Möglichkeiten der politischen Bildung in der Schule, in: Die Sammlung 1951, S. 419 f.

BUEHL, W.: Die Unteilbarkeit der politischen Bildung, in: GSE 1/1969

BUNDESZENTRALE FÜR POLITISCHE BILDUNG (Hg.): Politisches und soziales Lernen im Grundschulalter, Bonn 1978

BUNDESZENTRALE FÜR HEIMATDIENST (Hg.): Politische Bildung und Erziehung im Bereich der Berufsschulen, Bonn 1956

—, Die Praxis der politischen Bildung in der Volksschule, Bonn 1957

—, Die Praxis der politischen Bildung in der Berufsschule, Bonn 1958

—, Möglichkeiten und Grenzen der politischen Bildung an den höheren Schulen, Bonn 1960

BUNDESZENTRALE FÜR POLITISCHE BILDUNG (Hg.): Lehr- und Lernmittel im politischen Unterricht, Bonn 1970

— (Hg.), Historischer Unterricht im Lernfeld Politik ,Bonn 1973

—, Curriculum-Entwicklungen zum Lernfeld Politik, Bonn 1974

BUSSHOFF, H.: Politikwissenschaft und Pädagogik, Berlin 1968

CALLIESS, E. u. a.: Sozialwissenschaft für die Schule. Umrisse eines Struktur- und Prozeßcurriculum, Stuttgart 1974

CHRISTIAN, W.: Die dialektische Methode im politischen Unterricht, Köln 1978

CLAESSENS, D. u. a.: Sozialstruktur der Bundesrepublik Deutschland, 9. Aufl. Düsseldorf/Köln 1979

CLAUSSEN, B.: Didaktische Konzeptionen zum sozialen Lernen, Ravensburg 1978

—, Medien und Kommunikation im Unterrichtsfach Politik, Frankfurt 1978

—, Aspekte politischer Pädagogik, Frankfurt 1979

—, Politische Sozialisation in Theorie und Praxis, München 1980

—, Kritische Politik-Didaktik, Opladen 1981

—, Methodik der Politischen Bildung, Opladen 1981

— u. a., Politische Bildung und Frauenemanzipation, Frankfurt 1978

DAHMER, H.: Psychoanalyse und historischer Materialismus, in: Alfred *Lorenzer* u. a., Psychoanalyse als Sozialwissenschaft, Frankfurt 1971

DAHRENDORF, R.: Gesellschaft und Freiheit, München 1961

—, Gesellschaft und Demokratie in Deutschland, München 1965

DEPPE-WOLFINGER, H.: Gewerkschaftliche Jugendbildung und politisches Bewußtsein, in: *Frank / Deppe,* Das Bewußtsein der Arbeiter, Köln 1971

DEUTSCHER AUSSCHUSS FÜR DAS ERZIEHUNGS- UND BILDUNGSWESEN: Gutachten zur Politischen Bildung und Erziehung, in: Empfehlungen und Gutachten des Deutschen Ausschusses, Folge 1, Stuttgart 1955

DIESSENBACHER, H.: Politische Bildung und Staatsideologie, Frankfurt 1976

ELLWEIN, Th.: Pflegt die deutsche Schule Bürgerbewußtsein? Ein Bericht über die staatsbürgerliche Erziehung in den höheren Schulen der Bundesrepublik, München 1955

—, Was geschieht in der Volksschule? Berlin/Bielefeld 1960

—, Das Regierungssystem der Bundesrepublik Deutschland, Opladen 1963

—, Politische Verhaltenslehre, Stuttgart 1964

ENDLICH, H. (Hg.): Zur Theorie und Praxis des politischen Unterrichts in der Sekundarstufe I, Frankfurt/Berlin/München 1972

ENGELHARDT, R.: Politisch bilden — aber wie? Essen 1964

—, Urteilsbildung im politischen Unterricht, Essen 1968

— / JOHN, K.: Politische Bildung im 9. Schuljahr, Neuwied 1964

ERDMANN, K. D.: Entwurf einer historischen Gegenwartskunde, in: GWU 1/1963, S. 28 ff.

ESCHENBURG, Th.: Staat und Gesellschaft in Deutschland, Stuttgart 1962

FELLSCHES, J.: Moralische Erziehung als politische Bildung, Heidelberg 1977

FISCHER, K. G.: Politische Bildung — eine Chance für Demokratie, Linz 1965

—, Einführung in die politische Bildung, Stuttgart 1970

— (Hg.), Politische Bildung in der Weimarer Republik, Frankfurt 1970 (a)

—, Zur Praxis des politischen Unterrichts, Stuttgart 1971

—, Consensus omnium zwischen Minimum und Staatsgesinnung, in: AusPZ 29/1972

—, Überlegungen zur Didaktik des Politischen Unterrichts, Göttingen 1972 (a)

— (Hg.), Zum aktuellen Stand der Theorie und Didaktik der politischen Bildung, 4. Aufl., Stuttgart 1980

— / HERRMANN, K. / MAHRENHOLZ, H.: Der politische Unterricht, Bad Homburg, 2. Aufl. 1965

FLITNER, A.: Die politische Erziehung in Deutschland. Geschichte und Probleme 1750-1880, Tübingen 1957

FLITNER, W.: Die zwei Systeme politischer Erziehung in Deutschland, in: AusPZ 32/1955

FOHRBECK, K. / WIESAND, A. J. / ZAHAR, R.: Heile Welt und

Dritte Welt. Medien und politischer Unterricht I: Schulbuchanalyse, Opladen 1971

VON FRIEDEBURG, L. / HÜBNER, P.: Das Geschichtsbild der Jugend, München 1964, 2. Aufl. 1970

GAGEL, W.: Politische Bildung heute. Acht Unterrichtsbeispiele, Opladen 1966

—, Sicherung vor Anpassungsdidaktik? in: Gegenwartskunde H. 22/1973

—, Politik, Didaktik, Unterricht. Eine Einführung in didaktische Konzeptionen des politischen Unterrichts, Stuttgart 1979

GIESECKE, H.: Politische Bildung in der Jugendarbeit, München 1966, 3. Aufl. 1972

—, Braucht die deutsche Jugend Nationalgefühl? In: dj 12/1966 (a)

—, Politische Bildung — Rechenschaft und Ausblick, in: GSE 5/1968, S. 277 ff.

—, Allgemeinbildung, Berufsbildung, Politische Bildung — ihre Einheit und ihr Zusammenhang, in: NS 3/1968 (a), S. 210 ff.

— (Hg.), Freizeit- und Konsumerziehung, Göttingen 1968 (b)

—, Die Krise der politischen Bildung. Ein Literaturbericht, in: dj 1/1970, S. 35 ff.

—, Die Jugendarbeit, München 1971

— u. a., Politische Aktion und politisches Lernen, München 1970, 2. Aufl. 1971

—, Von der Einheitsschule zur Gesamtschule. Interessenwidersprüche zwischen Lehrern und Arbeiterkindern, in: NS 3/1972

—, Neue hessische Rahmenrichtlinien für den Lernbereich »Gesellschaftslehre, Sekundarstufe I«, in: NS H. 2/1973

—, Methodik des politischen Unterrichts, München 1973 (a)

— u. a., Pädagogische und politische Funktionen von Richtlinien. Eine Diskussion über »Richtlinien für den politischen Unterricht« in Nordrhein-Westfalen, in: NS, H. 2/1974

—, Die Schule als pluralistische Dienstleistung und das Konsensproblem in der politischen Bildung, in: Schiele/Scheider 1977

—, Überlegungen zur Konsensfähigkeit von Schulbüchern für den politischen Unterricht, in: NS H. 3/1979 (a), S. 310 ff.

—, Einführung in die Politik, 2. Aufl. Stuttgart 1979

—, Politisch-didaktischer Dogmatismus bei der hessischen Schulbuchzulassung, in: NS H. 4/1980 (a), S. 395 ff.

—, Entwicklung der Didaktik des politischen Unterrichts, in: Max-Planck-Institut für Bildungsforschung (Hg.): Bildung in der Bundesrepublik Deutschland, Bd. 1, Stuttgart 1980 (b), S. 501 ff.

—, Plädoyer für eine praktische und praktikable politische Didaktik, in: Fischer, K. G. 1980 (c), S. 40 ff.

GIFFHORN, H.: Politische Erziehung im ästhetischen Bereich, Hannover 1971

GÖRLITZ, A.: Politische Sozialisationsforschung, Stuttgart 1977

GOLDSCHMIDT, D. u. a.: Erziehungswissenschaft als Gesellschaftswissenschaft, Heidelberg 1969

GOTTSCHALCH, W.: Soziales Lernen und politische Bildung, Frankfurt 1969

—, Soziologie der politischen Bildung, Frankfurt 1970

—, Sozialisationsforschung, Frankfurt 1971

GREIFFENHAGEN, M.: Nationalsozialismus und Kommunismus im Sozialkundeunterricht, in: FFH 3/1963, S. 168 ff.

—, Perspektiven zum Problem der politischen Erziehung, in: ZfPäd 2/1964, S. 113 ff.

—, Zur wissenschaftlichen Grundlegung der politischen Erziehung, in: GWU 8/1966, S. 475 ff.

—, Totalitarismus rechts und links, in: GSE 5/1967, S. 285 ff.

— (Hg.), Emanzipation, Hamburg 1973

GROOTHOFF, H.-H.: Vom rechten Selbstverständnis des Lehrers als eines politischen Erziehers, Braunschweig 1957

—, Wo steht die Diskussion der politischen Bildung in der Bundesrepublik? in: DBF 11/1968

GROSSER, D. u. a.: Politische Bildung, Stuttgart 1976

—, Politische Bildung, München 1977

GUTJAHR-LÖSER, P. / HORNUNG, K. (Hg.): Politisch-pädagogisches Handwörterbuch, München 1980

— / KNÜTTER, H. H. (Hg.): Die realistische Wende in der politischen Bildung, München 1979

HABERMAS, J.: Student und Politik, Neuwied 1961

—, Strukturwandel der Öffentlichkeit, Neuwied 1962

—, Theorie und Praxis, Neuwied 1963

— (Hg.), Antworten auf Herbert Marcuse, Frankfurt 1968

—, Erkenntnis und Interesse, Frankfurt 1968 (a)

—, Technik und Wissenschaft als Ideologie, Frankfurt 1968 (b)

—, Protestbewegung und Hochschulreform, Frankfurt 1969

—, Zur Logik der Sozialwissenschaften, Frankfurt 1971

—, Legitimationsprobleme im Spätkapitalismus, Frankfurt 1973

— / LUHMANN, N., Theorie der Gesellschaft oder Sozialtechnologie — Was leistet die Systemforschung? Frankfurt 1971 (a)

HÄTTICH, M.: Rationalität als Ziel politischer Bildung, Mü. 1977

HAINKE, A.: Politische Einstellungen und Lernprozesse bei Kindern und Jugendlichen. Neuere amerikanische Beiträge zu einer Theorie der politischen Sozialisation, Tübingen 1971

HARTMANN, K. D.: Politische Beeinflussung. Voraussetzungen, Ablauf und Wirkungen, Frankfurt 1969

—, Politische Bildung und politische Psychologie, München 1980

HARTWICH, H.-H.: Demokratieverständnis und Curriculumrevision. Gesellschaftspolitische Prämissen in Lehrplankonzeptionen zur Gesellschaftslehre, in: Gegenwartskunde, H. 22/1973

HEINE, H.: Tabuverletzung als Mittel politischer Veränderung, in: dj 1/1969, S. 25 ff.

HEINTEL, P.: Politische Bildung als Prinzip aller Bildung, München-Wien 1977

HENDRICH, K.: Lehrlinge und Politik, in: AusPZ 41/1970

HENNINGSEN, J.: Lüge und Freiheit, Wuppertal 1966

HENNIS, W.: Politik und praktische Philosophie, Neuwied 1963

VON HENTIG, H.: Öffentliche Meinung, öffentliche Erregung, öffentliche Neugier, Göttingen 1969

HILLIGEN, W.: Plan und Wirklichkeit im sozialkundlichen Unterricht, Frankfurt 1953

—, Worauf es ankommt. Überlegungen und Vorschläge zur Didaktik der politischen Bildung, in: GSE 1961, S. 339 ff.

—, Didaktische und methodische Handreichungen zur politischen Bildung und Sozialkunde, Frankfurt o. J.

—, Ziele des politischen Unterrichts — noch konsensfähig? in: AusPZ 15/1975

—, Zur Didaktik des politischen Unterrichts I, Opladen 1975 (a)

HOFFMANN, D.: Politische Bildung 1890-1933, Hannover 1971

HOFMANN, W.: Grundelemente der Wirtschaftsgesellschaft, Reinbek 1969

HOLTMANN, A. (Hg.): Das sozialwissenschaftliche Curriculum in der Schule, Opladen 1972

HORKHEIMER, M.: Kritische Theorie, Bd. I und II, hsgg. von A. SCHMIDT, Frankfurt 1968

—, Traditionelle und kritische Theorie, Frankfurt 1970

— / ADORNO, Th. W.: Dialektik der Aufklärung, (Amsterdam 1947) Frankfurt 1969

HORNUNG, K.: Politik und Zeitgeschichte in der Schule. Didaktische Grundlagen, Villingen 1966

—, Zum Ideologieproblem in der politischen Erziehung, in: AusPZ 35-36/1967

—, Etappen politischer Pädagogik in Deutschland, in: AusPZ 9-10/1961

HÜSER, K. u. a.: Politische Bildung in Deutschland im zwanzigsten Jahrhundert, Neuwied/Darmstadt 1976

IJZENDOORN, M. H. van: Moralität und politisches Bewußtsein. Eine Untersuchung zur politischen Sozialisation, Weinheim 1980

INTERNATIONALE ARBEITSGEMEINSCHAFT FÜR SOZIALKUNDE IN HEIDELBERG (17. Juli bis 26. August 1950). Verhandlungsbericht und Vorschläge für die Gestaltung des sozialkundlichen Unterrichts in der deutschen Schule, Frankfurt 1951

JACOBSEN, W.: Zur Diskussion um die politische Bildungsarbeit, in: AusPZ 4/1968

JAIDE, W.: Die jungen Staatsbürger, München 1965

—, Jugend und Demokratie. Politische Einstellungen der westdeutschen Jugend, München 1970, 2. Aufl. 1971

JANSSEN, B.: Befreiendes Denken. Ideologiekritischer Unterricht nach Bahro und Adorno, Köln-Frankfurt 1979

KAMPMANN, W.: Zur Didaktik der Zeitgeschichte, Stuttgart 1968

KINDLER, K. F.: Not und Aufgabe der politischen Erziehung, in: GSE 1960, S. 62 ff.

KISSLER, J.: Politische Sozialisation, Baden-Baden 1979

KLAFKI, W.: Das pädagogische Problem des Elementaren und die Theorie der kategorialen Bildung, Weinheim 1959

—, Studien zur Bildungstheorie und Didaktik, Weinheim 1964

KNIFFLER, C. / SCHLETTE, H.: Politische Bildung in der BRD. Analysen, Definitionen, Versuche, Neuwied 1967

KNOLL, J. (Hg.): Gemeinschaftskunde. Methoden — Ansichten — Erfahrungen, Heidelberg 1965

KÖHLER, G. (Hg.): Wem soll die Schule nützen? Frankfurt 1974

— / REUTER, E.: Was sollen die Schüler lernen? Frankfurt 1973

KOGON, E. (Hg.): Rahmenrichtlinien Gesellschaftslehre, Frankfurt 1974

KRIEGER, R.: Psychologische Aspekte politischer Bildung, Düsseldorf 1978

KRYSMANSKI, H. J.: Soziologie des Konflikts, Reinbek 1971

KUDRITZKI, G.: Die Kategorie des Volkstümlichen. Eine Erkenntnisgrenze gegenüber politischen, gesellschaftlichen und wirtschaftlichen Strukturen? in: DDSch 3/1962, S. 113 ff.

KÜHN, P.: Theoretischer Pluralismus und politischer Unterricht, Frankfurt 1977

KÜHNL, R.: Formen bürgerlicher Herrschaft. Liberalismus — Faschismus, Reinbek 1971

KÜHR, H.: Politische Didaktik, Königstein 1980

KÜPPER, Ch. (Hg.): Friedenserziehung, Opladen 1979

DER HESSISCHE KULTUSMINISTER: Rahmenrichtlinien Sekundarstufe I: Gesellschaftslehre, Wiesbaden o. J.

DER KULTUSMINISTER DES LANDES NORDRHEIN-WESTFALEN: Richtlinien für den Politischen Unterricht, Düsseldorf 1973

LANDSHUT, S.: Die Schwierigkeiten der politischen Erziehung in der egalitären Massengesellschaft, in: GSE 7/1957, S. 311 ff.

LANGE, G. (Hg.): Vademecum der politischen Bildungsarbeit, Bonn 1977

LEMBERG, E.: Ideologie und Utopie unserer politischen Bildung, in: GSE 2/1958, S. 57 ff.

—, Ostkunde — Grundsätzliches und Kritisches zu einer deutschen Bildungsaufgabe, Hannover 1964

—, Nationalismus, Bd. II. Soziologie und politische Pädagogik, Reinbek 1964

LEMPERT, W.: Leistungsprinzip und Emanzipation, Frankfurt 1971

LENK, K. (Hg.): Ideologie. Ideologiekritik und Wissenssoziologie, Neuwied/Berlin 1961

LINGELBACH, K.-C.: Der Konflikt als Grundbegriff der politischen Bildung, in: PädR 1 und 2/1967

LITT, Th.: Die politische Selbsterziehung des deutschen Volkes, Bonn 1957

LÜERS, U u. a.: Selbsterfahrung und Klassenlage. Voraussetzungen und Methoden politischer Bildung, München 1971

MÄRZ, F. (Hg.): Soziale und politische Erziehung, Bad Heilbrunn 1970

MAIER, W.: Zum Verhältnis von Sozialwissenschaft und politischer Bildung, in: ÄuK 7/1972, S. 17 ff.

MANKE, W.: Bedingungen politischer Sozialisation und Partizipation in der Schule, Frankfurt 1980

MANNHEIM, K.: Ideologie und Utopie, 3. Aufl. Frankfurt 1952

—, Mensch und Gesellschaft im Zeitalter des Umbaus, Darmstadt 1958

MARCUSE, H.: Kultur und Gesellschaft, Bd. I und II, Frankfurt 1965

—, Triebstruktur und Gesellschaft, Frankfurt 1965 (a)

—, Der eindimensionale Mensch, Neuwied 1967

—, Ideen zu einer kritischen Theorie der Gesellschaft, Frankfurt 1969

—, Versuch über die Befreiung, Frankfurt 1969 (a)

MARZ, F. u. a.: Bestandsaufnahme Sozialkundeunterricht, Stgt. 1977

MESSERSCHMIDT, F.: Historische und politische Bildung, in: Heinrich *Roth* (Hg.), 1963

—, Zum Stand der politischen Bildung, in: GSE 4/1967, S. 216 ff.

MICKEL, W.: Politische Bildung an Gymnasien 1945-1965, Stuttgart 1967

—, Methodik des politischen Unterrichts, Frankfurt 1967

—, Lehrpläne und politische Bildung, Neuwied 1971

— (Hg.), Politikunterricht im Zusammenhang mit seinen Nachbarfächern, München 1979

MILLS, C. W.: Kritik der soziologischen Denkweise, Neuwied 1963

MINSSEN, F.: Politische Bildung als Aufgabe, Frankfurt/Stuttgart 1966

—, Legitimationsprobleme in der Gesellschaftslehre, in: AusPZ 41/1973

MITSCHERLICH, A.: Auf dem Weg zur vaterlosen Gesellschaft, München 1963

— / MITSCHERLICH, M.: Die Unfähigkeit zu trauern. Grundlagen kollektiven Verhaltens, München 1967

MOEHLMANN, A. H.: Theorien der demokratischen Erziehung und Bildung, Hannover 1978

MOLLENHAUER, K.: Erziehung und Emanzipation, München 1968, 5. Aufl. 1971

MOMMSEN, H.: Zum Verhältnis von politischer Wissenschaft und Geschichtswissenschaft in Deutschland, in: VJHZG 4/1962, S. 341 ff.

MÜLLER, E. / REHM, W. / NUSSBAUM, R.: Politikunterricht und Gesellschaftskunde in der Schule, Ulm 1971

MÜLLER, L.: Probleme eines Sozialkundelehrplanes, in: GSE 1956, S. 64 ff.

NEGT, O.: Soziologische Phantasie und exemplarisches Lernen, 6. Aufl. 1971

NORTHEMANN, W. (Hg.): Politisch-gesellschaftlicher Unterricht in der Bundesrepublik, Opladen 1978

NYSSEN, F.: Kinder und Politik. Probleme der politischen Sozialisation, in: b : e 1/1970

OBERREUTER, H. (Hg.): Freiheitliches Verfassungsdenken und Politische Bildung, Stuttgart 1980

OETINGER, F.: Partnerschaft. Die Aufgabe der politischen Erziehung, 3. Aufl. Stuttgart 1956

OEVERMANN, U.: Sprache und soziale Herkunft, Frankfurt 1972

PAWELKA, P.: Politische Sozialisation, Wiesbaden 1977

POLITISCHE ERZIEHUNG ALS PSYCHOLOGISCHES PROBLEM = Politische Psychologie, Bd. 4, Frankfurt 1966

PREUSS-LAUSITZ, U. u. a.: Fachunterricht und politisches Lernen, Weinheim 1976

PRINGSHEIM, F.: Rechtserziehung und politisches Denken, Freiburg 1960

RAASCH, R.: Zeitgeschichte und Nationalbewußtsein, Berlin/Neuwied 1964

REDAKTION BETRIFFT: ERZIEHUNG, Politische Bildung — Politische Sozialisation, Weinheim 1973

RICHTER, H.-E.: Lernziel Solidarität, Reinbek 1974

RÖHRIG, P.: Politische Bildung. Herkunft und Aufgabe, Stuttgart 1964

ROHLFES, J.: Stoffauswahl in der Gemeinschaftskunde der höheren Schule, in: GSE 1960, S. 162 ff.

—, Umrisse einer Didaktik der Geschichte, Göttingen 1971

ROLOFF, E. A.: Politische Bildung zwischen Ideologie und Wissenschaft, in: AusPZ 41/1971

—, Das Grundgesetz als Problem der Didaktik, in: AusPZ 1-2/1972

—, Politische Didaktik als kritische Sozialwissenschaft, in: AusPZ 10/1972 (a)

—, Grundgesetz und Geschichtlichkeit. Über das Legitimationsproblem in der politischen Bildung, in: AusPZ 22/1974

—, Erziehung zur Politik — Einführung in die politische Didaktik, Bd. 1, Göttingen 1972 (b)

—, Psychologie der Politik, Stuttgart 1976

ROTH, F.: Sozialkunde, Düsseldorf 1968

ROTH, H. (Hg.): Gemeinschaftskunde und politische Bildung, Göttingen 1963 = 2. Sonderheft der »Neuen Sammlung«

SANDMANN, F.: Rechtskunde und politische Bildung, in: AusPZ 13/1972

SCHAAF, E.: Ordnung und Konflikt als Grundprobleme der politischen Bildung, in: AusPZ 1/1970

SCHAEFFER, B. / LAMBROU, U.: Politische Bildung als Unterrichtsprinzip, Frankfurt 1972

SCHAUSBERGER, N.: Politische Bildung als Erziehung zur Demokratie, Wien/München 1970

SCHEFER, G.: Das Gesellschaftsbild des Gymnasiallehrers, Frankfurt 1969

SCHELSKY, H.: Schule und Erziehung in der industriellen Gesellschaft, Würzburg 1957

SCHIELE, S. / SCHNEIDER, H. (Hg.): Das Konsensproblem in der politischen Bildung, Stuttgart 1977

SCHMIEDERER, R.: Zur Kritik der politischen Bildung, Frankfurt 1971

—, Zwischen Affirmation und Reformismus. Frankfurt 2. Auflage 1974

—, Politische Bildung im Interesse der Schüler, Frankfurt 1977

— / SCHMIEDERER, U.: Der neue Nationalismus in der politischen Bildung, Frankfurt 1970

SCHNEIDER, H.: Staatliche Ordnung und politische Bildung, München o. J.

SCHÖRKEN, R. (Hg.): Curriculum »Politik«. Von der Curriculumtheorie zur Unterrichtspraxis, Opladen 1974

— (Hg.), Zur Zusammenarbeit von Geschichts- und Politikunterricht, Stuttgart 1978

SCHUCH, H. W. (Hg.): Der subjektive Faktor in der politischen Erziehung, Stuttgart 1978

SIMON, W.: Politischer Unterricht für Arbeiterkinder, Frankfurt/New York 1978

SONTHEIMER, K.: Politische Bildung zwischen Utopie und Verfassungswirklichkeit, in: ZfPäd 2/1963

SPRANGER, E.: Gedanken zur Staatsbürgerlichen Erziehung, Bonn 1957

STAEHR, G. v.: Zur Konstituierung der politisch-historischen Didaktik, Frankfurt 1978

STEIN, G.: Schulbuch-Schelte als Politikum und Herausforderung wissenschaftlicher Schulbucharbeit, Stuttgart 1979

—, Immer Ärger mit den Schulbüchern, Stuttgart 1979

STERNBERGER, D.: Politische Bildung, Frankfurt 1954

STIMPEL, H. M.: Schüler, Lehrerstudenten und Politik, Göttingen 1970

SUTOR, B.: Didaktik des politischen Unterrichts, Paderborn 1971

—, Politische Bildung in der Sackgasse? In: AusPZ 10/1972

—, Grundgesetz und Politikverständnis. Politiktheoretische Grundlagen der rheinland-pfälzischen Currirulumentwürfe politischer Bildung, in: AusPZ 29/1974

TEGTMEYER, G.: Politische Erziehung in der Bundesrepublik zwischen Ideologie und Wirklichkeit, Bad Heilbrunn 1977

TESCHNER, M.: Politik und Gesellschaft im Unterricht. Eine soziologische Analyse der politischen Bildung an hessischen Gymnasien, Frankfurt 1968

THOMA, G.: Zur Entwicklung und Funktion eines »didaktischen Strukturgitters« für den politischen Unterricht, in: H. *Blankertz*, Curriculumforschung. Strategien, Strukturierung, Konstruktion, Essen 1971

TIETGENS, H.: Falsche Ansätze in der politischen Bildung, in: GSE 1960, S. 296 ff.

—, Politische Bildung und Fernsehen, in: AusPZ 27/1967

TJADEN, K. H.: Politische Bildung als Affirmation und Kritik, in: Das Argument, Nr. 40, Okt. 1966

—, Soziale Systeme. Materialien zur Dokumentation und Kritik soziologischer Ideologie, Berlin/Neuwied 1971

URBAN, D.: Wirklichkeit und Tendenz. Unterrichtsbeispiele zur politischen Bildung in der Grundschule, Essen 1970

WALLRAVEN, K. P. / DIETRICH, E.: Politische Pädagogik. Aus dem Vokabular der Anpassung, München 1970

— / LIPPERT, E.: Der unmündige Bürger. Ideologien und Illusionen politischer Pädagogik, München 1976

WEILER, H.: Politische Emanzipation in der Schule. Zur Reform des politischen Unterrichts, Düsseldorf 1973

—, Wissenschaftsfreiheit des Lehrers im politischen Unterricht, Königstein 1980

WEINSTOCK, H.: Die politische Verantwortung der Erziehung in der demokratischen Massengesellschaft des technischen Zeitalters, in: AusPZ 3-4/1958

WENIGER, E.: Politische und mitbürgerliche Erziehung, in: Die Sammlung 1952, S. 304 ff.

—, Politische Bildung und staatsbürgerliche Erziehung, Würzburg 1964

—, Die Forderungen der Pädagogik an die politische Bildung, in: AusPZ 14. Sept. 1955

—, Zur Geschichte der politischen Erziehung in Deutschland, in: Die Sammlung 7-8/1958

—, Neue Wege im Geschichtsunterricht, 3. Aufl., Frankfurt 1965

WILBERT, J.: Politikbegriffe und Erziehungsziele im politischen Unterricht, Weinheim 1978

WILHELM, Th.: Bausteine der Demokratie, Kiel 1961

—, Pädagogik der Gegenwart, Stuttgart 1963

—, Die »politische Weltkunde« und der Horizont des Rechts, in: ZfPäd 5/1965, S. 417 ff.

—, Theorie der Schule, 2. Aufl. 1969

—, Traktat über den Kompromiß, Stuttgart 1973

—, Sittliche Erziehung durch politische Bildung, Zürich 1979

—, Die Rede vom Partner, Zürich 1980

WINKLER, H. J.: Über die Bedeutung von Skandalen für die politische Bildung, in: AusPZ 27/1968

WITTMANN, A. u. a.: Sozialkunde in der Schularbeit, Donauwörth 1949

WULF, Ch.: Das politisch-sozialwissenschaftliche Curriculum, München 1973

— (Hg.), Kritische Friedenserziehung, Frankfurt 1973 (a)

ZAHN, E.: Objektivierung und Vergegenwärtigung als Problem der Politischen Bildung, Frankfurt 1979

ZIMPEL, G.: Der beschäftigte Mensch. Beiträge zur sozialen und politischen Partizipation, München 1970

—, Selbstbestimmung oder Akklamation? Politische Teilnahme in der bürgerlichen Demokratietheorie, Stuttgart 1971

ZUR WIRKSAMKEIT POLITISCHER BILDUNG. Teil I: Eine soziologische Analyse des Sozialkundeunterrichts an Volks-, Mittel- und Berufsschulen. Teil II: Volker *Nitschke*, Schulbuch-Analyse, hsgg. von der Max-Träger-Stiftung, Frankfurt 1966

SACHREGISTER

Ein unmittelbares Pendant zu der vorliegenden
»Didaktik der politischen Bildung« ist der
ebenfalls in der Reihe »Juventa Paperback«
erschienene Band:

Hermann Giesecke
Methodik des
politischen Unterrichts

208 Seiten, Paperback DM 14,80

Ausgangspunkt ist eine Analyse der Faktoren,
die den Kommunikationsprozeß im Bereich der
politischen Bildung behindern können: Probleme, die sich vom Lehrer, vom Schüler und
den institutionellen Bedingungen aus ergeben.
Ausführlich werden dann die Modalitäten der
Bearbeitung politischer Themen behandelt wie
z. B. Lehrgang, Produktion, Sozialstudie,
Rollen- und Planspiel. Unter dem Verständnis von politischem Unterricht als kollektivem
Arbeitsprozeß werden Probleme der Vorbe-
reitung, des Verlaufs und der Kontrolle von
Lernprozessen untersucht. Prägnante Regeln
liefern Kriterien für die verschiedenen Arbeits-
weisen. Bei der Behandlung der Arbeitsmittel
werden vor allem für die Einbeziehung der
Massenmedien vielfältige Anregungen gegeben.
Das Schlußkapitel untersucht Rolle und Funktion des Lehrers in der politischen Bildung.

Ebenso wie Gieseckes »Didaktik der politischen
Bildung« hat auch seine »Methodik des politischen Unterrichts« in kurzer Zeit eine weite
Verbreitung gefunden und liegt inzwischen
bereits in der 5. Auflage vor.